ULRICH PH. RASS

Die Sozialauswahl bei betriebsbedingter Kündigung

Schriften zum Sozial- und Arbeitsrecht

Band 81

Die Sozialauswahl bei betriebsbedingter Kündigung

Ein Versuch der Entwicklung datenverarbeitungsgeeigneter Kriterien im Spannungsfeld zwischen Datenschutz, Rechtssicherheit und sozialer Gerechtigkeit

Von

Dr. Ulrich Ph. Rass

DUNCKER & HUMBLOT / BERLIN

CIP-Kurztitelaufnahme der Deutschen Bibliothek

Rass, Ulrich Ph.:
Die Sozialauswahl bei betriebsbedingter Kündigung: e. Versuch d. Entwicklung datenverarbeitungsgeeigneter Kriterien im Spannungsfeld zwischen Datenschutz, Rechtssicherheit u. sozialer Gerechtigkeit / von Ulrich Ph. Rass. — Berlin: Duncker und Humblot, 1986.
(Schriften zum Sozial- und Arbeitsrecht; Bd. 81)
ISBN 3-428-06119-5

NE: GT

Gedruckt bei Werner Hildebrand, Berlin 65
Printed in Germany

ISBN 3-428-06119-5

Meinen Eltern

Vorwort

Diese Arbeit wurde vom Fachbereich Rechtswissenschaft der Universität Trier als Dissertation im WS 1985/86 angenommen.

Mein ganz besonderer Dank gilt Herrn Professor Dr. Horst Ehmann, der die Arbeit betreut und begutachtet hat und dessen wertvollen Anregungen zum Gelingen erheblich beigetragen haben.

Des weiteren danke ich dem Zweitgutachter, Herrn Professor Dr. Peter Krause, der sich spontan bereit erklärt hat, als Zweitberichterstatter zu fungieren.

Nicht vergessen möchte ich in meinem Dankeswort insbesondere die großzügige Unterstützung meiner Eltern, die es mir erst erlaubt hat, diese Dissertation in Angriff zu nehmen.

Ulrich Ph. Rass

Inhaltsverzeichnis

Abkürzungsverzeichnis

a. A.	= anderer Ansicht
a. a. O.	= am angegebenen Ort
abl.	= ablehnend
Abs.	= Absatz
AFG	= Arbeitsförderungsgesetz
Anm.	= Anmerkung
AOG	= Gesetz zur Ordnung der nationalen Arbeit v. 20. 1. 1934
AP	= Arbeitsrechtliche Praxis
ArbeitslosenhilfeVO	= Arbeitslosenhilfeverordnung
AR-Blattei	= Arbeitsrecht-Blattei
ArbG	= Arbeitsgericht
ArbGeb	= Arbeitgeber
ArbGG	= Arbeitsgerichtsgesetz
ArbN	= Arbeitnehmer
ArbPlSchG	= Arbeitsplatzschutzgesetz
ArbuR	= Arbeit und Recht
ARSt	= Arbeitsrecht in Stichworten
Art.	= Artikel
AV	= Arbeitslosenversicherung
BAG	= Bundesarbeitsgericht
BArbBl.	= Bundesarbeitsblatt
BB	= Der Betriebs-Berater
BBauG	= Bundesbaugesetz
BDSG	= Bundesdatenschutzgesetz
BetrAVG	= Gesetz zur Verbesserung der betrieblichen Altersversorgung
BetrVG	= Betriebsverfassungsgesetz
BGB	= Bürgerliches Gesetzbuch
BGBl.	= Bundesgesetzblatt
BKK	= Die Betriebskrankenkasse, Betriebskrankenkassen
BKschG	= Bundeskündigungsschutzgesetz
BlStSozArbR	= Blätter für Steuerrecht, Sozialversicherung und Arbeitsrecht
b + p	= Betrieb und Personal
BRG	= Betriebsrätegesetz v. 4. 2. 1920
BSG	= Bundessozialgericht
BSHG	= Bundessozialhilfegesetz
Bsp.	= Beispiel
BT-Drucks.	= Bundestag-Drucksache
BU	= Berufsunfähigkeitsrente
BundeskindergeldG	= Bundeskindergeldgesetz
BundesversorgungsG	= Bundesversorgungsgesetz
BUrlG	= Bundesurlaubsgesetz
BVerfG	= Bundesverfassungsgericht
bzw.	= beziehungsweise

ca.	= zirka
DAFTA	= Datenschutzfachtagung
dass.	= dasselbe
DB	= Der Betrieb
DemobilmachungsVO	= Demobilmachungsverordnung v. 12. 2. 1920
d.h.	= das heißt
DuD	= Datenschutz und Datensicherung
DVR	= Datenverarbeitung im Recht
EDV	= elektronische Datenverarbeitung
EignungsübungsG	= Eignungsübungsgesetz
einschl.	= einschließlich
EStG	= Einkommenssteuergesetz
etc.	= et cetera
e. V.	= eingetragener Verein
evtl.	= eventuell
EzA	= Entscheidungen zum Arbeitsrecht
f.	= folgende
Fa.	= Firma
FAZ	= Frankfurter Allgemeine Zeitung
ff.	= fortfolgende
Fn.	= Fußnote
FS	= Fachserie
gem.	= gemäß
gesch.	= geschieden
getr. lbd.	= getrennt lebend
GG	= Grundgesetz
ggf.	= gegebenenfalls
GK-Bearbeiter	= Gemeinschaftskommentar-Bearbeiter
GmbH	= Gesellschaft mit beschränkter Haftung
grds.	= grundsätzlich
HeimkehrerG	= Heimkehrergesetz v. 19. 6. 1950
hM	= herrschende Meinung
Hrsg.	= Herausgeber
HS.	= Halbsatz
HwP	= Handwörterbuch des Personalwesens
i. d. F.	= in der Fassung
i. d. R.	= in der Regel
i. e. S.	= im engeren Sinne
IG	= Industriegewerkschaft
i. H. v.	= in Höhe von
incl.	= inclusive
insb.	= insbesondere
insg.	= insgesamt
i. S. d.	= im Sinne des
i. S. v.	= im Sinne von
i. w. S.	= im weiteren Sinne
J.	= Jahre
JA	= Juristische Arbeitsblätter
JugendwohlfahrtsG	= Jugendwohlfahrtsgesetz

jur.	= juristisch
JuS	= Juristische Schulung
JZ	= Juristenzeitung
Kfz.	= Kraftfahrzeug
KR-Bearbeiter	= Gemeinschaftskommentar zum Kündigungsrecht-Bearbeiter
KSchG	= Kündigungsschutzgesetz 1969
KV	= Krankenversicherung
LAG	= Landesarbeitsgericht
led.	= ledig
Lit.	= Literatur
m. a. W.	= mit anderen Worten
max.	= maximal
MBR	= Mitbestimmungsrecht
MdE	= Minderung der Erwerbsfähigkeit
m. E.	= meines Erachtens
mind.	= mindestens
Mio.	= Millionen
monatl. (mtl.)	= monatlich
MuSchG	= Mutterschutzgesetz
NJW	= Neue juristische Wochenschrift
Nr.	= Nummer
NZA	= Neue Zeitschrift für Arbeitsrecht
o. ä.	= oder ähnlich
P.	= Punkt(e)
persönl.	= persönlich
phil.	= philosophische
PIS	= Personalinformationssystem
RArbBl.	= Reichsarbeitsblatt
RArbMin.	= Reichsarbeitsminister
RdA	= Recht der Arbeit
RentenreformG	= Rentenreformgesetz v. 16. 10. 1972
RGBl.	= Reichsgesetzblatt
Rspr.	= Rechtsprechung
RV	= Rentenversicherung
RVO	= Reichsversicherungsordnung
Rz.	= Randziffer
S.	= Seite
s.	= siehe
SAE	= Sammlung arbeitsrechtlicher Entscheidungen
SchwBeschG	= Schwerbeschädigtengesetz
SchwbG	= Schwerbehindertengesetz i. d. F. v. 29. 4. 1974
s. o.	= siehe oben
sog.	= sogenannte
sonst.	= sonstige
Sp.	= Spalte
SparPrG	= Spar-Prämiengesetz
Stat. Bundesamt	= Statistisches Bundesamt

Tab.	= Tabelle
TV	= Tarifvertrag
u. a.	= unter anderem
u. ä.	= und ähnliches
usw.	= und so weiter
u. U.	= unter Umständen
v.	= von
verh.	= verheiratet
verw.	= verwitwet
vgl.	= vergleiche
v. H.	= von Hundert
VO	= Verordnung
VolkszählungsG	= Volkszählungsgesetz
Vorauss.	= Voraussetzung
vorauss.	= voraussichtlich
Vorb.	= Vorbemerkung
VorruhestandsG	= Vorruhestandsgesetz v. 13. 4. 1984
WA	= Westdeutsche Arbeitsrechtsprechung
WohngeldG	= Wohngeldgesetz
WohnungsbauprämienG	= Wohnungsbauprämiengesetz
WSI-Mitteilungen	= Wirtschafts- und sozialwissenschaftliche Institut-Mitteilungen
z. B.	= zum Beispiel
ZfA	= Zeitschrift für Arbeitsrecht
Ziff.	= Ziffer
ZIP	= Zeitschrift für Wirtschaftsrecht und Insolvenzpraxis
zit.	= zitiert
ZivildienstG	= Zivildienstgesetz
ZivilschutzG	= Zivilschutzgesetz
ZRP	= Zeitschrift für Rechtspolitik
z. T.	= zum Teil

§ 1 Einführung in das Problem

I. Die allgemeine Arbeitsmarktlage in der Bundesrepublik

Die Arbeitsmarktlage in der Bundesrepublik hat sich seit Anfang der 80er Jahre drastisch verschlechtert. Die Zahl der registrierten Arbeitslosen lag im August 1985 bei 2,22 Millionen, was einer Arbeitslosenquote (Arbeitslose in % der unselbständigen Erwerbspersonen) von 8,9 %[1] entspricht; demgegenüber betrugen die gemeldeten offenen Stellen in demselben Monat nur rund 117 400[2]. Dieses Mißverhältnis zwischen Angebot und Nachfrage läßt die Zukunft arbeitsmarktpolitisch in trübem Licht erscheinen. Hinzuzurechnen zu der statistisch erfaßten Zahl der Personen ohne Beschäftigung ist die sog. „Stille Reserve“[3] (im wesentlichen Frauen und Jugendliche), deren Größenordnung für 1984 auf etwa 1,3 Millionen geschätzt wurde[4].

II. Zunahme der betriebsbedingten Kündigungen

Parallel zu der Verschlechterung der Arbeitsmarktsituation hat sich in den Kündigungsschutzverfahren die betriebsbedingte Kündigung in den letzten Jahren immer mehr in den Vordergrund geschoben. Während in den Jahren der Voll- und Überbeschäftigung die Arbeitsgerichte vorwiegend Kündigungsschutzprozesse zu entscheiden hatten, bei denen es – von fristlosen Kündigungen abgesehen – um Kündigungen aus personen- und verhaltensbedingten Gründen ging, waren im Jahre 1978 von 1,2 Mio. ausgesprochenen Kündigungen bereits etwa 400 000 betrieblich bedingt[5]. Obwohl neuere wissenschaftlich ermittelte Zahlen insoweit nicht vorliegen, zeigen doch die Nachrichten über die seitherige negative wirtschaftliche Entwicklung mit ihrem traurigem Höhepunkt Anfang der 80er Jahre, daß mit der weiterhin nachlassenden Konjunktur und dem weiteren Anstieg der Insolvenzen das Zahlenverhältnis sich eher noch zugunsten der Kündigungen aus betrieblichen Gründen verschoben haben dürfte. Da auch der nach der deprimierenden Phase der Rezession herbeigesehnte leichte konjunkturelle Aufschwung seit 1983 bisher keine Entspannung am Arbeitsmarkt mit sich

---

[1] FAZ v. 5. 9. 1985, S. 11; zu den sozialen Konsequenzen der Arbeitslosigkeit s. *Begemann / Heldrich* S. 314ff.

[2] Ebenda.

[3] Ausdruck s. *Weissleder,* S. 8.

[4] FAZ v. 22. 8. 1985, S. 11.

[5] s. *Falke / Höland / Rhode / Zimmermann.*

brachte, die Zahl der Erwerbslosen also keine eindeutige rückläufige Tendenz erkennen läßt, haben die Arbeitsgerichte auch heute wie in Zeiten der wirtschaftlichen Talfahrt im Bereich der Kündigungsprozesse zum großen Teil mit betrieblich bedingten Kündigungen zu tun.

III. Zielrichtung der prozeßführenden Parteien

Auch die Zielrichtung der prozeßführenden Parteien hat sich geändert. Während zu Zeiten der Vollbeschäftigung ArbGeb und ArbN in den seltenen Fällen einer betriebsbedingten Kündigung sich i.d.R. vergleichsweise auf die Zahlung einer Abfindung einigten, will heute der entlassene ArbN in erster Linie am Arbeitsplatz festhalten, denn wegen der großen Anzahl Arbeitssuchender ist es ungleich schwerer eine neue Arbeitsstelle zu finden und mit einer Abfindung ist ihm nur vorübergehend geholfen[6]. Auch der ArbGeb läßt eine geringere Bereitschaft erkennen, sich durch eine Geldzahlung vom klagenden ArbN freizukaufen, was wohl an der schlechteren Liquidität der Unternehmen zu liegen scheint.

IV. Problem der sozialen Auswahl

Aufgrund der geschilderten Gegebenheiten sind die Gerichte häufiger gezwungen, Kündigungsschutzprozesse wegen einer betriebsbedingten Kündigung durch Urteil zu entscheiden. In den Rechtsstreiten muß daher vom Arbeitsgericht die Berechtigung der Kündigung überprüft werden. Dabei bereitet die betriebsbedingte Kündigung in der Praxis kaum Schwierigkeiten, soweit es um die Feststellung des Kündigungsgrundes geht, also um die Beantwortung der Frage, ob infolge dringender betrieblicher Erfordernisse – § 1 II KSchG – die Entlassung von ArbN erforderlich ist[7]. Problematisch ist dagegen die Frage der *korrekten sozialen Auswahl gem. § 1 III KSchG*. Die hierbei auftretenden Probleme sind vielfältig und zum Teil noch gänzlich ungeklärt, obwohl gerade in jüngster Zeit mit Stellungnahmen aus der Lit. zu diesem Themenkomplex nicht gegeizt wurde und auch

---

[6] Allerdings sind die „Abfindungsprozesse" bisher nur tendenziell zurückgedrängt. Einmal nämlich können die Folgen des um den Arbeitsplatz entstandenen Konflikts aus der Sicht des betroffenen ArbN gegenüber einer drohenden Arbeitslosigkeit, deren Schrecken durch eine Abfindung gemildert wird, das größere Übel sein. Zum anderen führt die Ausgestaltung des Gesetzes bei langer Prozeßdauer mit dem Fernbleiben vom Arbeitsplatz häufig zu einer Entfremdung vom Betrieb. So bleibt häufig auch bis in die heutige Zeit hinein bei gewonnenem Prozeß nur das „soziale Schmerzensgeld", vgl. *Notter,* DB 1976, S. 772ff.; *ders.,* BlStSozArbR 1978, S. 182ff.; *Janzen,* S. 12; *Coen,* S. 22.

[7] Vgl. *Neyses,* S. 413ff.; die an den ArbGeb gestellten Forderungen nach einer genauen Darlegung der Tatsachen und ggf. deren Beweisbarkeit dürfen aber nicht unterschätzt werden, vgl. dazu grundlegend: BAG v. 7. 12. 1978 in: EzA § 1 KSchG Nr. 10 – betriebsbedingte Kündigung mit Anm. *Rancke.*

einige höchstrichterliche Urteile sich damit beschäftigt haben. Zwar sind insbesondere die BAG-Urteile vom 24.3.83[8] und vom 20.10.83[9] für die arbeitsrechtliche Praxis wertvoll, sie stellen einen „höchst bedeutsamen Meilenstein"[10] auf dem Weg dar, zur Problematik der sozialen Auswahl einen möglichst breiten Konsensus herzustellen, beantworten aber auch nicht alle strittigen Rechtsprobleme so eindeutig, daß von einer gesicherten Rechtslage gesprochen werden könnte.

Problematisch ist nach wie vor,

1. wie weit der Kreis der Personen zu ziehen ist, die der sozialen Auswahl unterfallen;
2. welche sozialen Gesichtspunkte zu berücksichtigen sind;
3. wie die verschiedenen sozialen Gesichtspunkte untereinander zu bewerten sind;
4. inwieweit betriebliche Interessen gegenüber den sozialen Aspekten berücksichtigt werden können. Dazu gehört die Frage, in welchem Maße Leistungsgesichtspunkte und Fehlzeiten bei der sozialen Auswahl eine Rolle spielen dürfen;
5. in welchem Umfange die Gerichte die soziale Auswahl nachprüfen können;
6. in welchem Umfange der ArbGeb den Betriebsrat von der beabsichtigten Kündigung zu informieren hat und
7. wer bei der sozialen Auswahl die Beweislast trägt, insbesondere, ob vom ArbGeb Listen der vergleichbaren ArbN mit den entsprechenden Sozialdaten verlangt werden können.

Nun würde es aber zu weit führen, alle diese vorstehend angeschnittenen Probleme einer genaueren Untersuchung zu unterziehen. Vielmehr sollen aus der Reihe von Zweifelsfragen, die sich mit der Sozialauswahl verbinden, nur die im folgenden genannten Einzelprobleme herausgegriffen werden, da gerade in diesen Bereichen eine erhebliche schier unerträgliche Rechtsunsicherheit besteht, die weder ArbGeb oder Belegschaft noch der Allgemeinheit zugemutet werden kann; denn aufgrund der bestehenden Unklarheiten kommt es zu einer „Unzahl" von Kündigungsschutzprozessen, deren Ausgang für die Beteiligten nicht voraussehbar ist. Diese mangelnde Vorhersehbarkeit der arbeitsgerichtlichen Entscheidung widerspricht der Rechtsstaatlichkeit, die erfordert, daß die „Gerichtsentscheidungen über einen geklärten Sachverhalt voraussehbar sein müssen"[11].

---

[8] In: DB 1983, S. 1822 = EzA § 1 KSchG Nr. 21 – betriebsbedingte Kündigung = AP Nr. 12 zu § 1 KSchG 1969 – betriebsbedingte Kündigung.

[9] In: DB 1984, S. 563.

[10] Ausdruck von: *Berkowsky*, BB 1983, S. 2057.

[11] *Weng*, DB 1978; S. 887; vgl. auch *Meisel*, BB 1963, S. 1063 sowie LAG Hamm v. 11. 12. 1975, DB 1976, S. 489.

V. Die Aufgabenstellung

Die Arbeit beschäftigt sich schwerpunktmäßig mit den nachstehenden Problemkreisen:

1. Dem auswahlrelevanten Personenkreis (in aller gebotenen Kürze)
2. Den relevanten Sozialdaten und deren Wertigkeit
3. Der Berücksichtigung und dem Stellenwert der betrieblichen Gesichtspunkte im Rahmen der sozialen Auswahl, insbesondere von Leistungsgesichtspunkten und Fehlzeiten
4. Der Frage, ob die Betriebspartner (ArbGeb und Betriebsrat) bei der Auswahl einen Beurteilungs- bzw. Ermessensspielraum haben oder ob eine unbeschränkte Überprüfungsmöglichkeit durch die Instanzgerichte besteht.

VI. Die Gründe für die mangelnde Rechtsklarheit

Die Ursachen für das konträre Meinungsbild und die sich daraus ergebende Rechtsunsicherheit und mangelnde Bestimmbarkeit der gerichtlichen Entscheidungen liegen im Falle der strittigen relevanten Sozialdaten und deren Wertigkeit in dem Umstand begründet, daß zum einen ein gesetzlicher Katalog der zu berücksichtigenden sozialen Daten, zum anderen ein eindeutiger gesetzlicher Bewertungsmaßstab, der eine Gewichtung der diversen Daten ermöglichen würde[12], fehlt. Für die Ungewißheit, ob betriebliche Interessen im Rahmen der Sozialauswahl eine Rolle spielen können, ist die Auslegungsvielfalt des Wortlautes[13] und der Entstehungsgeschichte[14] des § 1 III KSchG verantwortlich; die divergierende Kommentierung rechtssystematischer und rechtspolitischer Aspekte erschwert ebenso eine uniforme Meinungsbildung, da jede Seite ihre Auffassung für die einzig richtige hält und dies auch überzeugend zu begründen glaubt. Auch die für den Unternehmer letztlich entscheidende Frage, ob er bei der sozialen Auswahl einen Beurteilungsspielraum hat oder ob seine vielleicht nach bestem Gewissen getroffene Entscheidung vom Arbeitsgericht ad absurdum geführt werden kann, ist völlig offen. Es werden alle nur denkbaren Ansichten vertreten, angefangen von *Köttgen*[15], der über die Zubilligung eines Ermessensspielraumes für den ArbGeb hinausgeht und eine fehlerhafte Auswahl nur

---

[12] Vgl. z.B. *Herschel / Löwisch,* § 1 Rz. 230; BAG v. 24. 3. 1983 unter IV 1 der Gründe mit Anm. *Meisel* in: AP Nr. 12 zu § 1 KSchG 1969 – betriebsbedingte Kündigung (8.).

[13] Vgl. die Interpretationsmodelle bei *Buchner,* DB 1983, S. 388; ferner BAG v. 24. 3. 1983 in: EzA § 1 KSchG Nr. 21 – betriebsbedingte Kündigung, S. 183: Das BAG hält „die grammatikalische Auslegung Buchners von § 1 III 1 KSchG zwar für möglich, aber nicht für zwingend".

[14] Vgl. BT-Drucksache I/2090 S. 12, abgedruckt in: RdA 1951, S. 63.

[15] BB 1955, S. 804 ff.

dann zur Unwirksamkeit der Kündigung führen lassen will, wenn dem ArbGeb ein Verschulden zur Last gelegt werden kann, bis zu denjenigen, die die vom ArbGeb getroffene Entscheidung für voll überprüfbar halten[16].

VII. Ziel der Arbeit

Eine Kündigung ist nach § 1 III KSchG unwirksam, wenn der ArbGeb bei der Auswahl des gekündigten ArbN soziale Gesichtspunkte nicht oder nicht ausreichend berücksichtigt hat. Er muß aus einer Gruppe von ArbN einen bzw., im Falle einer Massenkündigung, mehrere auswählen, die er für die Entlassung vorsieht. Der ArbGeb ist vom Gesetz verpflichtet, bei dieser Auswahl *soziale Gesichtspunkte* ausreichend zu beachten – wobei noch nichts über die Relevanz betrieblicher Interessen gesagt ist –, d. h. er hat aus einer Gruppe der für die Kündigung in Frage kommenden ArbN denjenigen zu bestimmen, der nach seinen sozialen Verhältnissen auf den Arbeitsplatz am wenigsten angewiesen ist, oder anders, der durch die Kündigung am wenigsten hart betroffen ist[17]. Daß diese sozialgerechte Auswahl bei der bestehenden Rechtsunsicherheit auf unüberwindbare Schwierigkeiten stößt, leuchtet ein.

Ziel der Arbeit ist es, ein praktikables System zu konzipieren, daß die soziale Auswahlentscheidung des ArbGeb gerechter, berechenbarer und prüfbar sicher macht. In diesem werden die ArbN nach dem sog. Geldwert der Arbeit i. e. S. und i. w. S., nach dem sog. Persönlichkeitswert der Arbeit sowie nach Leistungsmerkmalen, die durch Beurteilungen gewonnen werden, miteinander verglichen. Durch diese andersartigen und differenzierteren Auswahlkriterien – die in ein bestimmtes Auswahlverfahren eingebunden sind – könnte die Rechtsunsicherheit weitgehend beseitigt werden, was eine bessere Kalkulierbarkeit der gerichtlichen Urteilssprüche bewirken würde. Als erfreuliches Nebenprodukt würde so die Zahl der Kündigungsschutzprozesse, die auf betriebsbedingten Kündigungen beruhen, vermindert. Letztendlich soll auch geprüft werden, ob das erarbeitete System einen Sozialvergleich mittels eines elektronischen Personalinformationssystems ermöglicht und bejahendenfalls, inwieweit der Rechner selbsttätig die Auswahlentscheidung treffen kann.

---

[16] Vgl. anstelle aller: *Müller,* DB 1975, S. 2135.

[17] BAG v. 20. 1. 1961 in: AP Nr. 7 zu § 1 KSchG – betriebsbedingte Kündigung; BAG v. 26. 6. 1964 in: AP Nr. 15 zu § 1 KSchG – betriebsbedingte Kündigung; BAG v. 19. 4. 1979 in: EzA § 1 KSchG Nr. 11 – betriebsbedingte Kündigung; anstelle aller: *Hueck,* § 1 Rz. 117; ArbG Wetzlar v. 26. 7. 1983, BB 1983, S. 1601. – Soziale Gesichtspunkte sind auch dann noch ausreichend berücksichtigt, wenn der gekündigte ArbN ganz geringfügig schlechter gestellt ist als ein anderer vergleichbarer ArbN, vgl. BAG v. 26. 6. 1964, a.a.O. und BAG v. 12. 10 1979 in: AP Nr. 7 zu § 1 KSchG 1969 – betriebsbedingte Kündigung.

VIII. Aufbau der Arbeit

Folgender Aufbau ist vorgesehen: Die Grundsätze und Kriterien der Sozialauswahl in der bisherigen Praxis werden überblicksartig dargestellt (§ 2). Im Anschluß daran werden diese Grundsätze fortentwickelt und unter § 3 vorgestellt und erläutert. In § 4 befaßt sich die Arbeit mit dem Geldwert der Arbeit i.e.S., in § 5 mit dem Geldwert der Arbeit i.w.S., in § 6 mit dem Persönlichkeitswert der Arbeit[18]. Inwieweit betriebliche Interessen die soziale Auswahl beeinflussen können, wird in § 7 einer Klärung zugeführt. Die im Rahmen des Auswahlsystems (§ 4 - § 7) benötigten Daten werden mittels Fragebogens, Auswertungsbogens und Beurteilungsbogens eruiert (§ 8); auf die diesbezüglich auftretenden betriebsverfassungs- und datenschutzrechtlichen Schwierigkeiten wird ebenfalls in § 8 eingegangen. Unter § 9 wird ein Auswahlverfahren vorgestellt, das gleichzeitig als Musterauswahlrichtlinie gem. § 95 BetrVG fungiert. Ferner wird zu den Auswahlrichtlinien allgemein Stellung bezogen und das Verhältnis zwischen § 1 III KSchG und § 95 BetrVG erläutert. Dabei kommt auch das Problem des Ermessensspielraumes des ArbGeb bei der Auswahlentscheidung zur Sprache. In § 10 wird schließlich geprüft, ob und inwieweit das vorgestellte Sozialauswahlsystem computer-kompatibel ist und es wird auf die betriebsverfassungs- und datenschutzrechtlichen Besonderheiten beim Gebrauch eines EDV-unterstützten Systems hingewiesen. § 11 bringt eine Schlußbetrachtung und es folgt ein kurzer Ausblick. Den Abschuß der Arbeit bildet im Annex ein Musterbeispielsfall, der auf den entwickelten Prinzipien beruht.

[18] Angelehnt an *Ehmann*, BlStSozArbR 1984, S. 209ff.

§ 2 Grundsätze und Kriterien der Sozialauswahl in der bisherigen Praxis

I. Allgemeines

§ 1 III KSchG, die zentrale Vorschrift der sozialen Auswahl, die naturgemäß nur für die betriebsbedingte Kündigung Bedeutung erlangen kann[1], hat folgenden Wortlaut:

„Ist einem Arbeitnehmer aus dringenden betrieblichen Erfordernissen im Sinne des Absatzes 2 gekündigt worden, so ist die Kündigung trotzdem sozial ungerechtfertigt, wenn der Arbeitgeber bei der Auswahl des Arbeitnehmers soziale Gesichtspunkte nicht oder nicht ausreichend berücksichtigt hat; auf Verlangen des Arbeitnehmers hat der Arbeitgeber dem Arbeitnehmer die Gründe anzugeben, die zu der getroffenen sozialen Auswahl geführt haben. Satz 1 gilt nicht, wenn betriebstechnische, wirtschaftliche oder sonstige betriebliche Bedürfnisse die Weiterbeschäftigung eines oder mehrerer bestimmter Arbeitnehmer bedingen und damit der Auswahl nach sozialen Gesichtspunkten entgegenstehen. Der Arbeitnehmer hat die Tatsachen zu beweisen, die die Kündigung als sozial ungerechtfertigt im Sinne des Satzes 1 erscheinen lassen."

Auch wenn die wirtschaftliche Lage eines Betriebes eine oder mehrere Entlassungen notwendig macht, die Voraussetzungen für eine betriebsbedingte Kündigung also vorliegen, können die Kündigungen gegenüber den betroffenen ArbN gleichwohl sozialwidrig und damit rechtsunwirksam[2] sein, wenn der ArbGeb[3] bei der „Auswahl unter mehreren für die Kündigung in Frage kommenden ArbN soziale Gesichtspunkte nicht oder nicht ausreichend berücksichtigt hat"[4].

1. Geschichtliche Entwicklung des sozialen Auswahlgebots

Das Gebot der sozialen Auswahl wurde auch ohne ausdrückliche Vorschrift schon immer angenommen[5]. Die erste Kündigungsschutzbestimmung, die es umfassend behandelte, die dem ArbGeb also vorschrieb, wie er

---

[1] Vgl. etwa *Schlochauer*, RdA 1973, S. 158; *Stege*, RdA 1978, S. 77; *Stege / Weinspach*, § 102 Rz. 119 b; a. A.: LAG Düsseldorf v. 7. 3. 1979 – 12 Sa 52/79.

[2] Im Interesse des Bestandschutzes soll jede sozialwidrige Kündigung rechtsunwirksam sein, vgl. *Hueck / Nipperdey*, S. 628.

[3] Der ArbGeb muß die Sozialauswahl selber vornehmen und darf sie nicht dem Betriebsrat oder einem sonstigen Ausschuß überantworten, vgl. *Trappe*, S. 328; *Bleistein*, b + p 1975, S. 136; BAG v. 16. 12. 1961 in: AP Nr. 1 zu § 565 ZPO; *Müller*, DB 1975, S. 2135 läßt die Auswahl auch durch einen Ausschuß zu.

[4] *Hueck*, § 1 Rz. 116.

[5] *Nikisch*, S. 764.

unter sozialen Aspekten bei notwendigen – u. a. betriebsbedingten – Kündigungen handeln mußte, war § 13 der DemobilmachungsVO v. 12.2.1920[6]. Sie bestand in dieser Formulierung nur während der Demobilmachungszeit[7]. Ähnlich wurde sie erst wieder im KSchG von 1951[8] ausgedrückt. Aber auch in der Zwischenzeit fand sie Anwendung, ohne gesetzlich niedergelegt zu sein; denn obwohl das BRG v. 4.2.1920[9] über die Auswahl der zu entlassenden ArbN keine Bestimmung traf, wurden die Grundsätze für Kündigungen nach § 84 BRG weiter angewandt[10]. Auch während der Geltung des § 56 AOG[11] blieb es bei den in § 13 der DemobilmachungsVO festgelegten Regeln[12]. § 1 III KSchG 1969[13] bildet den vorläufigen Schlußpunkt der gesetzgeberischen Aktivitäten auf diesem Gebiet.

2. Zweckbestimmung der sozialen Auswahl

Mit der Berücksichtigung sozialer Gesichtspunkte wird das Ziel verfolgt, im Verhältnis der ArbN untereinander Gerechtigkeit bei dem gravierenden Eingriff (= des Arbeitsplatzverlustes) walten zu lassen[14]. Als gerecht wird dabei angesehen, daß „derjenige ArbN, der durch die Kündigung in seiner Lebensexistenz schwerer getroffen wird als ein anderer für den Vergleich in Betracht kommender ArbN desselben ArbGeb, den Vorzug verdient, daß also umgekehrt unter mehreren vergleichbaren ArbN derjenige als erster weichen muß, der auf den Arbeitsplatz am wenigsten angewiesen ist"[15].

Leitgedanke dieser zusätzlichen Voraussetzung für die soziale Rechtfertigung der betriebsbedingten Kündigung ist also, daß die Folgen aus sozialpolitischen Gründen diejenigen treffen sollen, für die die Kündigung relativ am leichtesten zu ertragen ist[16].

---

[6] RGBl. S. 218; die DemobilmachungsVO ging aus der VO über die Einstellung und Entlassung von Arbeitern und Angestellten während der Zeit der wirtschaftlichen Demobilmachung v. 3. 9. 1919 (RGBl. S. 1500) hervor. Diese VO setzte sich aus der VO v. 4. 1. 1919 (RGBl. S. 8) und der VO v. 24. 1. 1919 (RGBl. S. 100) zusammen und erstreckte sich nur auf Kriegsteilnehmer, vgl. *Billerbeck,* S. 73.

[7] *Göller,* S. 76f.

[8] Vgl. dazu *Dietz,* NJW 1951, S. 941ff.

[9] RGBl. S. 147.

[10] Vgl. Bescheid des Reichsarbeitsministers v. 15. 11. 1924 in: RArbBl. 1924, S. 461; vgl. ferner: *Egly,* S. 55; a.A.: *Dobinsky,* S. 44.

[11] v. 20. 1. 1934.

[12] *Hueck / Nipperdey / Dietz,* § 56 Rz. 14.

[13] v. 25. 8. 1969, BGBl. I S. 1317.

[14] *Herschel / Löwisch,* Rz. 6 vor § 1.

[15] BAG v. 20. 1. 1961, a.a.O.; ferner: BAG v. 12. 10. 1979, a.a.O.; LAG Düsseldorf v. 8. 2. 1982, DB 1982, S. 1118; vgl. im übrigen § 1 Fn. 17.

[16] *Wolter,* S. 55.

II. Der auswahlrelevante Personenkreis

1. ArbN, die einen besonderen gesetzlichen Kündigungsschutz genießen

Aus dem Kreis der in die Sozialauswahl einzubeziehenden ArbN sind zunächst diejenigen auszuscheiden, die aufgrund gesetzlicher Bestimmungen einen besonderen gesetzlichen Kündigungsschutz genießen. Zu diesen privilegierten ArbN zählen die unter § 15 KSchG fallenden betriebsverfassungsrechtlichen Funktionsträger[17], aber auch Schwangere nach § 9 MuSchG, sofern nicht ausnahmsweise gem. § 9 III MuSchG die Zustimmung der für den Arbeitsschutz zuständigen obersten Landesbehörde oder der von ihr bestimmten Stelle vorliegt, sowie schwerbehinderte ArbN gem. § 12 SchwbG, es sei denn, vorherige Zustimmung der Hauptfürsorgestelle hebt diesen Schutz im konkreten Fall auf[18].

2. Kündigungsschutz durch TV oder Einzelarbeitsvertrag

Nicht abschließend geklärt ist, welche Wirkung TV haben, die für bestimmte ArbN eine ordentliche arbeitgeberseitige Kündigung ausschließen, insb. ob sie die so bevorzugten ArbN aus der sozialen Auswahl herausnehmen[19]. Ist die Kündigung dagegen durch Einzelarbeitsvertrag ausgeschlossen, besteht weitgehend Einigkeit, daß die davon betroffenen ArbN beim Sozialvergleich nicht aus dem Kreis herausfallen[20].

3. ArbN, deren Arbeitsverhältnis noch keine 6 Monate in demselben Betrieb oder Unternehmen besteht

In die Auswahl einzubeziehen sind ArbN, für die gem. § 1 I KSchG der Kündigungsschutz noch nicht gilt, da ihr Arbeitsverhältnis noch keine 6 Monate ununterbrochen besteht. Dies ist wohl unbestritten[21], im Gegensatz zu der Frage, ob diese ArbN auch bevorzugt zu kündigen seien[22].

---

[17] Vgl. dazu *Etzel*, BlStSozArbR 1972, S. 86ff.; zum Kündigungsschutz von Betriebsratsmitgliedern vgl. *Meyer*.

[18] Vgl. *KR-Becker*, § 1 Rz. 349; *Gift*, RdA 1969, S. 77.

[19] Verneinend: *Frohner*, BlStSozArbR 1977, S. 353f.; *Eich*, DB 1976, S. 1678. – Bejahend: *Gift*, RdA 1969, S. 77, allerdings mit der Einschränkung, daß bei krassem Mißverhältnis in der sozialen Situation der ArbGeb gehalten ist, die Möglichkeit der außerordentlichen Kündigung des privilegierten ArbN auszuschöpfen; ArbG Kassel v. 5. 8. 1976, DB 1976, S. 1676; *Färber*, NZA 1985, S. 179.

[20] Vgl. nur *Berkowsky*, Rz. 195; a. A.: *Färber*, NZA 1985, S. 179.

[21] Vgl. z.B. BAG v. 19. 4. 1979, a.a.O.; BAG v. 20. 1. 1961, a.a.O.; BAG v. 6. 7. 1955, SAE 1955, Nr. 129 (S. 244ff.) mit Anm. *Bohn*; *Hueck*, § 1 Rz. 124; *Becker / Schaffner*, BlStSozArbR 1975, S. 100.

[22] Bejahend: *KR-Becker*, § 1 Rz. 350; *Bleistein*, b + p 1983, S. 6ff.; BAG v. 25. 4. 1985, NJW 1985, S. 274f.; Verneinend: *Hueck*, § 1 Rz. 124; ArbG Celle v. 26. 9. 1974, ARSt 1975, Nr. 75; *Erdmann / Jürging / Kammann*, § 102 Rz. 32; differenzierend: *Schwedes*, Rz. 406.

4. Vergleichbare ArbN

a) Betriebsbezogene Auswahl

Wie die betriebsbedingte Kündigung selbst ist auch die soziale Auswahl betriebsbezogen, d. h. der ArbGeb darf eine Auswahl nur unter den ArbN des *Beschäftigungsbetriebes*[23] treffen. Dies ist weitaus hM[24], obwohl im Laufe der Zeit in Judikatur und Schrifttum andere Ansichten vertreten worden sind. Es wurde teilweise die Auswahl auf die Unternehmensebene[25] erstreckt, teilweise – besonders in Großbetrieben – auf Betriebsabteilungen beschränkt[26]. Es ist auch vorgeschlagen worden, die Auswahl nur auf solche ArbN zu erstrecken, die „in Nachbarschaft zueinander"[27] arbeiten. Dies wurde mit einem Akt der Soldidarität begründet, der nur von einem ArbN erwartet werden könne, der irgendwie in einem persönlichen Kontakt zu dem ArbN steht, der nun an seiner Stelle im Betrieb bleiben kann[28]. Die Einschränkungen der sozialen Auswahl auf Betriebsabteilungen und auf ArbN, die „in Nachbarschaft zueinander" arbeiten, haben sich ebensowenig durchsetzen können wie die Ausdehnung auf die Ebene mehrerer Betriebe eines Unternehmens[29].

b) „Austauschkündigung"

Da nur die Verhältnisse der ArbN verglichen werden dürfen, die im betreffenden Betrieb beschäftigt sind, kann auch die soziale Auswahl nicht auf ArbN ausgedehnt werden, die der ArbGeb neu einstellen – oder aus einem anderen Betrieb des Unternehmens in diesen Betrieb versetzen – will, die sozial bedürftiger sind als der ArbN, der entlassen werden soll (Austauschkündigung)[30]. Anders nur, wenn der ArbGeb gem. § 4 SchwbG zur

---

[23] Vgl. nur *Hörnig*, BlStSozArbR 1955, S. 284.

[24] *Hueck*, § 1 Rz. 123f.; *Monjau*, RdA 1959, S. 9; *Herschel / Löwisch*, § 1 Rz. 215; *Auffarth / Müller*, § 1 Rz. 233; *Bauer*, DB 1983, S. 714; *Müller*, DB 1975, S. 2133; *Monjau*, BB 1967, S. 1212; ArbG Ravensburg v. 3. 10. 1958, ARSt XX Nr. 385; LAG Berlin v. 28. 2. 1983 in: EzA § 1 KSchG Nr. 20 – betriebsbedingte Kündigung; *Meisel*, BB 1963, S. 1060; *Galperin / Löwisch*, § 102 Rz. 58; BAG v. 25. 9. 1956 in: AP Nr. 18 zu § 1 KSchG.

[25] ArbG Rheine v. 19. 5. 1982, ARSt 1982, S. 190; *Müller*, DB 1975, S. 2130 geht in bestimmten Fällen von der Unternehmensbezogenheit der sozialen Auswahl aus.

[26] LAG Frankfurt v. 15. 10. 1957 und 11. 3. 1957 in: AP Nr. 45 und 46 zu § 1 KSchG.

[27] *Müller*, DB 1956, S. 965; erläuternd: *Maus*, § 1 Rz. 248f.; einschränkend: *Herschel*, Anm. zu AP Nr. 45 und 46 zu § 1 KSchG; vgl. ferner *Müller*, DB 1958, S. 712; *Auffarth / Müller*, § 1 Rz. 233.

[28] *Müller*, DB 1956, S. 965; s. auch *Haberkorn*, Die Betriebsverfassung 1958, S. 143.

[29] *Weissleder*, S. 84; *Maus*, § 1 Rz. 247ff.

[30] *Hueck*, § 1 Rz. 123; *Nikisch*, S. 764; LAG Düsseldorf v. 7. 8. 1953, BB 1953, S. 1014; ArbG Darmstadt v. 5. 12. 1952, SAE 1953, Nr. 34 (S. 78f.); BAG v. 15. 3. 1984,

Beschäftigung eines Schwerbehinderten verpflichtet ist und dafür einen Arbeitsplatz nur durch Entlassung eines deutlich weniger schutzbedürftigen ArbN freimachen kann; dann kann ausnahmsweise die erforderliche Kündigung ohne Verstoß gegen das Auswahlgebot gerechtfertigt sein[31].

c) *Austauschbarkeit*

Nachdem festgehalten werden kann, daß nur die ArbN des Beschäftigungsbetriebes gefährdet sind, muß die Frage erörtert werden, ob *alle* ArbN dieses Betriebes in den Sozialvergleich einzubeziehen sind. Das Gesetz schweigt dazu, doch nach logischen Gesichtspunkten kann dem nicht so sein. Denn mit einem modernen Betrieb ist weitgehend eine Spezialisierung der Arbeitskräfte verbunden, so daß nur die ArbN in die Auswahl einbezogen werden können, die *austauschbar* sind, d. h. die nach ihrer Tätigkeit miteinander verglichen werden können, also die Angehörigen derselben Berufs- oder Beschäftigungsgruppe, die eine gleiche oder ähnliche Arbeit verrichten[32]. Man spricht insoweit auch von der sog. „horizontalen Vergleichbarkeit"[33] der ArbN. Soweit die Arbeitsplätze völlig identisch sind treten keine Schwierigkeiten auf, da die dort beschäftigten ArbN problemlos ausgewechselt werden können[34]. Bei einer nur „partiellen Identität der Aufgabenbereiche"[35] kommt es darauf an, ob der zur Kündigung ausersehene ArbN auch die Funktionen aus dem „partiell identischen Arbeitsplatz"[36] ausüben kann[37]. Das ist nicht der Fall, wenn der ArbN eine nicht unerhebliche Einarbeitungszeit zur Wahrnehmung der anderen Aufgaben benötigt[38], eine kurze Spanne der Einarbeitung hindert die Austauschbarkeit dagegen nicht[39].

DB 1984, S. 2354f. und v. 21. 2. 1985, DB 1985, S. 1746; näher darauf eingehend: *Weiler,* S. 119ff.; *Hörnig,* RdA 1955, S. 136f.

[31] *Wilrodt / Neumann,* § 4 Rz. 14; BAG v. 8. 2. 1966 in: AP Nr. 4 zu § 12 SchwBeschG; *Gröninger,* § 41 Rz. 4; *Hueck / Nipperdey,* S. 770.

[32] *Auffarth / Müller,* § 1 Rz. 234; *Hueck,* § 1 Rz. 125; BAG v. 25. 4. 1985, DB 1985, S. 1029f.; *Meisel,* BB 1963, S. 1060; LAG Düsseldorf v. 12. 5. 1967, BB 1967, S. 798; *Hörnig,* BlStSozArbR 1955, S. 284; *Kunkel,* BB 1952, S. 380; *Becker / Schaffner,* BlStSozArbR 1975, S. 100; *Bopp,* S. 164.

[33] *Färber,* NZA 1985, S. 175ff.; *Preis,* DB 1984, S. 2244ff.

[34] *Herschel / Löwisch,* §1 Rz. 217.

[35] Ausdruck nach: *Becker* in: KR-Becker, § 1 Rz. 347.

[36] Ausdruck nach: *Schaub,* RdA 1981, S. 375.

[37] Eine wechselseitige Austauschbarkeit ist aber nicht erforderlich, vgl. *Becker,* in KR-Becker, § 1 Rz. 347.

[38] *Meisel,* BB 1963, S. 1060; *Weng,* DB 1978, S. 885; dagegen muß der arbeitsplatzbezogene Routinevorsprung bei der Vergleichbarkeit außer Betracht bleiben, s. *Färber,* NZA 1985, S. 176.

[39] *Corts,* BlStSozArbR 1982, S. 3, hält eine Einarbeitungszeit von einer Woche bereits für erheblich.

Unter einem anderen Aspekt wird die Austauschbarkeit von einigen Autoren verneint, wenn die ArbN sich z. B. durch unterschiedliche Leistungsbereitschaft oder Ungleichwertigkeit ihrer Arbeitsleistung unterscheiden[40]. Die Gegner dieser Ansicht sprechen von einer „qualitativen Vorauswahl durch die Hintertür“[41].

d) Vergleichbarkeit „nach unten“[42]

Der ArbGeb ist grds. nicht verpflichtet, einen sozial schlechter gestellten ArbN, der ohne weiteres an anderer Stelle im Betrieb eingesetzt werden könnte, den geringer bezahlten Arbeitsplatz eines Kollegen mit günstigeren sozialen Verhältnissen anzubieten, damit diesem gekündigt werden kann. Man spricht insoweit auch von der „vertikalen Vergleichbarkeit“[43]. Etwas anderes gilt nur, wenn der betreffende ArbN sich vorher oder unmittelbar nach Ausspruch der Kündigung mit der Vertragsänderung zu seinem Nachteil bereit erklärt hat[44].

e) Vergleichbarkeit „nach oben“[45]

Ebenso wie eine Vergleichbarkeit „nach unten“ nicht besteht wird eine Vergleichbarkeit „nach oben“ verneint. Denn der ArbGeb hat in aller Regel ein legitimes Interesse daran, höherwertige Arbeitsplätze auch unter dem Gesichtspunkt eines gesteigerten Vertrauensverhältnisses oder aber als „Beförderungsposten“ nach seinem Ermessen zu besetzen[46].

III. Die sozialen Auswahlkriterien

1. Allgemeines

Wie schon erwähnt[47], verfolgt die soziale Auswahl das Ziel, den ArbN zu schützen, den die von ihm nicht verschuldete – betriebsbedingte – Kündigung aufgrund seines persönlichen Status und seines sozialen Umfeldes härter treffen würde als andere ArbN. Um die sozialen Verhältnisse der ArbN

---

[40] *Monjau*, RdA 1959, S. 9; dazu aufschlußreich: *Dudenbostel*, DB 1984, S. 828.

[41] *Müller*, DB 1975, S. 2134.

[42] Ausdruck nach: *Berkowsky*, Rz. 189f. (S. 54).

[43] Vgl. *Preis*, DB 1984, S. 2244ff.; *Dudenbostel*, DB 1984, S. 828.

[44] BAG v. 4. 12. 1959 in: AP Nr. 2 zu § 1 KSchG – betriebsbedingte Kündigung mit Anm. *Hueck; Auffarth / Müller*, § 1 Rz. 234; *Hueck*, § 1 Rz. 125; BAG v. 13. 9. 1973 in: AP Nr. 2 zu § 1 KSchG 1969; weitergehend: *Herschel / Löwisch*, § 1 Rz. 220; vorsichtig: *Wolter*, S. 61; ablehnend mit überzeugenden Argumenten: *Färber*, NZA 1985, S. 177ff.; offenlassend: BAG v. 7. 2. 1985 in: DB 1986, S. 436ff.

[45] Ausdruck nach: *Berkowsky*, Rz. 189f. (S. 54).

[46] *Berkowsky*, Rz. 189f. (S. 54); ArbG Kiel v. 4. 9. 1958, ARSt XXII Nr. 264.

[47] Vgl. § 1 Fn. 17 und Fn. 15.

miteinander vergleichen und denjenigen heranziehen zu können, dem letztlich zu kündigen ist, wäre es von unbestreitbarem Vorteil, wenn der Gesetzgeber einen Katalog von relevanten Auswahlkriterien dem ArbGeb zur Verfügung gestellt hätte. Da dieser Weg nicht beschritten wurde[48] und auch die Judikatur keine umfassenden allgemeingültigen Grunddaten aufgestellt hat, herrscht in der Praxis eine nicht unerhebliche Rechtsunsicherheit[49]. Lediglich in einigen Sondergesetzen ist es untersagt, gewisse Umstände zuungunsten des ArbN zu bewerten (z. B. Art. 6 § 5 I des RentenreformG v. 16.10.1972[50]). Da die Auswahl gem. § 1 III KSchG nur dann Bestand hat, wenn der ArbGeb soziale Gesichtspunkte ausreichend berücksichtigt hat[51], nützt es ihm nichts, sich auf die Versäumnisse von Legislative und Judikative zu berufen, er muß vielmehr „auf eigene Faust" versuchen, denjenigen ArbN ausfindig zu machen, den die Kündigung am wenigsten hart tritt[52].

2. Konkretisierungsversuche

Die ganze Problematik liegt in der Aufstellung brauchbarer Kriterien. Dabei kann der ArbGeb auf den Grundlagen der ständigen BAG – Rspr. aufbauen, denn danach sind „alle sozial beachtenswerten Umstände in die Prüfung einzubeziehen"[53]. Es ist bei jedem Sozialvergleich eine „Gesamtabwägung aller im Einzelfall relevanten Umstände zu treffen"[54]. Eine Schematisierung, vor allem eine Beschränkung der Beurteilung auf ein einzelnes oder einzeln ausgewähltes Merkmal wird den Anforderungen des § 1 III KSchG nicht gerecht[55].

---

48 Vgl. § 1 Fn. 12.

49 Die der Senat v. 24. 3. 1983 noch erhöht hat, da er die Gewichtung der verschiedenen Sozialdaten relativiert hat, s. *Meisel*, Anm. zu BAG v. 24. 3. 1983 in: AP Nr. 12 zu § 1 KSchG 1969 – betriebsbedingte Kündigung (8.). Allgemein zur Rechtsunsicherheit: *Becker / Rommelspacher*, ZRP 1976, S. 40ff.

50 BGBl. I S. 1965.

51 Wobei nicht die subjektive Ernsthaftigkeit des Bemühens des ArbGeb die Kündigung rechtfertigt, sondern der objektive Erfolg, so: *Gift*, RdA 1969, S. 74; *Herschel*, BB 1955, S. 806; *Herschel / Steinmann*, § 1 Rz. 46a, 51b; LAG München v. 13. 8. 1974, DB 1975, S. 1177; *Wünnenberg*, DB 1956, S. 665; a. A.: LAG Düsseldorf v. 25. 11. 1954, BB 1955, S. 226; das LAG Bremen v. 18. 1. 1956 war der Meinung, es genüge, wenn die Beurteilung der Auswahl „keine erhebliche Fehlbewertung" erkennen lasse.

52 Dabei sollen die sozialen Daten der einzelnen ArbN gegeneinander abgewogen werden. Die Bewertung erfolgt nicht nach einem absoluten Maßstab, etwa in der Form, daß ab einer bestimmten sozialen Schutzwürdigkeit eine Kündigung aus betriebsbedingten Gründen nicht mehr in Frage käme; vielmehr ist die zusätzliche Belastung des ArbN im Vergleich zu anderen ArbN ausschlaggebend und nicht die individuelle Betroffenheit überhaupt = *Sozialdifferenz*, vgl. *Weng*, DB 1978, S. 886; *Meisel*, BB 1963, S. 1063; vgl. im übrigen § 1 Fn. 17.

53 Zuletzt: BAG v. 11. 3. 1976 in: EzA § 95 BetrVG 1972 Nr. 1; BAG v. 19. 4. 1979 in: EzA § 1 KSchG Nr. 11 – betriebsbedingte Kündigung; BAG v. 24. 3. 1983, a.a.O.

54 *Weng*, DB 1978, S. 886; *Schaub*, § 132 I 4; *Gift*, ZfA 1974, S. 129, 140; *Hoppe*, BlStSozArbR 1976, S. 293; *Rost*, ZIP 1982, S. 1398.

55 *Hueck*, § 1 Rz. 116a.

Was ist unter diesen doch sehr vagen Formulierungen zu verstehen? Was insb. sind „sozial beachtenswerte Umstände"? Nach *Gift*[56] sollen dies alle Umstände sein, „welche die soziale Situation der in Betracht kommenden ArbN prägen oder doch beeinflussen". Weitergehend sind unter diesen sozialen Gesichtspunkten auch alle Umstände zu verstehen, die „im allgemeinen sozialen Interesse der Belegschaft" von Bedeutung sind[57].

Es kann resümiert werden, daß trotz mannigfacher Konkretisierungsversuche keine Klarheit erzielt worden ist. Der ArbGeb trägt weiterhin das Risiko, die generalklauselartigen Formulierungen der Rspr. und Rechtslehre richtig zu verstehen und danach zu handeln. Als gefestigte Rspr. kann nur angesehen werden, daß es nicht genügt, wenn der ArbGeb einzelne Aspekte berücksichtigt und daraus seine Entscheidung ableitet[58], sondern er im Wege der Gesamtschau zum Ergebnis kommen muß[59].

3. Die „sozialen Gesichtspunkte"

Im folgenden sollen die sozialen Daten besprochen werden, die Rspr. und Lit. als diejenigen nennen, die von Bedeutung sein können.

a) Überblick

aa) Daten, die in den allgemeinen persönlichen Verhältnissen der ArbN begründet sind[60]

- Lebensalter des ArbN
- Familienstand
- Unterhaltspflichten und -ansprüche des ArbN
- Einkünfte von anderen Familienangehörigen = Doppelverdienertum
- Nebeneinkünfte des ArbN
- Vermögensverhältnisse
- Wirtschaftliche Notlage
- Arbeitsmarktlage und -chancen

---

[56] ZfA 1974, S. 129.

[57] BAG v. 6. 7. 1955, BB 1955, S. 734; *Herschel / Löwisch,* § 1 Rz. 229; *Gift,* RdA 1969, S. 75; a. A.: (ablehnend) *Dudenbostel,* DB 1984, S. 828.

[58] Anstelle aller: LAG München v. 13. 8. 1974, DB 1975, S. 1177.

[59] Vgl. z. B. *Löwisch / Schüren,* SAE 1984, S. 50.

[60] Vgl. hierzu insb.: *Auffarth / Müller* § 1 Rz. 235; *Schulz,* RdA 1953, S. 465; die hier vorgenommene Einteilung ist aber nicht zwingend: *Monjau,* RdA 1959, S. 8f. z. B. unterscheidet nach persönlichen Verhältnissen der ArbN, Beziehungen zum Betrieb, weiteren individuell verschiedenen Umständen, sonstigen familiären Verhältnissen sowie Umständen, die im allgemeinen sozialen Interesse der ArbN und der Belegschaft von Bedeutung sind.

- Bestehen sozialer Versorgungsansprüche
- Gesundheitszustand des ArbN
- Sonstige, die persönlichen Verhältnisse des ArbN betreffende Auswahlkriterien

bb) Daten, die mit den Beziehungen des ArbN zum Betrieb in Zusammenhang stehen

- Dauer der Betriebszugehörigkeit
- Voraussichtliche zukünftige Dauer der Betriebszugehörigkeit
- Gesundheitsbeeinträchtigung, die auf betriebliche Ursachen zurückgeht
- Abkehrwille des ArbN
- Sonstige

cc) Umstände, die im allgemeinen sozialen Interesse der ArbN und der Belegschaft liegen[61]

dd) Umstände, die nicht zum Nachteil des ArbN berücksichtigt werden dürfen.

b) Die Kriterien im einzelnen

aa) Daten, die in den allgemeinen persönlichen Verhältnissen der ArbN begründet sind

(1) Das Lebensalter des ArbN

Zu den dominantesten Auswahlkriterien gehört seit jeher das Lebensalter des ArbN. Bereits § 13 der DemobilmachungsVO v. 12.2.1920 bestimmte:

> „... Sodann ist das Lebensalter ... der Arbeitnehmer derart zu berücksichtigen, daß die älteren ... Arbeitnehmer ... möglichst in ihrer Arbeitsstelle zu belassen sind."

Eine Begründung, warum gerade die älteren ArbN[62] gegenüber den jüngeren zu bevorzugen seien, fehlte gänzlich. Da die Grundsätze des § 13 der DemobilmachungsVO auch für betrieblich bedingte Entlassungen nach § 84 BRG und § 56 AOG[63] galten, waren ebenso nach diesen Gesetzen ältere ArbN vorzuziehen. Seit dieser Zeit ist der in der Demobilmachungsgesetzgebung vorgeschriebene Kündigungsschutzgedanke fester Bestandteil der Judikatur zum Kündigungsschutz[64]. Die Schutzwürdigkeit des älteren ArbN wird dabei für so selbstverständlich gehalten, daß weder die Rechtsprechungsorgane noch das Schrifttum sich dezidiert mit der Begründung für die Besserstellung der älteren ArbN auseinandersetzen. Die gebräuch-

---

[61] *Monjau,* RdA 1959, S. 8f.; *Maus,* § 1 Rz. 235; vgl. auch Fn. 57.

[62] Zum Begriff der älteren ArbN: s. *Weiler.*

[63] Vgl. Fn. 12.

[64] *Göller,* S. 55.

lichste Argumentation für deren Schutz geht aus Müllers[65] Beitrag hervor: „Selbst in Zeiten der Vollbeschäftigung finden ältere ArbN, vermutlich wegen der nachlassenden Leistungsfähigkeit und der größeren Anfälligkeit für Erkrankungen, ungleich schwerer einen neuen Arbeitsplatz als ihre jüngeren Kollegen". Nach dem BAG v. 20.1.1961[66] bedeutet die Entlassung für einen 60jährigen nach der Erfahrung regelmäßig, „daß er mit einer längeren Arbeitslosigkeit als ein 30jähriger rechnen muß, vielleicht sogar, daß er gar nicht mehr am Arbeitsleben teilnehmen kann". Auch *Neyses*[67] hält das Lebensalter für ein wesentliches Auswahlkriterium. Er widerspricht dem BAG a.a.O. zwar nicht, hält aber in Zeiten der Massenarbeitslosigkeit die starke Bevorzugung gerade solcher älteren ArbN nicht für gerechtfertigt, die durch den baldigen Bezug der Altersrente finanziell ausreichend abgesichert sind und daher nicht mehr so stark auf den Arbeitsplatz angewiesen sind[68]. Dies sei i.d.R. der Fall bei einem ArbN, der mit 59 Jahren die Arbeitsstelle verliert. Denn er hat zunächst Anspruch auf Arbeitslosengeld i.H. v. 68% (63%) seines Nettoeinkommens für die Dauer eines Jahres und erhält im Anschluß die vorgezogene Altersrente[69]. *Neyses* ist sich im klaren, daß aufgrund des Art. 6 § 5 I RentenreformG 1972 sein Vorschlag nicht in die Realität umzusetzen ist, fragt aber beim Gesetzgeber an, ob diese Bestimmung nicht Anachronismus sei. Nach dem neuen VorruhestandsG v. 13.4.1984[70] besteht bereits für die ArbN ausreichende Sicherung, die das 58. Lebensjahr vollendet haben. Nach § 7 I, 2. HS dieses Gesetzes darf dies zwar nicht bei der sozialen Auswahl zum Nachteil des ArbN berücksichtigt werden, aber in Fortsetzung der Gedanken *Neyses'* müßte auch diese Vorschrift neu überdacht werden.

Interessant ist ein weiteres Traktat zu der Bedeutung des Lebensalters: Danach ist zu berücksichtigen, „daß die soziale Relevanz des Lebensalters nicht proportional zum Älterwerden verläuft"[71]. Denn der altersmäßig bedingte soziale Unterschied ist zwischen einem 20jährigen und 30jährigen erheblich geringer als der zwischen einem 45- und 55jährigen ArbN. Die altersmäßige Differenz gewinnt ein um so höheres Gewicht, je älter der ArbN wird. Eine ebenfalls häufig anzutreffende Begründung für die soziale

---

[65] DB 1975, S. 2132; vgl. auch: LAG Baden-Württemberg v. 30. 11. 1976, BB 1977, S. 294.

[66] In: AP Nr. 7 zu § 1 KSchG – betriebsbedingte Kündigung.

[67] DB 1983, S. 2416f.

[68] Vgl. ferner: *Schimana*, BB 1970, S. 1141; a.A.: *Vogt*, DB 1984, S. 1469, der der Meinung ist, eine zwangsweise Frühpensionierung laufe allen Bestrebungen der Gerontologie zuwider, den älteren Menschen Aktivität und soziale Kontakte zu erhalten; ebenso: *Dreher*, S. 199f.

[69] Vgl. *Neyses*, S. 519.

[70] BGBl. I 1984, S. 601ff.

[71] *Rost*, ZIP 1982, S. 1397; vgl. auch: *Hoppe*, BlStSozArbR 1976, S. 293 – Altersunterschiede spielen erst ab 40 Jahren eine Rolle; ebenso: LAG Baden-Württemberg v. 21. 7. 1978, BB 1978, S. 1362; LAG Hamm v. 9. 7. 1976, DB 1976, S. 1822.

Schutzbedürftigkeit der älteren ArbN weist darauf hin, „daß die mit einem Arbeitsplatzverlust verbundenen Folgen, insb. die Einstellung auf die neue Arbeit und ein etwaiger Wohnungswechsel von einem jüngeren ArbN leichter zu tragen sei“[72].

Die Judikatur trägt durch eine Vielzahl von Entscheidungen[73] der vermeintlichen Tatsache Rechnung, daß dem älteren ArbN die Erlangung eines neuen Arbeitsplatzes nicht nur in Krisenzeiten besonders erschwert ist[74]. Auch die Mehrheit in der Lehre will dem Lebensalter eine besondere Bedeutung zukommen lassen – allerdings i.d.R. ohne Angabe von Gründen[75]. Dabei ist oft nicht zu erkennen, ob dem älteren oder dem jüngeren ArbN der Vorzug zu geben ist; zumindest ist aus dem Wortlaut der Texte dies nicht erkennbar[76].

Einzig *Rost* spricht aus, daß höheres Alter – und damit regelmäßig auch Berufserfahrung – je nach der Art der ausgeübten Tätigkeit von besonderem Wert bei der Weitervermittlung auf dem Arbeitsmarkt sein kann[77]. Die größere soziale Schutzwürdigkeit der älteren ArbN gegenüber jüngeren in jedem nur erdenklichen Fall ist also doch kein unumstößliches Dogma. In dieselbe Richtung tendiert nur noch *Ehmann*[78], wenn er vorschlägt, den Betriebsparteien soll in Auswahlrichtlinien gem. § 95 BetrVG überlassen werden, „ob Alt vor Jung oder Jung vor Alt zu gehen hat“. *Ehmann* bezweifelt auch[79], daß der ältere ArbN unter der Arbeitslosigkeit mehr leidet als ein jüngerer[80]; ferner hält er es für gerechter, daß „die 30jährigen arbeiten und die 50jährigen die Arbeitslosigkeit als ‚Vorruhestand‘ genießen“[81].

---

72 Vgl. z.B. *Herschel / Löwisch*, § 1 Rz. 228; *Monjau*, BB 1967, S. 1381.

73 Vgl. ArbG Wilhelmshaven v. 9. 10. 1951, ARSt VI Nr. 351; LAG Düsseldorf/Köln v. 9. 7. 1952, DB 1952, S. 740; LAG Düsseldorf v. 5. 8. 1952, WA 1953, Nr. 307; ArbG Heidelberg v. 28. 8. 1952, ARSt IX Nr. 654; ArbG Göppingen v. 18. 1. 1954, ARSt XII Nr. 274; ArbG Rheine v. 1. 6. 1954, ARSt XIII Nr. 256; ArbG Bremerhaven v. 19. 11. 1954, BB 1955, S. 417; ArbG Weiden/Schwandorf v. 9. 9. 1955, ARSt XV Nr. 415; BAG v. 13. 12. 1956 in: AP Nr. 5 zu § 1 KSchG; BAG v. 20. 1. 1961, a.a.O.; ArbG Celle v. 14. 11. 1974, ARSt 1975 Nr. 90; LAG Baden-Württemberg v. 21. 1. 1978, a.a.O.; BAG v. 12. 10. 1979 in: AP Nr. 7 zu § 1 KSchG 1969 – betriebsbedingte Kündigung; BAG v. 24. 3. 1983, a.a.O.

74 Vgl. dazu auch besonders: *Pohl*, WSI-Mitt. 1976, S. 201ff., der Forschungsprojekte auswertet, die in Anschluß an die Rezession 1966/1967 durchgeführt wurden.

75 Vgl. etwa: *Gamillscheg* in: EzA § 95 BetrVG Nr. 1 (Anm.); *Weng*, DB 1978, S. 886; *Rasch*, DB 1982, S. 2296; *Bleistein*, b + p 1978, S. 186; *Becker / Schaffner*, BlStSozArbR 1975, S. 100; *Gift*, ZfA 1974, S. 140; *Vogt*, DB 1967, S. 380; *Wünnenberg*, DB 1956, S. 646; *Schaub*, RdA 1981, S. 375; *KR-Becker*, § 1 Rz. 352; *Hueck*, § 1 Rz. 117; *Schaub*, § 132 I 4; *Dietz / Richardi*, § 102 Rz. 128; *Gnade / Kehrmann / Schneider / Blanke*, § 102 Rz. 76; *Grossmann / Schneider*, Rz. 390; *Bichler / Bader*, DB 1983, S. 338.

76 Vgl. nur BAG v. 24. 3. 1983, a.a.O.

77 ZIP 1982, S. 1397.

78 BlStSozArbR 1984, S. 210.

79 BlStSozArbR 1984, S. 211.

80 A.A.: *Vogt*, DB 1967, S. 380.

81 Was nicht heißen soll, daß ein älterer ArbN eher als ein jüngerer in finanzielle Not gebracht werden dürfte.

(2) Der Familienstand

Als ein weiteres wichtiges Sozialdatum wird der Familienstand des ArbN angesehen. Neben dem Lebens- und Dienstalter wurde er als einziger weiterer sozialer Gesichtspunkt expressis verbis in der DemobilmachungsVO von 1920[82] erwähnt. Danach sind bei vergleichbaren ArbN die verheirateten eher von einer betriebsbedingten Kündigung zu verschonen als die ledigen. Diese Wertung wird verständlich, wenn man sich vergegenwärtigt, daß der verheiratete ArbN Unterhaltspflichten nach §§ 1360ff. BGB gegenüber seinem Ehegatten (und evtl. gem. §§ 1601ff. BGB gegenüber seinen Verwandten in gerader Linie) nachzukommen hat und damit i.d.R. auf das Arbeitsentgelt in größerem Maße angewiesen ist. Diese unterhaltsbezogene Auslegung des Merkmals ‚Familienstand' ist auch dem Wortlaut der DemobilmachungsVO zu entnehmen, in deren § 13 es heißt:

„... Sodann ist der ... Familienstand ... derart zu berücksichtigen, daß ... diejenigen mit unterhaltsberechtigten Angehörigen möglichst in ihrer Arbeitsstelle zu belassen sind ..."

Die ganz hM scheint – ohne dies allerdings zu verdeutlichen – dieser Interpretation zu folgen[83]. Lediglich bei *Auffarth / Müller*[84] wird offenbar, daß der Familienstand mit der bestehenden Unterhaltsverpflichtung gleichzusetzen ist. Auch *Maus* veranschaulicht, daß nicht dem Familienstand an sich entscheidende Bedeutung beim Sozialvergleich zukommt, sondern allein auf die Unterhaltspflichten der betroffenen ArbN abzustellen ist[85].

Daher kann als sicher angesehen werden, daß der Familienstand nur noch traditionsgemäß immer wieder in Rspr. und Lit. als auswahlrelevantes Merkmal auftaucht, ohne jedoch im Grunde genommen eine eigenständige Bedeutung für die richtige soziale Auswahl zu haben. Die vorbehaltlose Übernahme dieses Auswahlkriteriums ist verständlich, wenn man überlegt, daß in früheren Zeiten grds. die (Ehe)männer für den Lebensunterhalt der Familien allein aufzukommen hatten. Aus diesem Umstand folgte die Gleichsetzung des Familienstandes mit dem sozialen Gesichtspunkt der Unterhaltsverpflichtungen und die Bevorzugung der Verheirateten. Nach der heute gewandelten Lebensauffassung, in der immer mehr Frauen finanziell für den Unterhalt mitsorgen, hat die Bewertung des Familienstandes keine Berechtigung mehr, sondern es muß Wert auf die Frage gelegt werden, ob und wieviele Personen gegenüber dem ArbN unterhaltsberechtigt sind und welche Geldmittel zu deren Befriedigung zur Verfügung stehen.

---

[82] Vgl. Fn. 6.

[83] Vgl. *Grüll*, S. 124; *Rohlfing / Rewolle*, § 1 Rz. 23a; *Monjau*, BB 1967, S. 1381.

[84] § 1 Rz. 235.

[85] § 1 Rz. 229; vgl. ferner: LAG Düsseldorf v. 20. 8. 1955, DB 1956, S. 68, das die Gesamtvermögensanlage des ArbN heranzieht.

(3) Unterhaltspflichten und -ansprüche des ArbN

Ein ArbN, der unterhaltsverpflichtet ist, steht beim Sozialvergleich grds. besser da als ein lediger Kollege ohne diese Verpflichtung, denn er ist sozial schutzbedürftiger. So bestimmte es bereits § 13 der DemobilmachungsVO von 1920[86]. Wie die unübersehbare Kasuistik[87] beweist, hat sich diese Bewertung bis in jüngste Zeit nicht geändert. Judikatur und Schrifttum betonen die Unerläßlichkeit des Kriteriums der Unterhaltsverpflichtungen[88] an erster Stelle zusammen mit den Daten ‚Lebensalter' und ‚Dauer der Betriebszugehörigkeit'.

Über die Beweggründe für die erstrangige Berücksichtigung dieses Merkmals gibt die Entscheidung des BAG v. 20.1.1961[89] Auskunft: „Der Verlust des Arbeitsplatzes führt *unter Umständen* zu einem Einschnitt in die Lebensexistenz nicht nur des ArbN selbst, sondern einer größeren Zahl von Menschen, für die er wirtschaftlich verantwortlich ist. Diese Umstände unberücksichtigt zu lassen, wäre gerade nicht sozial". Die Familie, die – speziell auch zu der Zeit, als die Entscheidung erging – regelmäßig vollständig vom Arbeitslohn nur eines Elternteils abhing, sollte ein gesichertes Auskommen haben. Es wird dem Alleinstehenden eher zugemutet auf das Arbeitsentgelt zu verzichten als demjenigen, der mehrere Personen zu versorgen hat.

Aus der Einschränkung, die das BAG durch die Einführung des Terminus „unter Umständen" macht, ist zu folgern, daß auch Fälle denkbar sind, in denen ein ArbN, obwohl er Unterhaltsansprüchen ausgesetzt ist, gegenüber einem damit nicht belasteten Kollegen keine Besserstellung bei der sozialen Auswahl verdient. Es ist unumgänglich, den Gesichtspunkt der Unterhaltsverpflichtungen des ArbN im Zusammenhang zu sehen mit den Unterhaltsansprüchen, die er selbst gegen seine Angehörigen hat[90]; in einer Zeit, in der beide Ehepartner immer häufiger zusammen durch Arbeit zum Familieneinkommen beitragen, gewinnt dieser Aspekt immer mehr an Bedeutung. Die Gegenüberstellung der Unterhaltspflichten und -ansprüche muß erfolgen, denn es geht nicht an, dem betroffenen ArbN die Verpflichtung zur Zahlung von Unterhalt als Positivum anzurechnen, die Möglichkeit, Unterhalt zu erhalten, dagegen unter den Tisch fallen zu lassen[91].

---

[86] Vgl. Fn. 6.

[87] Vgl. u.a.: *Hueck*, § 1 Rz. 117; *Monjau*, RdA 1959, S. 8; *ders.*, BB 1967, S. 1381; *Gift*, ZfA 1974, S. 140; *Müller*, DB 1975, S. 2132; *Neyses*, DB 1983, S. 2416; *Schnorr von Carolsfeld*, S. 372; BAG v. 20. 10. 1983, NJW 1984, S. 1648; BAG v. 24. 3. 1983, a.a.O.; BAG v. 20. 1. 1961, a.a.O.; BAG v. 26. 6. 1964, a.a.O.

[88] Vgl. nur: BAG v. 11. 3. 1976 in: EzA § 95 BetrVG Nr. 1; BAG v. 19. 4. 1979 in: EzA § 1 KSchG Nr. 11 – betriebsbedingte Kündigung; LAG Baden-Württemberg v. 21. 7. 1978, BB 1978, S. 1362; BAG v. 24. 3. 1983, a.a.O.; *Weng*, DB 1978, S. 886; *Neyses*, DB 1983, S. 2416; *Falkenberg*, DB 1984, S. 1987.

[89] In: AP Nr. 7 zu § 1 KSchG – betriebsbedingte Kündigung.

[90] Vgl. *Müller*, DB 1975, S. 2132; BAG v. 30. 11. 1956 in: AP Nr. 26 zu § 1 KSchG.

Ein Sonderproblem verdient in diesem Zusammenhang Beachtung: Die Frage, ob bei der Auswahlentscheidung nur Unterhaltsverpflichtungen oder -ansprüche bedeutsam sind, die einen gesetzlichen Ursprung haben (§§ 1360ff., 1601ff. BGB) oder ob auch andere, auf die kein gesetzlicher Anspruch besteht, berücksichtigt werden können. *Hueck*[92] spricht von *gesetzlichen* Unterhaltspflichten ohne aber näher auf dieses Problem einzusteigen. Ausführlich beschäftigt sich *Schulz*[93] mit diesem Komplex. Er kommt zu dem Ergebnis, daß es zu einer Aushöhlung der Schutzfunktion des sozialen Auswahlgedankens kommt und zu einer Rechtsunsicherheit im Kündigungsschutzrecht, wenn – wie das ArbG Bremen meint[94] – eine Unterscheidung nach rechtlichen Gesichtspunkten nicht mehr zu machen sei, d. h. es keine Rolle spielt, ob der ArbN aufgrund gesetzlicher, moralischer oder sonstiger Verpflichtung Unterhalt leistet. Darüber hinaus stünde die Auffassung der Bremer Richter in Widerspruch zu den in der Sozialgesetzgebung normierten Prinzip, daß für die Beurteilung der sozialen Lage einer Person rechtliche Gesichtspunkte maßgeblich seien[95]. Im Ergebnis stimmt *Falkenberg*[96] der Meinung Schulz' zu, wenn er schreibt: „Wenn man an die Beurteilungspflichten herangeht, muß man beachten, daß eine Unterhaltspflicht für sich genommen ohne einschätzbare Bedeutung ist. Sie kann berechtigt nur dann zur Bewertung der sozialen Schutzbedürftigkeit herangezogen werden, wenn es sich um gesetzliche Unterhaltspflichten handelt, und der Unterhalt auch laufend in bestimmter Höhe an die Unterhaltsberechtigten gezahlt wird. Jede andere Behandlung würde es m.E. nicht zulassen, eine Unterhaltsverpflichtung zu den Grundwerten der sozialen Auswahl zu zählen[97]."

(4) Einkünfte anderer Familienangehöriger = Doppelverdienertum

(a) Der Doppelverdienst des Ehegatten

Wenn Ehemann und -frau gemeinsam durch Arbeit zum Lebensunterhalt beitragen, spricht man von Doppelverdienertum[98]. Fraglich ist, inwieweit

---

91 A.A.: ArbG Herne v. 15. 10 1982, ARSt 1983 Nr. 73.

92 § 1 Rz. 117.

93 ArbuR 1953, S. 278ff.

94 Entscheidung III Ca 3179/53.

95 *Schulz,* ArbuR 1953, S. 279.

96 DB 1984, S. 1984f.

97 *Falkenberg,* DB 1984, S. 1988.

98 *Rohlfing / Rewolle,* § 1 Rz. 23d; zur Terminologie: Es wird von Nebenverdienst oder Nebeneinkünften des ArbN gesprochen, wenn er selbst einer weiteren Beschäftigung nachgeht, s. *Hueck,* § 1 Rz. 117; *Berkowsky,* Rz. 190; anders der RArbMin. v. 24. 9.1926 in RArbBl. 1926, S. 327, der als Doppelverdiener nur denjenigen ArbN bezeichnete, der neben einem Einkommen einer weiteren bezahlten Beschäftigung nachging. Der Doppelverdiener war nach dieser Mitteilung des RArbMin. vorrangig

dieser Mehrfachverdienst im Rahmen der Sozialauswahl zuungunsten des zur Kündigung vorgesehenen ArbN zu berücksichtigen ist. Soweit der Doppelverdienst zum Erhalt der Existenzgrundlage der Familie im Einzelfall unerläßlich ist, wird ihm auch bei der Abwägung der sozialen Verhältnisse nach § 1 III KSchG keine Bedeutung zukommen[99]. Es kann nicht angehen, daß geringe Werte, die in keiner Hinsicht geeignet sind eine auch nur einigermaßen stabile Existenzgrundlage zu bieten, beachtet werden sollen[100]. Dies ist allgemein hM[101].

Von einer solchen Sachlage abgesehen ist der ArbGeb aber nicht nur berechtigt sondern verpflichtet, im Falle der Kündigung beim Sozialvergleich auch die Tatsache des Doppelverdienstes zu berücksichtigen[102].

Die wirtschaftliche Lage ist das entscheidende Kriterium. Ist sie durch den Verdienst auch nur eines Ehepartners gesichert, darf und muß der Doppelverdienst nachteilig bewertet werden; ist dies nicht der Fall, darf er nicht zum Nachteil beurteilt werden[103].

Eine von der herrschenden Auffassung abweichende Meinung[104] hegt „erhebliche Zweifel, ob Faktoren, die völlig außerhalb des Arbeitsverhältnisses angesiedelt sind, wie z. B. das Einkommen der Ehefrau/des Ehemannes . . . eine stärkere Berücksichtigung finden sollten“.

(b) Der Doppelverdienst der sonstigen Angehörigen, insb. Kinder

Auch die Einkünfte von Familienmitgliedern, insb. von den Kindern werden teilweise unter den gleichen Voraussetzungen als soziale Auswahlfakto-

---

zu entlassen, denn das Doppelverdienertum wurde als ein kaum tragbarer Zustand angesehen; nach der Denkschrift des *Reichsarbeits- und Reichswirtschaftsministers* in RArbBl. 1953 I, S. 295 wurde unter Doppelverdienst sowohl das Einkommen des Ehegatten als auch eine Nebenbeschäftigung des ArbN verstanden.

99 *Herschel / Steinmann,* § 1 Rz. 46c; *Hoppe,* Der Betriebsrat 1967, S. 85.

100 Vgl. *Hörnig,* BlStSozArbR 1955, S. 286.

101 Vgl. unter vielen: LAG Hannover v. 10. 5. 1950, BB 1950, S. 535; *Herschel / Löwisch,* § 1 Rz. 226; grundlegend: LAG Hamm v. 4. 10. 1983, DB 1984, S. 131; *Bürger / Oehmann / Matthes / Stübing,* unter „Ordentliche Kündigung“ Ziff. 4.

102 *Bürger / Oehmann / Matthes / Stübing,* unter „Ordentliche Kündigung“ Ziff. 4; *Herschel / Löwisch,* § 1 Rz. 226; *Wünnenberg,* DB 1956, S. 647 (der ArbN kann, aber muß nicht diesen Aspekt heranziehen); ArbG Krefeld v. 22. 9. 1954, ARSt XIII Nr. 389; LAG Hamburg v. 16. 11. 1954, ARSt XIII Nr. 479 (grundlegend); undifferenziert: LAG Hamm v. 7. 7. 1981, DB 1982, S. 2195; *Ribbert,* S. 120; a. A.: ArbR Herne v. 15. 10. 1982, ARSt 1983, S. 73.

103 Vgl. zur Wirtschaftslage des ArbN: LAG Hannover v. 10. 5. 1950, a.a.O.; ArbG Duisburg v. 29. 9. 1952, SAE 1953 Nr. 12; *Hörnig,* BlStSozArbR 1955, S. 285; das ArbG Göttingen v. 14. 2. 1952 in AP 1953 Nr. 75 stellt dagegen nicht auf die wirtschaftliche Lage ab, sondern vertritt die Auffassung, „daß das Einkommen des Ehemanns nicht zuungunsten der berufstätigen verheirateten Frau berücksichtigt werden dürfe, denn ansonsten würde das Grundrecht auf freie Entfaltung der Persönlichkeit nach Art. 2 GG verletzt“.

104 *Klinkhammer / Klinkhammer,* ArbuR 1984, S. 63 (Anm.).

ren angesehen[105] und können sich damit u. U. für den ArbN negativ auswirken.

(5) Die Nebeneinkünfte des ArbN

Durch Nebeneinkünfte verbessert der ArbN regelmäßig seine wirtschaftliche Lage. Unter dieser Art von zusätzlicher materieller Versorgung versteht man alle Arten von Einnahmen, die der ArbN neben seiner unselbständigen Tätigkeit in dem Betrieb, in dem der Sozialvergleich stattfindet, erzielt.

Nach *Rohlfing / Rewolle*[106] müssen bei *alleinstehenden* ArbN kleinere Nebenverdienste außer acht gelassen werden. Diese Differenzierung zwischen Ledigen und Verheirateten erscheint willkürlich, da nicht einsichtig ist, warum der Familienstand bei der Berücksichtigung von Nebeneinkünften eine Rolle spielen soll.

Unter den Hinweisen, die sich mit diesen Nebeneinnahmen auseinandersetzen, herrscht ansonsten Einigkeit über deren Beachtlichkeit[107], soweit sie nicht ganz unwesentlich sind. Das Mehreinkommen muß schon meßbar gegenüber den finanziellen Mitteln der ArbN sein, die nicht auf solche Einkünfte zurückgreifen können.

(6) Die Vermögensverhältnisse des ArbN

Keine Einigkeit herrscht, ob und inwieweit das Vermögen des ArbN von Bedeutung sein kann. Dabei wird in vielen Fällen nicht einmal deutlich, welches Vermögen zu den sozialen Auswahlkriterien zu zählen ist[108]. Es wird dem Betrachter überlassen, ob das Vermögen nur des betroffenen ArbN[109], auch das seines Ehegatten oder aber das sog. Familienvermögen[110], also die Summe aller Vermögenswerte der im Hause lebenden Angehörigen, gemeint ist.

Unabhängig von dieser sprachlichen Unklarheit gehen die Meinungen weit auseinander: *Neyses*[111] verneint mit beachtlichen Argumenten die Berücksichtigung der Vermögenswerte des ArbN. Das LAG Bremen[112] zieht

---

[105] *KR-Becker*, § 1 Rz. 352; *Maus*, § 1 Rz. 228; *Schaub*, § 132; *Vogt*, DB 1984, S. 1469.

[106] § 1 Rz. 23a.

[107] *Herschel / Löwisch*, § 1 Rz. 226; *Hueck*, § 1 Rz. 117; *Gift*, ZfA 1974, S. 140; *Bekker / Schaffner*, BlStSozArbR 1975, S. 100; LAG Düsseldorf v. 21. 5. 1952, SAE 1952 Nr. 58; *Bleistein*, Rz. 231; *Fritz*, S. 42.

[108] Vgl. z.B. Auffarth / Müller, § 1 Rz. 235.

[109] So *Herschel / Löwisch*, § 1 Rz. 226.

[110] So *Nikisch*, S. 764.

[111] DB 1983, S. 2418.

[112] v. 18. 1. 1956, DB 1956, S. 188.

für die Beachtlichkeit enge Grenzen, wenn es ausführt: „Der Gesetzgeber hat zwar gewollt, daß zum Schutz des . . . sozial Schwächeren der . . . weniger hart Betroffene . . . aus dem Betrieb auszuscheiden hat. Das heißt jedoch nicht, daß damit der sparsame, tatkräftige und vorsorgende ArbN stets vor dem weniger sparsamen, weniger tatkräftigen und weniger vorsorgenden zurückzustehen hätte, nur weil der eine sich außerhalb des Betriebes selbständig gewisse Existenzhilfen geschaffen . . . hat, während der andere von diesen Möglichkeiten keinen Gebrauch gemacht hat“[113]. Eine andere Literaturmeinung erkennt zwar die Bedeutung des Vermögens an, läßt es aber in die Auswahl nur einfließen, wenn es einmal verwertbar ist und zum anderen diese Verwertung dem ArbN auch zumutbar ist[114]. Das Gros der in Rspr. und Lehre zum Ausdruck gebrachten Meinungen bejaht die uneingeschränkte Berücksichtigung der dem ArbN (und seiner Familie) zustehenden Vermögenswerte[115], teils mit[116], teils ohne Begründung[117], wobei jedoch immer die soziale Schutzbedürftigkeit des wirtschaftlich Schwächeren der Grund sein dürfte.

(7) Die wirtschaftliche Notlage des ArbN

Gerät ein ArbN in eine wirtschaftliche Notlage, so kann er dadurch unter gewissen Umständen als auf die Arbeit = den Arbeitslohn besonders angewiesen gelten. Dies erklärt sich aus der besonderen Bedeutung der materiellen Lage für den ArbN. Soweit ersichtlich, soll nicht jede Art von Verschuldung – die in aller Regel die Notlage hervorruft – dem Betroffenen zugute kommen. Nach *Monjau*[118] soll nur die „unverschuldete Notlage durch notwendige Kreditaufnahme, evtl. auch im Zusammenhang mit Wohnraumbeschaffung, Verheiratung oder Krankheit“ maßgeblich sein. *Gift*[119] will die „Berücksichtigung *besonderer* individueller Härtefälle sichergestellt“ sehen, z. B. durch „unverschuldete Notlage durch schwere Erkrankung naher Angehöriger, Gefährdung einer begonnenen Ausbildung, unverschuldete Schulden . . . u. ä.“. Die Bezahlung „unverschuldet hoher Tilgungsraten für einen Kredit“ will *Weng*[120] bei einer Auswahlentscheidung zugunsten dieses ArbN gelten lassen. *Neyses*[121] hält den ArbN dann für besonders schutzbedürftig, wenn er „hohe finanzielle Belastungen zur Finanzierung eines Eigenheims auf sich genommen hat“.

---

113 LAG Bremen, a.a.O.; dem LAG ist *Wünnenberg*, DB 1956, S. 646 gefolgt.

114 *Gift*, RdA 1969, S. 75; *Fritz*, S. 42.

115 *Hueck*, § 1 Rz. 117; *KR-Becker* § 1 Rz. 352; *Monjau*, BB 1967, S. 1382; *Rost*, ZIP 1982, S. 1398; *Vogt*, DB 1984, S. 1469.

116 *Neyses*, S. 420.

117 *Hueck*, § 1 Rz. 117; *Berkowsky*, Rz. 198.

118 RdA 1959, S. 9.

119 ZfA 1974, S. 141.

120 DB 1978, S. 886.

121 DB 1983, S. 2416.

Grundlegend zu der Frage, ob die wirtschaftliche Notlage eines ArbN diesen gegenüber anderen bevorzugt, *Monjau*[122]: Als soziale Verhältnisse und damit für die Auswahl von Bedeutung gelten auch „Notlagen, wobei die Frage des Verschuldens zwar nicht ganz ohne Beachtung zu bleiben hat, aber nicht unbedingt maßgeblich ist. An einem Beispiel erläutert, bedeutet das: Bei sonst gleichen Verhältnissen ist der ArbN sozial schlechter gestellt, der sich in einer Notlage befindet, sei sie nun unverschuldet oder nicht. Befinden sich dagegen mehrere ArbN in einer Notlage, wird man den zuerst entlassen können, der die Not selbst . . . verschuldet hat, während derjenige, den die Notlage unverschuldet getroffen hat, die größeren Aussichten hat, bei der Abwägung der sozialen Verhältnisse den Arbeitsplatz zu behalten".

Als Quintessenz ist festzuhalten, daß die wirtschaftliche Notlage des ArbN sich regelmäßig zu seinen Gunsten auswirkt, insb. dann, wenn er unverschuldet in diese Situation geraten ist, aber auch dann, wenn er sich aus billigenswerten Gründen verschuldet hat (z. B. Eigenheimfinanzierung), manchmal sogar, wenn er durch Leichtsinn in Not gerät.

(8) Die Arbeitsmarktlage und die Arbeitsmarktchancen des ArbN

Will der ArbGeb eine sozialgerechte Auswahl treffen, so muß er die Chancen des zu Kündigenden auf dem Arbeitsmarkt eruieren[123]. Je geringer die Wahrscheinlichkeit einer neuen gleichwertigen Beschäftigung ist, desto größer ist die Schutzbedürftigkeit des ArbN[124]. Die Arbeitsmarktchancen sind zum einen wesentlich von der Arbeitsmarktlage selbst (Vollbeschäftigung oder hohe Arbeitslosigkeit) abhängig[125], zum anderen sind sie eng mit den persönlichen Verhältnissen der ArbN, z. B. dem Alter und der Leistungsfähigkeit verbunden[126]. Dabei haben die älteren, leistungsschwachen bzw. un- oder angelernten ArbN weitaus größere Schwierigkeiten wieder einen Arbeitsplatz zu finden als jüngere, leistungsstärkere oder qualifizierte Facharbeiter[127].

Erklärt werden kann die Pflicht des ArbGeb zur Ermittlung der Arbeitsmarktchancen der einzelnen ArbN damit, daß der ArbN möglichst schnell

---

[122] BB 1967, S. 1381.

[123] Vgl. u. a. BAG v. 12. 10. 1979 in: AP Nr. 7 zu § 1 KSchG 1969 – betriebsbedingte Kündigung; BAG v. 24. 3. 1983, a.a.O.; BAG v. 1. 7. 1976 in: AP Nr. 2 zu § 1 KSchG 1969 – betriebsbedingte Kündigung; *Bührig / Wittholz / Paulsen*, § 1 Rz. 58; *Knorr / Bichlmeier / Kremhelmer*, S. 244; *Gift*, ZfA 1974, S. 140.

[124] Vgl. nur LAG Düsseldorf v. 5. 8. 1952, DB 1952, S. 828.

[125] *Fritz*, S. 42.

[126] Weshalb *Neyses*, DB 1983, S. 2416 das Kriterium „Arbeitsmarktchancen" nicht als eigenständiges zur Auswahl heranziehen will, sondern bei den Gesichtspunkten „Alter" oder „Schwerbehinderteneigenschaft" einfließen lassen will.

[127] *Institut für Stadt- und Regionalentwicklung*, „Der Ältere in der industriellen Arbeitswelt"; *Arbeitskammer des Saarlandes*, „Untersuchungen des Referats Sozialforschung ältere ArbN"; BAG v. 12. 10. 1979, a.a.O.

wieder eine Arbeitsstelle finden soll, um wieder uneingeschränkt für den Lebensunterhalt seiner Familie sorgen zu können. Als wünschenswerter Nebeneffekt wird außerdem erreicht, daß der ArbN nicht mehr als Arbeitsloser auf die staatliche Unterstützung angewiesen ist und die Kassen der Sozialversicherungsträger nicht länger belastet werden.

(9) Das Bestehen sozialer Versorgungsansprüche

Es wurde schon kurz angesprochen, daß der Umstand, vor Vollendung des 65. Lebensjahres Altersruhegeld zu beziehen, bei der Auswahl nicht berücksichtigt werden darf[128]. Nach dem Erreichen dieser Altersgrenze kann dagegen diese Tatsache zulasten des ArbN herangezogen werden[129].

Wie sieht es nun ganz allgemein mit sozialen Versorgungsansprüchen aus, die dem ArbN unabhängig vom Alter zustehen? Größtenteils setzen sich Judikatur und Schrifttum mit diesem Problem nicht auseinander. Diejenigen, die sich damit beschäftigen, stimmen in ihrem Tenor überein[130]: Hat ein ArbN Anspruch auf soziale Versorgung, z. B. Hinterbliebenenrente oder Kriegsopferrente, so gereicht ihm dies zum Nachteil, denn nach dem Grundprinzip der sozialen Auswahl ist er i.d.R. weniger auf seinen Arbeitsplatz angewiesen. Da ihn die Kündigung weniger hart trifft, ist er bevorzugt zu entlassen. Dies gilt natürlich nur, wenn der ArbN vom Versorgungsträger einen meßbaren Betrag regelmäßig erhält, der ihn finanziell deutlich besser stellt.

Maus[131] bringt einen weiteren Aspekt zur Sprache. Nach ihm hat der ArbGeb den Verlust von Anwartschaftsrechten, insb. Versorgungsansprüche (Ruhegelder, Renten u. ä.) bei der Auswahlentscheidung miteinzubeziehen. Da dies in engem Zusammenhang mit der Dauer der Betriebszugehörigkeit steht, wird auf die dortigen Ausführungen verwiesen.

(10) Der Gesundheitszustand des ArbN

Nach allgemeiner Ansicht ist der Gesundheitszustand des ArbN ein sozial beachtenswerter Umstand[132]. Denn ist er auch den Anforderungen seiner jetzigen Arbeitsstelle gesundheitlich durchaus gewachsen, so kann es ohne weiteres sein, daß er bei einer Entlassung aufgrund seines Gesundheitszustandes nur schwer einen neuen Arbeitsplatz findet. Ebenso verdient eine

---

[128] Siehe S. 33.

[129] *KR-Becker,* § 1 Rz. 358.

[130] *Vogt,* DB 1967, S. 380; *Gift,* RdA 1969, S. 75; *ders.,* ZfA 1974, S. 140; *Maus,* § 1 Rz. 234.

[131] § 1 Rz. 234.

[132] BAG v. 24. 3. 1983, a.a.O.; *Auffarth / Müller,* § 1 Rz. 235; *Herschel / Löwisch,* § 1 Rz. 228; *KR-Becker,* § 1 Rz. 352; *Rost,* ZIP 1982, S. 1398.

durch die schlechte gesundheitliche Allgemeinverfassung hervorgerufene finanzielle Notlage Berücksichtigung[133]. Denn diese ArbN sind als durch die Kündigung besonders hart betroffene in starkem Maße auf den Arbeitsplatz angewiesen[134] und sind daher beim Sozialvergleich in einer besseren Ausgangsposition.

(11) Sonstige, die persönlichen Verhältnisse des ArbN betreffenden Auswahlkriterien

Vereinzelt werden in Judikatur und Rechtslehre Sozialdaten erwähnt, deren Beachtung bei der Auswahl geboten erscheint.

(a) Die Ortsgebundenheit

Gift[135] weist z. B. auf die Ortsgebundenheit des ArbN hin, ohne sich aber näher damit auseinanderzusetzen. Jeder ArbN ist in gewisser Hinsicht an einen Ort gebunden, sei es, daß er gebaut hat, sei es, daß seine Kinder erst vor kurzem eingeschult wurden, so daß *Gift* wohl eine besonders starke Bindung an gerade diesen Ort meint, z. B. wegen einer Institution, auf die der ArbN oder eines seiner Familienmitglieder unbedingt angewiesen ist[136].

(b) Die eigene Wohnung

Rohlfing / Rewolle verneinen bei alleinstehenden ArbN die Berücksichtigungsfähigkeit einer eigenen Wohnung[137]; daraus ergibt sich e contrario die Beachtlichkeit einer solchen bei Verheirateten. Die Gründe für diese willkürlich anmutende Differenzierung werden von den Autoren nicht mitgeteilt.

(c) Besondere Auswirkungen des Zeitpunktes der Kündigung

Fritz[138] will in seiner Dissertation die besonderen Auswirkungen des Zeitpunktes der Kündigung berücksichtigt wissen. Beispielhaft verweist er auf die psychische Labilität des ArbN bei der Entbindung seiner Ehefrau[139]. Weitergehend will *Gift*[140] auch eine begonnene Ausbildung zugunsten des Betroffenen wirken lassen.

---

[133] Vgl. *Hueck* in: AP Nr. 10 zu § 1 KSchG (Anm.).

[134] Zu weitgehend aber: ArbG Ulm v. 29. 9. 1954 in: AP Nr. 10 zu § 1 KSchG.

[135] RdA 1969, S. 75.

[136] Z.B. Schule für Gehörlose, wenn ein Kind des ArbN taub ist.

[137] § 1 Rz. 23 a; nach *Teichmann*, S. 28 ist zu berücksichtigen, daß der ArbN eine Werkswohnung verliert.

[138] S. 42.

[139] Vgl. auch *Gift*, ZfA 1974, S. 141.

[140] ZfA 1974, S. 141.

(d) Die Schwerbehinderteneigenschaft des ArbN

Entgegen den Ausführungen auf S. 9 unter Fn. 36 will das BAG v. 17.2.1977[141] schwerbehinderte ArbN in den Sozialvergleich miteinbeziehen. Denn der Kündigungsschutz des Schwerbehinderten sei nicht umfassend, so daß er zu den vergleichbaren ArbN zu zählen ist und die Schwerbehinderteneigenschaft einen sozialen Aspekt darstellt, der als ganz wesentlicher Umstand bei der Auswahlentscheidung zu seinen Gunsten zu berücksichtigen ist. Dieser Interpretation des BAG schließen sich verschiedene Stimmen an.

(e) Erkrankung und Pflegebedürftigkeit von Familienangehörigen

Leben in dem engsten Familienkreis des ArbN Personen, die schwer erkrankt oder gar Pflegefälle sind[142], so soll dies vom ArbGeb nicht unberücksichtigt bleiben dürfen[143]. Zweierlei Gründe zeichnen dafür verantwortlich: Zum einen wird der ArbN i.d.R. höhere Ausgaben für dieses Familienmitglied bereitstellen müssen, d. h. vom wirtschaftlichen Standpunkt aus gesehen ist er dringender auf den Arbeitsplatz angewiesen, um seinen Verpflichtungen in der gebotenen Weise nachkommen zu können[144]. Zum anderen kann dieser Umstand eine besonders seelische Belastung in der Person des ArbN hervorrufen, die ihn mit einer Kündigung viel schwerer fertig werden läßt als einen nicht von diesem Schicksal betroffenen Arbeitskollegen[145].

(f) Der besondere Einsatz des ArbN für die Allgemeinheit

Der besondere Einsatz eines ArbN für die Allgemeinheit, z. B. als Stadtverordneter, darf ihm nicht zum Nachteil gereichen, auch dann nicht, wenn er wegen der Ausübung der staatsbürgerlichen Pflichten seine Arbeitspflicht nicht stets voll wahrnehmen kann[146].

(g) Vertriebene, Flüchtlinge, Heimkehrer

Heute nicht mehr in vollem Umfang aktuell, dennoch vielfach in Rspr. und Lit. erwähnt, ist die besondere Eigenschaft des ArbN als Vertriebener,

---

[141] NJW 1977, S. 1703f.; vgl. zum Kündigungsschutz Schwerbehinderter: *Rewolle*, DB 1974, S. 1231ff.

[142] Nach Untersuchungen aus dem Jahre 1976 werden heute etwa 1,6 Mill. „Pflegefälle" zu Hause versorgt, weitere 250 000 Personen sind in Heimen und ähnlichen Einrichtungen untergebracht, s. *FAZ* v. 20. 5. 1985, S. 11 und *Der Spiegel* Nr. 33, 1985, S. 37ff.

[143] *Schaub*, § 132 I 4; *KR-Becker*, § 1 Rz. 352; *Monjau*, RdA 1959, S. 9; LAG Berlin v. 30. 8. 1956 in: AP Nr. 17 zu § 1 KSchG; *Monjau*, BB 1967, S. 1381; *Müller*, DB 1975, S. 2132; *Weng*, DB 1978, S. 886; *Neyses*, DB 1983, S. 2416.

[144] Vgl. *Auffarth / Müller*, § 1 Rz. 235.

[145] *Fritz*, S. 43; *Weng*, DB 1978, S. 886.

[146] *Monjau*, BB 1967, S. 1382.

Flüchtling oder Heimkehrer, die einen verstärkten Schutzgrund beinhaltet. Man wollte so der Notlage dieser Menschen Rechnung tragen, denn sie hatten es schwerer einen Arbeitsplatz zu finden[147]. Einen besonderen Kündigungsschutz, der zwar nicht die Auswahl gem. § 1 III KSchG betrifft, sondern die Kündigung aus bestimmten Gründen ganz ausschließt, enthält § 8 HeimkehrerG v. 19.6.1950[148].

bb) Daten, die mit den Beziehungen des ArbN zum Betrieb in Zusammenhang stehen

(1) Die Dauer der Betriebszugehörigkeit

Neben dem Lebensalter und dem Familienstand hat das sog. „Dienstalter" bereits in § 13 der DemobilmachungsVO von 1920[149] Eingang gefunden. Danach waren die länger beschäftigten ArbN möglichst dem Betrieb zu erhalten.

Es ist seitdem unumstritten und entspricht ganz allgemeiner Ansicht in Schrifttum und besonders in der Judikatur, daß die Dauer der Betriebszugehörigkeit beim Sozialvergleich zu den drei herausragenden Faktoren – neben dem Lebensalter und den Unterhaltsverpflichtungen – gehört[150]. Dabei wird die Betriebszugehörigkeitsdauer so berechnet, daß auch eine frühere Betriebszugehörigkeit des ArbN mitzubedenken ist, wenn zwischen dieser und der Beschäftigung zum Kündigungszeitpunkt ein innerer Zusammenhang besteht[151].

Die Wesentlichkeit der Betriebsdauer für die soziale Auswahl ist also ein Faktum. Unstrittig ist auch, daß die länger im Betrieb beschäftigten ArbN denen mit einer kürzeren Betriebszugehörigkeit vorgehen, daß demzufolge die längere Zugehörigkeit die soziale Schutzbedürftigkeit erhöht[152]. Warum wird nun einem ArbN, der über einen längeren Zeitraum dem Betrieb angehört, ein solch umfassender Schutz gewährt? Bei der Auswahl gem. § 1 III KSchG verfolgt der ArbGeb den vom Gesetzgeber vorgegebenen Zweck, denjenigen von der Kündigung auszusparen, den sie aufgrund seiner sozialen Verhältnisse am härtesten treffen würde, der also am dringlichsten auf den Arbeitsplatz angewiesen ist[153]. Kann durch die Rücksichtnahme auf die

---

[147] *Herschel / Steinmann*, § 1 Rz. 46c; *Hueck*, § 1 Rz. 122.

[148] BGBl. I S. 221.

[149] s. Fn. 6.

[150] s. Fn. 88.

[151] LAG Berlin v. 30. 8. 1956 in: AP Nr. 17 zu § 1 KSchG; *Auffarth / Müller*, § 1 Rz. 236; *Herschel / Löwisch*, § 1 Rz. 225; LAG Hamm v. 11. 12. 1975, DB 1976, S. 489; *Hueck*, § 1 Rz. 117; *Maus*, § 1 Rz. 233; ohne Begründung anders: LAG Hamm v. 5. 8. 1952 in: AP 1953 Nr. 138 mit ablehnender Anm. *Herschel*.

[152] Vgl. z.B. LAG Baden-Württemberg v. 21. 7. 1978, BB 1978, S. 1362; *Bleistein*, b + p 1978, S. 187; BAG v. 24. 3. 1983, a.a.O.

Zugehörigkeit zum Betrieb dieser Zweck verfolgt werden? Ist die Beschäftigungsdauer ein Indikator für soziale Schutzbedürftigkeit? Man ist geneigt, diese Fragen zu verneinen, doch Rspr. und Rechtslehre sind gegenteiliger Auffassung.

Ausgangspunkt für die überragende Stellung der längeren Beschäftigung im Betrieb war neben der DemobilmachungsVO – die ohne Begründung das höhere Dienstalter hervorhob – § 84 I Nr. 4 BRG von 1920[154], der „den Arbeitnehmern die Möglichkeit einräumte, gegen ihre Kündigung Einspruch zu erheben, wenn die Kündigung sich als eine unbillige . . . Härte darstellte. Unbillig ohne Hinzutreten besonderer sozialer Verhältnisse war jede nicht notwendige Kündigung“[155]. Schutz der Betriebszugehörigkeit war daher Zweck und Aufgabe der Bestimmung[156]. Der Linie des BRG folgte das KSchG 1951. Dabei führte der Entwurf zum KSchG[157] aus: „ . . . Das Gesetz wendet sich . . . lediglich gegen solche Kündigungen, die hinreichender Begründung entbehren und deshalb als eine willkürliche Durchschneidung des Bandes der Betriebszugehörigkeit erscheinen“.

Der moderne arbeitsrechtliche Kündigungsschutz ist daher seinem Wesen nach Bestandsschutz[158]. Das KSchG will einer Verwurzelung des ArbN in dem Betrieb dienen[159], und dieser Gedanke setzt sich auch dann fort, wenn es um die Auswahl der zu entlassenden ArbN geht.

Hoppe[160] untermauert diese Theorie und stellt eine Verbindung zum Grundgedanken der Sozialauswahl her, wenn er schreibt, „daß der ArbN durch die längere Betriebszugehörigkeit sich einen erhöhten Bestandsschutz für seinen Arbeitsplatz verdient habe, dessen Verlust ihn härter treffen müsse als einen ArbN, der erst relativ kurze Zeit beschäftigt sei und daher selbst wisse und damit rechnen müsse, daß sein Arbeitsplatz gegenüber einer Kündigung noch gefährdeter wäre als bei ArbN mit langer Betriebszugehörigkeit“. Eine Erklärung für den erhöhten Bestandsschutz versucht *Rost*[161] in seinem Traktat über die Sozialauswahl zu finden: „Die lange Betriebszugehörigkeit sichert ihm (dem ArbN) i. d. R. eine besonders starke

[153] s. § 1 Fn. 17.

[154] s. Fn. 9.

[155] § 84 I Nr. 4 BRG.

[156] Vgl. dazu im einzelnen: *Herschel,* Festschrift S. 599; *Herschel / Steinmann,* Vorb. 1 zu § 1 KSchG; *Krischer,* NJW 1965, S. 953 f.

[157] Begründung zum Entwurf des KSchG in: Bundesanzeiger 1951 Nr. 193, S. 8 B erster Abschnitt, „Allgemeines“.

[158] Vgl. *Herschel,* DB 1973, S. 80 ff.; *Nikisch,* S. 749; mit dem Schutz der Betriebszugehörigkeit und dessen Begründung setzen sich grundlegend auseinander: *Hedemann,* RdA 1953, S. 121 ff.; *Herschel,* RdA 1960, S. 121 ff.; *Nipperdey,* Festschrift S. 92 f.; *Herschel,* Festschrift S. 595 ff.; *Wiedemann,* RdA 1961, S. 1 ff.

[159] So der Erlaß des Bundesministers für Arbeit v. 23. 1. 1952 – III a 123/52.

[160] BlStSozArbR 1976, S. 293.

[161] ZIP 1982, S. 1397.

Position in bezug auf vielfältige Rechte, deren Verlust ihn härter trifft als einen nur kurzfristig beschäftigten ArbN". Zu diesen Rechten, deren er verlustig gehen kann, sind beispielsweise die betriebliche Altersversorgung bzw. sonstige betriebliche Versorgungsleistungen zu zählen. *Maus*[162] erklärt sich die besondere Bedeutung der langen Beschäftigungsdauer aus der „Pflicht zur Rücksichtnahme auf einen sozialen Besitzstand des ArbN, der mit zunehmender Dauer der Betriebszugehörigkeit wächst". Aus diesem Grunde sei bei einem länger dauernden Arbeitsverhältnis die Fürsorgepflicht stärker ausgeprägt als bei einem kurz dauernden[163]. *Wünnenberg*[164] verweist auf das LAG Düsseldorf[165], wenn er die treue Verbundenheit mit dem Betrieb herausstellt. Denn wenn der ArbN in wirtschaftlich oder politisch schwerer Zeit zugunsten des Betriebes Unzuträglichkeiten auf sich genommen hat, so muß dies bei der Sozialauswahl zu seinen Gunsten wirken[166]. Nach *Müller*[167] wird zwar der soziale Status des ArbN durch die Dauer der Betriebszugehörigkeit nicht entscheidend beeinflußt, doch sie kann nicht völlig unberücksichtigt bleiben, denn „mit zunehmender Dauer des Arbeitsverhältnisses verstärkt sich die Bindung des ArbN an den Betrieb und damit auch das Recht, auch in Krisenzeiten den Arbeitsplatz zu behalten"[168]. *Monjau*[169] legt deshalb starkes Gewicht auf die Dauer der Betriebszugehörigkeit, weil ein ArbN, der seine Arbeitskraft stets dem Betrieb zur Verfügung gestellt hat und die Arbeitskraft schon zum Teil verbraucht ist, seiner Meinung nach eines größeren Schutzes bedarf als ein „Betriebsjüngerer". Nach *Rohlfing / Rewolle*[170] kann auch ein vermögender ArbN in besonderem Maße auf den Arbeitsplatz angewiesen sein, „z. B. wenn er dem Betrieb lange angehört, seine Gesundheit im Betriebsinteresse aufgebraucht hat oder sich irgendwie verdient gemacht hat".

Auch in einer Reihe von Gerichtsentscheidungen drückt sich in der zunehmenden Dauer der Betriebszugehörigkeit die Verbundenheit des ArbN zu seinem Betrieb aus, weshalb sie als „hervorstechendstes Merkmal" auf seiner Seite in die Waagschale falle[171]. Ebenso sei es einfach „ungerecht", einen lange Jahre im Betrieb beschäftigten ArbN, der dort seine besten

---

[162] § 1 Rz. 232; dem zustimmend: *Hörnig*, BlStSozArbR 1955, S. 285, der eine wechselseitige Treue- und Fürsorgepflicht verlangt.

[163] Vgl. dazu: *Denck*, JuS 1978, S. 157; LAG Baden-Württemberg v. 15. 5. 1963, BB 1963, S. 1136.

[164] DB 1956, S. 646.

[165] DB 1952, S. 312.

[166] LAG Düsseldorf, a.a.O.

[167] DB 1975, S. 2132; ebenso: *Rost*, ZIP 1982, S. 1397.

[168] *Müller*, DB 1975, S. 2132.

[169] BB 1967, S. 1381.

[170] § 1 Rz. 23c.

[171] ArbG Wilhelmshaven v. 9. 10. 1951, ARSt VII Nr. 351; LAG Düsseldorf v. 21. 2. 1952, DB 1952, S. 556.

Kräfte verbraucht habe, ohne Berücksichtigung dieser Tatsache beim Sozialvergleich zu entlassen[172], vielmehr sei bei dem Vergleich mit Langzeitbeschäftigten eine „ganz besonders genaue Abwägung“ geboten[173].

Zusammenfassend kann resümiert werden, daß Judikatur und Schrifttum in seltener Einmütigkeit der Ansicht sind, die Dauer der Betriebszugehörigkeit habe ihre Berechtigung als sozialer Gesichtspunkt. Allerdings sind die Meinungen über die Akzentuierung dieses Merkmals stark geteilt; einerseits wird ihr ein überragendes Gewicht beigemessen, andererseits wird sie als „gleiches unter gleichen“ angesehen[174].

(2) Die voraussichtliche zukünftige Dauer der Betriebszugehörigkeit

Nach dem LAG München v. 13.8.1974[175] ist es nicht zu beanstanden, „wenn der Arbeitgeber bei der Auswahl der zu Entlassenden auch den Gesichtspunkt würdigt, daß eine von zwei zur Auswahl stehenden Arbeitnehmerinnen ... dem Betrieb voraussichtlich noch lange Jahre zur Verfügung stehen wird, während die andere Arbeitnehmerin in absehbarer Zeit ... ausscheiden wird“.

(3) Die Gesundheitsbeeinträchtigung des ArbN, die auf betriebliche Ursachen zurückgeht

Will der ArbGeb eine ordnungsgemäße soziale Auswahl treffen, darf er nicht vergessen, gesundheitliche Beeinträchtigungen des ArbN, die auf betriebliche Ursachen zurückzuführen sind, zu seinen Gunsten zu berücksichtigen[176]. In einem höchstrichterlichen Urteil des BAG v. 12.10.1979[177] wird dieses Axiom festgeschrieben: „*Zu Gunsten* des Klägers sei ... zu berücksichtigen, daß er aufgrund eines ... während der Arbeit erlittenen Unfalles eine Knieverletzung habe, die zu einer MdE i.H.v. 30 v.H. geführt habe“.

Schon das ArbG Heidelberg[178] legte Wert auf die größere Schutzwürdigkeit eines ArbN, der sich „im Betrieb ohne sein Verschulden einen Unfall zugezogen hat, der zu einer teilweisen Körperbehinderung führte“. Aber

---

[172] ArbG Neumünster v. 7. 11. 1951, ARSt VII Nr. 633; LAG Düsseldorf, a.a.O.; ArbG Göttingen v. 18. 1. 1954, ARSt XII Nr. 274.

[173] LAG Bayern v. 23. 9. 1950, ARSt XXIII Nr. 36.

[174] Anstelle aller: *Stahlhacke,* BlStSozArbR 1983, S. 36; LAG Düsseldorf v. 3. 6. 1982, DB 1982, S. 1935ff.

[175] DB 1975, S. 1178.

[176] Vgl. nur: *Müller,* DB 1975, S. 2132; BAG v. 12. 10. 1979 in: AP Nr. 7 zu § 1 KSchG 1969 – betriebsbedingte Kündigung; *Hueck,* § 1 Rz. 117.

[177] In AP Nr. 7 zu § 1 KSchG 1969 – betriebsbedingte Kündigung.

[178] v. 28. 2. 1952, ARSt IX Nr. 654.

auch dann, wenn die im Betrieb erfolgte Beeinträchtigung der körperlichen Unversehrtheit nicht zu einer MdE führt, hat sie dem Betroffenen zum Vorteil zu gereichen[179].

Grund für die Besserstellung dieser ArbN ist die sich aus dem betrieblichen Unfall oder der betrieblich bedingten Krankheit ergebende erhöhte Fürsorgepflicht des ArbGeb[180]. Es geht nicht an, daß ein ArbN seine Gesundheit im Betrieb ruiniert und dann bei der betriebsbedingten Kündigung aus dem gesundheitlichen Makel keinen Vorteil gegenüber gesunden ArbN ziehen kann. Als Korrelat für die erlittene Beeinträchtigung erhält er also einen verbesserten Schutz bei Kündigungen, bei der Sozialauswahl in Form einer positiven Berücksichtigung der Gesundheitsbeeinträchtigung.

(4) Der Abkehrwille des ArbN

Es stellt sich die Frage, inwieweit der ArbGeb die Tatsache berücksichtigen darf, daß ein ArbN Vorkehrungen getroffen hat, um seinen Arbeitsplatz im Betrieb aufzugeben. Nach *Herschel*[181] verstößt der ArbGeb nicht gegen die Pflicht der Beachtung sozialer Gesichtspunkte, „wenn er im Rahmen seines Ermessens den betätigten Abkehrwillen eines ArbN mit abwägt und dabei einem ArbN den Vorzug gibt, der nicht zu der Befürchtung Anlaß bietet, er werde alsbald ausscheiden“. Der ArbGeb kann sich dabei darauf berufen, „daß nach dem tragenden Gedanken des KSchG die Betriebszugehörigkeit geschützt werden soll und daß der Schutz der Betriebszugehörigkeit in dem Maße zurücktritt, wie sie seitens des ArbN ausgehöhlt worden ist“[182]. Diese Auffassung wird von einem Urteil des LAG Freiburg[183] bestätigt und dahingehend ergänzt, „daß die Entlassung einen Arbeitnehmer, der seinen Arbeitsplatz ohnehin in absehbarer Zeit aufgeben will, weniger schwer trifft als andere Arbeitnehmer, die sich mit dem Betrieb verbunden fühlen“. Darüber hinaus herrscht Konsens[184] in der Weise, daß der Abkehrwille in die Abwägung einbezogen werden darf, wenn ein ArbN sich innerlich eindeutig von dem Betrieb des ArbGeb losgesagt hat.

---

[179] *Becker / Schaffner*, BlStSozArbR 1975, S. 100; *Rost*, ZIP 1982, S. 1398; a.A.: *Neyses*, DB 1983, S. 2416, nach dem die Gesundheitsbeeinträchtigung nur dann sozialer Schutzgrund sein soll, wenn die Erwerbsminderung des ArbN infolge Arbeitsunfalles oder Berufskrankheit mind. 20% beträgt. Die Beschränkung auf einen Grad der Erwerbsminderung von mind. 20% ergibt sich aus der vom Gesetzgeber in § 581 i 2 RVO vorgenommenen Wertung, wonach auch Verletztenrente erst ab diesem Grad der MdE gewährt wird; ihm folgend: *Vogt*, DB 1984, S. 1469.

[180] *Monjau*, RdA 1959, S. 9.

[181] NJW 1952, S. 365; vgl. dazu auch: Rechtsgutachten von *Nipperdey*, auszugsweise abgedruckt in: Der Arbeitgeber 1951 Nr. 13, S. 40.

[182] *Herschel*, NJW 1952, S. 365.

[183] v. 10. 11. 1955, ARSt XV Nr. 517.

[184] *Wünnenberg*, DB 1956, S. 646; *Herschel / Steinmann*, § 1 Rz. 40c; *Staudinger / Nipperdey / Neumann*, Anm. 134 vor § 620 BGB; *Stahlhacke*, Rz. 483; ArbG Göttingen v. 15. 2. 1957, DB 1957, S. 584; *Frey*, ArbuR 1956, S. 103; LAG Düsseldorf v. 5. 7. 1960, BB 1960, S. 1098; *Auffarth* in: AP Nr. 16 zu § 1 KSchG (Anm.).

cc) Umstände, die im allgemeinen sozialen Interesse der ArbN und der Belegschaft liegen

Äußerst umstritten ist, ob zu den sozialen Aspekten auch solche zählen, die im allgemeinen sozialen Interesse der ArbN und der Belegschaft liegen.

Herschel / Löwisch[185] gehören zu den Befürwortern und bejahen dies unter Berufung auf eine Entscheidung des BAG v. 6.7.1955[186], das in seinem Leitsatz 5 feststellt: „Unter sozialen Gesichtspunkten ... sind nicht nur solche zu verstehen, die die persönlichen Verhältnisse des Arbeitnehmers betreffen, sondern in einem weiteren Sinne auch alle Umstände, die im allgemeinen sozialen Interesse der Arbeitnehmer und der Belegschaften von Bedeutung sind".

Die Gegenmeinung lehnt die sog. „weite Auslegung" ab. Nach *Wünnenberg*[187] rechtfertigt der gesetzliche Zusammenhang dieser Bestimmung sowie deren Entstehungsgeschichte die Wahrscheinlichkeit, daß die „engere Auslegung"[188] die richtige sei. *Bohn*[189] widerspricht dem BAG mit folgender Begründung: „Wenn auch der Begriff ‚soziale Gesichtspunkte' in Abs. 3 S. 1 nicht direkt auf die persönlichen Verhältnisse des ArbN abgestellt ist, so deutet doch Abs. 2 S. 1 darauf hin, daß es sich in dem ganzen § 1 KSchG um einen individuellen Schutz des ArbN handelt".

dd) Umstände, die nicht zum Nachteil des ArbN berücksichtigt werden dürfen

Gewisse Umstände dürfen nicht zum Nachteil des ArbN herangezogen werden. Dazu zählt die Tatsache, daß ein ArbN berechtigt ist, vor Vollendung des 65. Lebensjahres Altersruhegeld aus der gesetzlichen Rentenversicherung zu beantragen[190], vgl. Art. 6 § 5 des RentenreformG 1972[191]. Hat der ArbN dagegen das 65. Lebensjahr vollendet und erfüllt er die Voraussetzungen für die Gewährung von Altersruhegeld, so kann dieser Umstand zu seinen Ungunsten beim Sozialvergleich berücksichtigt werden[192].

---

185 § 1 Rz. 229; ebenso: *Monjau*, RdA 1959, S. 9; *Hueck*, § 1 Rz. 120.

186 In: AP Nr. 1 zu § 20 BetrVG Jugendvertreter.

187 DB 1956, S. 647; vgl. auch *Dudenbostel*, DB 1984, S. 828, der dieses Begriffsverständnis des „sozialen" im Sinne einer umfassenden Gemeinwohlabwägung ablehnt.

188 Die das allgemeine Interesse der Belegschaft nicht zu den sozialen Gesichtspunkten i. S. d. § 1 III KSchG zählt.

189 SAE 1955 Nr. 129, S. 246 (Anm.).

190 Vgl. *Söllner*, S. 289; *Schaub*, § 132 I 4; sehr beachtlich mit überzeugenden Argumenten: *Neyses*, DB 1983, S. 2416f., der sich dafür ausspricht, die vorzeitige Rentenberechtigung in Zeiten der Massenarbeitslosigkeit zu berücksichtigen; leicht abweichend, aber inkonsequent: *Bobrowski / Gaul*, 0 XIII Anm. 45.

191 RentenreformG v. 16. 10. 1972 – BGBl. I S. 1996.

192 *Kunkel*, GmbH-Rundschau 1954, S. 134; *Schimana*, BB 1970, S. 1141; vgl. dazu grundlegend: *Schröder*, S. 128ff., der auf die Berechtigung zum Bezug von Altersruhegeld als sozialen Gesichtspunkt abstellt, wobei 1. ausreichende

Ferner dürfen nicht zum Nachteil des ArbN einbezogen werden: die Einberufung des ArbN zum Wehrdienst (vgl. § 2 II 2 ArbPlSchG[193])[194], Teilnahme als Freiwilliger an einer Eignungsübung (vgl. § 2 II 2 EignungsübungsG)[195], freiwillige Teilnahme an Wehrübungen, sofern sie in einem Kalenderjahr zusammen nicht länger als sechs Wochen dauern (§ 10 ArbPlSchG)[196], die Einberufung zum Zivildienst (§ 78 I Nr. 1 ZivildienstG)[197], die Teilnahme an Einsätzen oder Ausbildungsveranstaltungen des Zivilschutzes (vgl. § 9 II, 13 II ZivilschutzG v. 9.8.1976)[198] sowie das Recht zur Inanspruchnahme von Vorruhestandsgeld nach Vollendung des 58. Lebensjahres gem. § 7 I VorruhestandsG v. 13.4.1984[199].

IV. Die betrieblichen Interessen

Heftig umstritten und auch gegenwärtig noch weitgehend ungeklärt ist die Frage, inwieweit der ArbGeb berechtigt ist, bei der Auswahl des oder der zu entlassenden ArbN auch betriebliche Belange zu berücksichtigen sowie – falls dies grds. zu bejahen ist – in welchem Umfang dies geschehen darf.

Den gesetzlichen Ausgangspunkt bildet § 1 III, S. 1 und 2 KSchG[200]. Betriebliche Interessen – dazu zählen auch Leistungsgesichtspunkte und Belastungen des Betriebes durch krankheitsbedingte Fehlzeiten – werden ausdrücklich in S. 2 des § 1 III KSchG genannt. Dabei sind verschiedene Auslegungsmöglichkeiten dieser Bestimmung möglich[201] und finden in Rspr. und Lit. ihren Niederschlag. Nach *Buchner*[202], der einen vorzüglichen Überblick gibt, sind folgende Lösungskonzepte denkbar:

„*Modell 1:* Berücksichtigung betrieblicher Interessen ausschließlich über § 1 III 2 KSchG

Variante a: Unter Hinweis auf den Wortlaut des Satzes 2 („bedingen") wird ein strenger Maßstab gefordert. Leistungsmäßige Unterschiede der

---

Altersversorgung sichergestellt sein muß und 2. nicht nur nach materiellen Gesichtspunkten entschieden werden kann; vgl. auch *Brill*, AR-Blattei, KSch V, B II 2b.

193 v. 30. 3. 1957 i.d.F. v. 21. 5. 1968, zuletzt geändert durch Gesetz v. 16. 7. 1979 – BGBl. I S. 1013.

194 *KR-Becker*, § 1 Rz. 358; *Geyer / Blum*, S. 25.

195 *Hueck*, § 1 Rz. 121.

196 *Rost*, ZIP 1982, S. 1398.

197 *Hueck*, § 1 Rz. 121.

198 *Schaub*, § 132 I 4.

199 *Herschel / Löwisch*, § 1 Rz. 217; BGBl. I 1984, S. 601.

200 Wortlaut s. S. 27.

201 Wobei Einmütigkeit besteht, daß eine sorgfältige Abwägung der Interessen des Betriebes an der Weiterbeschäftigung des sozial besser gestellten ArbN und der sozialen Belange des von der Kündigung betroffenen ArbN vorgenommen werden muß, vgl. BAG v. 13. 12. 1956 in: AP Nr. 5 zu § 7 KSchG; v. 28. 3. 1957 in: AP Nr. 25 zu § 1 KSchG; v. 27. 2. 1958 in: AP Nr. 1 zu § 1 KSchG – betriebsbedingte Kündigung.

202 DB 1983, S. 388ff.

ArbN sollen nur berücksichtigungsfähig sein, wenn sie für die Rentabilität des Betriebes von erheblichem Gewicht sind.

Variante b: Betriebliche Interessen werden offen in die Abwägung einbezogen: Die Formulierung „bedingen“ in S. 2 wird lediglich im Sinne eines kausalen Zusammenhangs verstanden.

Modell 2: Berücksichtigung betrieblicher Interessen im Rahmen der Abwägung nach § 1 III 1 KSchG.

Leistungs- und verhaltensbezogene Gründe werden im Rahmen einer Abwägung betrieblicher Belange mit sozialen Gesichtspunkten auf der Grundlage des S. 1 des § 1 III KSchG berücksichtigt, S. 2 wird nur als gesetzlicher Sonderfall einer ausschließlichen Berücksichtigung betrieblicher Interessen gesehen – nach dem Wortlaut der Bestimmung scheidet eine Auswahl nach sozialen Gesichtspunkten unter den dort genannten strengen Voraussetzungen schlechthin aus.“

1. Die restriktive Linie = Berücksichtigung betrieblicher Interessen ausschließlich über § 1 III 2 KSchG (Modell 1)

a) Die BAG-Rspr.

Nach der älteren BAG-Rspr. lag das Hauptaugenmerk beim Sozialvergleich auf den sozialen Momenten. Der Spielraum für die Einbeziehung betrieblicher Belange war so stark eingeschränkt, daß sie praktisch kaum relevant werden konnten (Modell 1, Variante a). Dies geht insbesondere aus den Entscheidungen vom 13.12.1956[203] (die betrieblichen Bedürfnisse haben nur unter ganz besonderen Voraussetzungen Vorrang vor den sozialen Gesichtspunkten) und vor allem vom 20.1.1961[204] hervor, dessen Leitsatz 3 folgenden Wortlaut hat: „Die Auswahl nach sozialen Gesichtspunkten entfällt nicht schon dann, wenn die Weiterbeschäftigung ... dem Betrieb einen größeren Nutzen verspricht. Die Weiterbeschäftigung muß vielmehr für den geordneten und rentablen Betriebsablauf von erheblicher Bedeutung sein, von ihr muß der geordnete Betriebsablauf oder auch die Rentabilität des Betriebes in irgendeiner Form abhängen“.

Eher der Variante b sind dagegen die Entscheidungen vom 6.7.1955[205] und 28.3.1957[206] zuzuordnen, die sich auf S. 2 des § 1 III KSchG stützen, aber die Beachtung der betrieblichen Interessen nicht von so rigiden Voraussetzungen abhängig machen wollen. Auch durch das Urteil des BAG vom

---

[203] AP Nr. 5 zu § 7 KSchG.
[204] In: AP Nr. 7 zu § 1 KSchG – betriebsbedingte Kündigung.
[205] In: AP Nr. 1 zu § 20 BetrVG – Jugendvertreter.
[206] In: AP Nr. 25 zu § 1 KSchG.

26.6.1964[207] wurde die extreme Linie etwas abgeschwächt. Der Senat hat allerdings nicht unmittelbar zur Frage der Berücksichtigung betrieblicher Interessen Stellung bezogen, sondern in Leitsatz 3 bestimmt: „Ausreichend sind soziale Gesichtspunkte dann noch berücksichtigt, wenn der gekündigte Arbeitnehmer sozial ganz geringfügig schlechter gestellt ist als ein anderer vergleichbarer Arbeitnehmer". Der Entscheidung ist zu entnehmen, „daß betriebliche Interessen dort den Ausschlag geben können, wo sich die sozialen Verhältnisse der in Frage kommenden Arbeitnehmer nur wenig unterscheiden"[208].

b) Die Rspr. der Instanzgerichte

Das LAG Hamm setzt mit seiner Entscheidung vom 9.7.1976[209] die restriktive Linie der älteren BAG-Rspr. fort. Es bestimmt, „daß Verhaltens- und Leistungsunterschiede unterhalb der Grenze, die eine (personen- oder verhaltensbedingte) Kündigung gerechtfertigt erscheinen läßt, vom Arbeitgeber hingenommen werden müssen". Die sozialen Aspekte sind deutlich übergewichtig.

Gleichfalls von S. 2 des § 1 III KSchG ausgehend, aber wesentlich weniger restriktiv als die vorstehende Entscheidung und damit Variante b zuzuordnen, sind die Urteile des LAG Frankfurt vom 13.11.1957[210], des LAG Hamm v. 11.12.1975[211] und des LAG Düsseldorf v. 3.6.1982[212]. Stellvertretend sei auf die Gründe des LAG Düsseldorf hingewiesen, aus denen hervorgeht, daß berechtigte betriebliche Bedürfnisse auch Leistungsunterschiede seien und daß solche nicht erst dann Berücksichtigung finden, wenn für den Betrieb eine Zwangslage eingetreten sei. Sie dürfen bereits dann in die Abwägung einbezogen werden, wenn die Leistungsunterschiede für eine personen- oder verhaltensbedingte Kündigung nicht ausreichen, und es können auch Fehlzeiten bewertet werden, soweit eine negative Zukunftsprognose vorliegt[213].

c) Das Schrifttum

In der Rechtslehre vertritt ebenfalls eine große Autorenzahl die restriktive Linie, die eine Priorität der sozialen Momente gegenüber den betrieblichen Interessen zum Inhalt hat[214], wobei allenfalls graduelle Unterschiede in der Begründung zu erkennen sind.

---

207 In: AP Nr. 15 zu § 1 KSchG – betriebsbedingte Kündigung.

208 *Buchner,* DB 1983, S. 390.

209 DB 1976, S. 1822.

210 In: AP Nr. 46 zu § 1 KSchG.

211 DB 1976, S. 489.

212 DB 1982, S. 1936.

213 Vgl. zur negativen Zukunftsprognose auch: BAG v. 30. 10. 1981 – 7 AZR 316/79 – nicht veröffentlicht, sowie *Bichler / Bader,* DB 1983, S. 338.

2. Berücksichtigung betrieblicher Interessen im Rahmen des § 1 III 1 KSchG (Modell 2)

a) Die Judikatur

Eine grundsätzliche Neuorientierung der Rspr. brachten drei – allerdings nicht veröffentlichte – BAG-Urteile[215]. Danach entfällt die Auswahl nach sozialen Gesichtspunkten, wenn gem. § 1 III 2 KSchG die Weiterbeschäftigung notwendig ist. Diese Voraussetzung ist nur dann gegeben, wenn die Weiterbeschäftigung für den geordneten Betriebsablauf von erheblicher Bedeutung ist, und der ArbGeb in eine gewisse Zwangslage käme, würde er auf die speziellen ArbN verzichten. Soweit nichts neues. Anhand der Entscheidungsbegründung des Urteils vom 27.1.1977 wird die Tragweite der geänderten Rspr. hin zu einer weniger restriktiven Linie besonders deutlich: „... Auch wenn ein anderer Arbeitnehmer für den Betrieb nicht unentbehrlich ist, bedeutet das noch nicht, daß die Interessen des Betriebes bei der sozialen Auswahl nicht berücksichtigt werden könnten. Soweit die Weiterbeschäftigung eines anderen Arbeitnehmers für den Betrieb nur vorteilhafter ist als die weitere Tätigkeit des gekündigten Arbeitnehmers, müssen die betrieblichen Bedürfnisse und die sozialen Belange des gekündigten Arbeitnehmers *gegeneinander abgewogen* werden". Zwar verweisen die drei Urteile auf ihre frühere Rspr ... Eine „Kontinuität besteht aber nur bezüglich der strengen Interpretation des § 1 III 2 KSchG und der das Kündigungsschutzrecht schlechthin beherrschenden Forderung nach Interessenabwägung; letztere schlug sich aber bislang lediglich in der Interpretation des § 1 III 2 KSchG nieder und führte nicht zu einer Berücksichtigung betrieblicher Interessen im Rahmen des § 1 III 1 KSchG. Insoweit bedeutet die Entscheidung ... eine konzeptionelle Neuausrichtung"[216].

b) Die Rechtslehre

Gegen die Berücksichtigung der betrieblichen Belange nur über § 1 III 2 KSchG wandte sich schon im Anschluß an die BAG-Entscheidung von 1961 *Meisel*[217] unter Berufung auf den Hattenheimer Entwurf der Sozialpart-

---

[214] *Auffarth / Müller,* § 1 Rz. 237ff.; *Becker / Schaffner,* BlStSozArbR 1978, S. 49ff.; *KR-Becker,* § 1 Rz. 360; *Herschel / Steinmann,* § 1 Rz. 46; *Maus,* § 1 Rz. 236ff.; *Müller,* DB 1975, S. 2132; *Rost,* ZIP 1982, S. 1401, der aber den Umstand würdigen will, daß Leistungsstörungen verschuldet sind (z.B. Arbeitsbummelei, Unpünktlichkeit, Nachlässigkeit bei der Arbeit); *Becker / Schaffner,* DB 1975, S. 100f.; *Schnorr von Carolsfeld* in: AP Nr. 5 zu § 7 KSchG (Anm.).

[215] BAG v. 27. 1. 1977; v. 11. 3. 1977; v. 20. 4. 1978, Quelle: *Buchner,* DB 1983, S. 390f.

[216] *Buchner,* DB 1983, S. 390.

[217] BB 1963, S. 1062.

ner[218] und den darauf aufbauenden Regierungsentwurf zu einem BKSchG[219]. Er verlangt eine Abwägung unter Berücksichtigung der betrieblichen Belange nach § 1 III 1 KSchG, die nur dann zu vernachlässigen seien, wenn sie geringfügig sind und in keinem Verhältnis zu den sozialen Schutzbelangen des zu entlassenden ArbN stehen (sog. „Sozialdifferenz").

Sinn der Miteinbeziehung von betrieblichen Belangen ist u. a., zu verhindern, daß nach einem Personalabbau eine Belegschaft übrigbleibt, die nach Altersaufbau und Leistungsstärke eine erfolgversprechende Weiterarbeit gefährdet, was bei alleinigem Abstellen auf soziale Gesichtspunkte nicht gewährleistet ist[220].

Auch *Weng*[221] befürwortet eine Abwägung sozialer und betrieblicher Aspekte, insbesondere in Form von Leistungsgesichtspunkten. Denn deren Mißachtung würde dem ArbN die Möglichkeit nehmen, „sich durch gute Leistungen seinen Arbeitsplatz zu sichern". *Hueck*[222] gibt einen sehr guten Überblick über die Beachtlichkeit betrieblicher Belange und kommt zu dem Ergebnis einer gegenseitigen Abwägung der sozialen mit den betrieblichen Interessen im Rahmen des § 1 III 1 KSchG. Mit einer ausführlichen Veranschaulichung wartet *Buchner*[223] auf. Er befürwortet die Interessenabwägung im Rahmen des § 1 III 1 KSchG, wobei er auf den Wortlaut dieser Bestimmung, rechtssystematische Gesichtspunkte, die Entstehungsgeschichte des § 1 KSchG und letztlich auf rechtspolitische Aspekte verweist.

3. Neueste BAG-Rspr., die eine Abwägung der betrieblichen mit den sozialen Gesichtspunkten im Rahmen des § 1 III 1 KSchG ablehnt

a) Die BAG-Rspr.

Nach der Entscheidung des BAG v. 24.3.1983[224] „sind bei der Auswahl nach S. 1 *ausschließlich* soziale Gesichtspunkte rechtlich relevant. Leistungsunterschiede sind in diesem Zusammenhang nicht zu berücksichti-

---

218 Abgedruckt in: RdA 1950, S. 63 mit Besprechung von *Hueck*, S. 65.

219 Abgedruckt in: RdA 1951, S. 58ff. (insb.S. 63ff.).

220 Vgl. *Neyses*, DB 1983, S. 2418; dies kommt auch in der Begründung des Regierungsentwurfs zu § 1 III 2 KSchG zum Ausdruck, vgl. BT-Drucks. Nr. 2090 S. 12 Wahlperiode 1949; vgl. ferner: *Becker / Schaffner*, BlStSozArbR 1975, S. 100; insb. auch: *Berkowsky*, Rz. 220.

221 DB 1978, S. 886f.

222 § 1 Rz. 117a; ebenso: *Schaub*, § 132 I 4 (S. 826); *Meisel*, BB 1963, S. 1062; *Monjau*, BB 1967, S. 1382; *Hörnig*, BlStSozArbR 1955, S. 283; *Stahlhacke*, Rz. 521ff.; *Berkowsky*, Rz. 238ff.; *Weisemann*, BB 1977, S. 1770, der bei ungünstiger Prognose Fehlzeiten durch Krankheit negativ für den einzelnen ArbN berücksichtigen will; *Buchner*, DB 1984, S. 508f.

223 DB 1983, S. 393ff.; s. auch *Ehmann*, BlStSozArbR 1984, S. 209ff.; a.A.: *Dudenbostel*, DB 1984, S. 829.

224 A.a.O.

gen, krankheitsbedingte Fehlzeiten nur dann, wenn sie Hinweise auf eine besondere Schutzbedürftigkeit des betreffenden Arbeitnehmers geben"[225]. Betriebliche Belange könnten allein über S. 2 des § 1 III KSchG Beachtung finden. Das BAG widerspricht dabei der Auffassung *Buchners*[226] in mehreren Punkten und kommt zu dem Ergebnis, daß es der ratio legis widerspreche, „die betrieblichen Belange noch ein drittes Mal in S. 1 zu berücksichtigen"[227]. Es stützt sich dabei auf Wortlaut der Vorschrift, die Gesetzesmaterialien und die Systematik des Gesetzes. Allerdings entschärft das BAG die strengen Anforderungen an S. 2: Leistungsunterschiede stünden einer Auswahl nach sozialen Gesichtspunkten nicht nur entgegen, wenn sich der Betrieb in einer Zwangslage befinde, sondern auch dann, wenn die Beschäftigung eines weniger schutzbedürftigen ArbN erforderlich (notwendig) sei[228]. Diese Lockerung gilt nicht für krankheitsbedingte Fehlzeiten. Diese stehen einer Auswahl nur dann entgegen, wenn zugleich die Voraussetzungen einer krankheitsbedingten Kündigung nach § 1 II KSchG erfüllt sind[229].

Bestätigung erfährt diese Entscheidung durch die Urteile des BAG v. 20. 10. 1983[230] sowie v. 18. 10. 1984[231].

b) Die Resonanz im Schrifttum

Völlig auf der Linie des BAG liegen *Rohlfing / Rewolle*[232], die die Entscheidung vom 24. 3. 1983 in allen Punkten unterstützen. Auch *Löwisch*[233] begrüßt dem Grunde nach diese neue Judikatur, wobei er im Gegensatz zum BAG nicht den Wortlaut zur Begründung heranzieht. *Dudenbostel*[234] konkretisiert das Urteil des BAG hinsichtlich der Frage, ob Leistungsunterschiede oder Leistungsmängel eine Durchbrechung der Sozialauswahl erforderlich machen. Dabei begründet er ausführlich, daß Leistungsunterschiede nur berücksichtigt werden können, „wenn sie so erheblich sind, daß auf den leistungsstärkeren ArbN im Interesse eines geordneten Betriebsablaufes nicht verzichtet werden kann" und daß für die Beachtung echter Leistungsmängel – dem Zurückbleiben der erbrachten hinter der geschuldeten

---

[225] Vgl. zu letzterem schon: BAG v. 30. 10 1981 – 7 AZR 316/79 – nicht veröffentlicht.

[226] DB 1983, S. 388 ff.

[227] BAG, a.a.O. unter V 2 der Gründe; *Ehmann*, BlStSozARbR 1984, S. 209 ff. widerspricht dem BAG.

[228] Leitsatz 2 a der Entscheidung.

[229] Leitsatz 2 b der Entscheidung.

[230] NJW 1984, S. 1648 f.

[231] DB 1985, S. 974.

[232] § 1 Rz. 23; ebenso: *Klinkhammer / Klinkhammer*, ArbuR 1984, S. 62 ff. (Anm.); zustimmend auch: *Falkenberg*, DB 1984, S. 1987.

[233] Unter Mitwirkung von *Schüren*, SAE 1984, S. 50 ff. (Anm.).

[234] DB 1984, S. 829 f.

Arbeitsleistung – im Ergebnis nichts anderes gelten kann. Äußerst kritisch setzt sich *Buchner*[235] mit dieser neuen Rspr. auseinander.

V. Allgemeine Grundsätze der Gewichtung der sozialen Kriterien

Nach § 1 III 1 KSchG ist die Kündigung sozial ungerechtfertigt, wenn der ArbGeb bei der Auswahl soziale Gesichtspunkte nicht oder nicht ausreichend berücksichtigt. Um den ArbN zu ermitteln, der am ehesten auf die Arbeitsstelle verzichten kann, müssen die sozialen Daten der einzelnen ArbN bewertet werden, d. h. es muß entschieden werden, welches Gewicht im einzelnen den Umständen zukommt, die gegen die Auswahl des einen oder anderen ArbN sprechen[236]. Die Bewertung ist mit größten Schwierigkeiten verbunden, weil „weder das Gesetz noch bisher die Rspr. einheitliche und durchgängige objektive Wertmaßstäbe aufgestellt haben, nach denen die soziale Stellung einzelner ArbN exakt bestimmt werden kann und es auch keine allgemein akzeptierte und ausreichend differenzierte ungeschriebene Werthierarchie gibt, die dieses Fehlen ersetzen könnte“[237].

In der Praxis herrschte hohe Rechtsunsicherheit[238], die auch nicht durch die Maßgabe einer Gesamtabwägung aller relevanten Gesichtspunkte beseitigt wird[239]. Denn das Gewicht der verschiedenen Sozialdaten kann sich je nach den allgemeinen Rahmenbedingungen verändern, steht also nicht unabänderlich und einheitlich fest[240], ebenso wie sich die sozialen Daten gegenseitig verstärken können[241].

Trotz Ermangelung objektiver Wertmaßstäbe wurde in Lehre und Judikatur teilweise über das Prinzip der Gesamtabwägung hinaus eine Gewichtung zugunsten diverser sozialer Momente vorgenommen. *Zöllner*[242] betont zwar, daß man über die Gewichtung verschiedener Meinung sein kann, dennoch wird die unbedingte Vorrangstellung der „unerläßlichen Drei“[243] von einem überproportional großen Teil in Rspr. und Lehre vertreten[244].

---

[235] DB 1984, S. 504 ff.

[236] Vgl. BAG v. 26. 6. 1964 in: AP Nr. 15 zu § 1 KSchG – betriebsbedingte Kündigung unter 1 a der Gründe.

[237] *Weng,* DB 1978, S. 886; ebenso: *KR-Becker,* § 1 Rz. 351; *Jobs / Bader,* ArbR-Blattei, KSchG I, B III 1 b aa; *Berkowsky,* Rz. 199; *Gift,* RdA 1969, S. 74.

[238] Vgl. nur: BAG v. 24. 3. 1983, a.a.O.; *KR-Becker,* § 1 Rz. 351; *Buchner,* DB 1984, S. 509.

[239] *Herschel / Löwisch,* § 1 Rz. 230; *Gift,* ZfA 1974, S. 129; LAG München v. 13. 8. 1974, DB 1975, S. 1177; *Kunkel,* BB 1952, S. 379 spricht daher auch von einem kaum lösbaren Problem.

[240] *Löwisch / Schüren,* SAE 1984, S. 50 (Anm.); *Hueck,* § 1 Rz. 117.

[241] *Herschel / Löwisch,* § 1 Rz. 230; *Löwisch / Schüren,* SAE 1984, S. 50 (Anm.).

[242] Gutachten S. D 158.

[243] Lebensalter, Dauer der Betriebszugehörigkeit, Unterhaltsverpflichtungen.

Neyses[245] bewertet Lebensalter und Betriebszugehörigkeit sehr hoch und begründet das mit einem Verweis auf § 10 II KSchG. Dem Lebensalter gaben die BAG-Entscheidungen vom 20.1.1961[246] und 26.6.1964[247] das entscheidende Gewicht. Dem schloß sich das ArbG Wetzlar[248] an, indem es ausführt: „... Gerade in Zeiten hoher Arbeitslosigkeit finden ältere Arbeitnehmer nur schwer einen neuen Arbeitsplatz, so daß sie besonders ... zu schützen sind". Eine starke Gegenmeinung betont die herausragende Bedeutung der Dauer der Betriebszugehörigkeit. Zu erwähnen ist das LAG Düsseldorf v. 21.5.1952[249], insbesondere aber *Herschel,* der sich dezidiert mit der Dauer der Betriebszugehörigkeit auseinandersetzt und einer der vehementesten Vertreter der „Poolposition" dieses Sozialdatums ist[250]. Sehr intensiv setzt sich auch *Weiler*[251] mit den sog. „Theorien von der relativen bzw. absoluten Bedeutung des Faktors ‚Dauer der Betriebszugehörigkeit'" auseinander und kommt zu dem Resultat, daß die Übergewichtigkeit der Betriebszugehörigkeit nicht den Interessen des Gesetzgebers entspricht.

Aus dem herrschenden Dissens leitet sich die mißliche Situation des ArbGeb ab, die speziell durch die zum großen Teil vertretene uneingeschränkte Überprüfungsmöglichkeit der sozialen Auswahl durch die Gerichte unerträglich wird[252]. Aus dieser Misere heraus wurde die Idee der Schematisierung und Generalisierung der Daten in Form von Punktetabellen geboren.

VI. Das Punktesystem

Soweit ersichtlich war *Vogt*[253] der erste, der des unbefriedigenden Rechtszustandes überdrüssig wurde und daraufhin ein Punktsystem zur sozialgerechten Auswahl vorschlug. Er blieb nicht der einzige, sondern mit dem-

---

244 Z.B.: *KR-Becker,* § 1 Rz. 352; BAG v. 11. 3. 1976, DB 1976, S. 1470; BAG v. 19. 4. 1979 in: EzA § 1 KSchG Nr. 11 – betriebsbedingte Kündigung; *Müller,* DB 1975, S. 2135; *Falkenberg,* DB 1984, S. 1987; *Neyses,* DB 1983, S. 2416; BAG v. 24. 3. 1983, a.a.O.; BAG v. 20. 10. 1983, DB 1984, S. 563ff.

245 DB 1983, S. 2416; ebenso: *Klinkhammer / Klinkhammer,* ArbuR 1984, S. 64 (Anm.).

246 In: AP Nr. 7 zu § 1 KSchG – betriebsbedingte Kündigung.

247 In: AP Nr. 15 zu § 1 KSchG – betriebsbedingte Kündigung.

248 DB 1983, S. 2693; so wohl auch: *Erdmann / Jürging / Kammann,* § 102 Rz. 43; BAG v. 11. 3. 1976, a.a.O.; LAG Baden-Württemberg v. 30. 11. 1976, BB 1977, S. 294; a.A.: BAG v. 12. 10. 1979, a.a.O. und v. 24. 3. 1983, a.a.O.

249 DB 1952, S. 556.

250 In: AP Nr. 15 zu § 1 KSchG (Anm.); in: Festschrift S. 600ff.; in: EzA § 1 KSchG Nr. 3 – betriebsbedingte Kündigung (Anm.); einschränkend: ArbG Berlin v. 21. 3. 1956, ARSt XVII Nr. 517; a.A.: *Müller,* DB 1975, S. 2132 und BAG v. 19. 4. 1979, a.a.O.; Herschel folgend: *Krischer,* NJW 1965, S. 953; *Hoppe,* Der Betriebsrat 1967, S. 85; *ders.,* BlStSozArbR 1976, S. 293f.; ArbG Ludwigshafen v. 19. 8. 1975, ARSt 1976 Nr. 1062; vgl. auch *Philipp,* BB 1972, S. 219, der dies vom amerikanischen „Senioritätsprinzip" ableitet, sowie: *Stahlhacke,* BlStSozArbR 1983, S. 36.

251 S. 123ff.

252 Vgl. insb. *Buchner,* DB 1984, S. 509.

selben Thema setzten sich verschiedentlich Gerichte und Rechtsgelehrte auseinander.

Solche Systeme sehen vor, daß für jedes soziale Kriterium gestaffelt Punkte vergeben werden (Bsp.: Lebensalter, je vollendetes Lebensjahr über 20 J. = 1 P.; über 51 J. = 2 P.)[254] und diese addiert werden. Dann wird die Punktzahl der einzelnen ArbN miteinander verglichen und derjenige ArbN ist am wenigsten sozial schutzwürdig und steht zur Kündigung an, der – je nach System – die höchste oder geringste Gesamtpunktzahl aufweist.

Diese Form der Auswahl ist nicht unumstritten. Sie wird z. T. rundherum abgelehnt[255], z. T. uneingeschränkt bejaht[256]. Eine differenzierende Meinung läßt die Punktwertmethode nur als Vorauswahl zu[257]. Dabei herrscht auch bei den Befürwortern Einstimmigkeit, daß dem ArbGeb im Einzelfall noch Spielraum zu belassen ist und er eine zusätzliche Überprüfung vorzunehmen hat, da das Kündigungsschutzrecht eine individuelle Würdigung der Verhältnisse verlangt[258].

1. Die Vorteile der Punktwertsysteme

a) Rechtssicherheit

Ein fester Punktindex garantiert kontinuierliche Bewertungsmaßstäbe über einen größeren Zeitraum und erhöht damit die Rechtssicherheit[259]. Dadurch wird die Entscheidung des ArbGeb transparenter, und die Gerichte können die Entscheidungsfindung des ArbGeb besser nachvollziehen[260].

---

253 DB 1967, S. 380ff.; allerdings hat das ArbG Köln v. 27. 10. 1961 – 8 Ca 558/61 – nicht veröffentlicht, eine Auswahl, die ein Betrieb nach einem solchen Prinzip getroffen hat, für „sehr sorgfältig" gehalten.

254 *Bleistein,* b + p 1975, S. 134ff.

255 *Rohlfing / Rewolle,* § 1 Rz. 23; *Gift,* ZfA 1974, S. 141; LAG München v. 13. 8. 1974, DB 1975, S. 1177f.; *Löwisch / Schüren,* SAE 1984, S. 50 (Anm.); *Klinkhammer / Klinkhammer,* ArbuR 1984, S. 64; das BAG v. 24. 3. 1983, a.a.O. lehnt *gerichtliche* Punktesysteme ab.

256 LAG Düsseldorf v. 3. 6. 1982, DB 1982, S. 1935; *Philipp,* BB 1972, S. 219; *Vogt,* DB 1984, S. 1467ff.; *Bleistein,* b + p 1975, S. 134ff.; *ders.,* b + p 1983, S. 6ff.; *Berkowsky,* BB 1983, S. 2062; *ders.,* NJW 1983, S. 1295.

257 ArbG Wetzlar v. 6. 9. 1983, DB 1983, S. 2693; LAG Hamm v. 7. 7. 1981, DB 1982 § 2195; *KR-Becker,* § 1 Rz. 357; *Rost,* ZIP 1982, S. 1398; *Hueck,* § 1 Rz. 116a; *Müller,* DB 1975, S. 2133; *Ehmann,* BlStSozArbR 1984, S. 209ff.

258 *Erdmann / Jürging / Kammann,* § 95 BetrVG Rz. 25; *Rost,* ZIP 1982, S. 1398.

259 *Vogt,* DB 1984, S. 1467ff.

260 Naheliegend ist ein Punktsystem in eine Kündigungsauswahlrichtlinie gem. § 95 BetrVG aufzunehmen, vgl. *Etzel,* JA 1977, S. 293; *Meisel,* S. 68f., wobei aber die Auswahlrichtlinie im Rang unterhalb des § 1 III KSchG steht und daher an den von diesem gesetzten Rahmen gebunden ist; vgl. auch *Brede,* BlStSozArbR 1973, S. 19; ferner: *Stahlhacke,* BlStSozArbR 1972, S. 54.

b) Objektives Ausleseverfahren

Ein unbestreitbarer Vorzug ist das objektive Ausleseverfahren, frei von jeglicher subjektiver Manipulationsmöglichkeit und Willkür von ArbGeb (und Betriebsrat)[261].

c) Größere Differenziertheit der Ergebnisse

Die größere Differenziertheit der Ergebnisse kann ebenfalls zu den Pluspunkten gezählt werden. In der Punktgesamtsumme der einzelnen ArbN wird diese Unterscheidbarkeit reflektiert. Mit Hilfe pauschaler Überlegungen wären solche Feinheiten nicht erkennbar zu machen.

d) Computerfreundlichkeit

Punktsysteme sind „ideal geeignet zur Umsetzung in Computerprogrammen, mittels derer das elektronische PIS auch die Sozialauswahl im Falle von Massenkündigungen mit Lichtgeschwindigkeit treffen könnte“[262].

e) Rationalisierung

Eine Folge der perfekten Computer-Kompatibilität ist die Rationalisierung, die ein solches System mit sich bringt[263].

2. Die Nachteile der Punktwertsysteme

Die Kritiker der Punktetabellen erkennen zwar auch diese Vorteile an, glauben jedoch ein gewichtiges Argument gegen diese Art der Sozialauswahl vorbringen zu können. Das Bewertungssystem habe zur Folge, daß die Auswahlkriterien verabsolutiert werden und die Bewertung generalisiert und schematisiert wird[264]. „Weder im Hinblick auf Vollständigkeit noch im Hinblick auf die soziale Gewichtung können die Tabellen auch nur annähernd die gesetzlich geforderte Einzelbetrachtung ersetzen“[265]. Denn den Daten kann ein unterschiedliches Gewicht je nach den allgemeinen Rahmenbedingungen[266] zukommen, ebenso wie sie sich gegenseitig verstärken

[261] So insb. *Ehmann,* BlStSozArbR 1984, S. 212.

[262] *Ehmann,* BlStSozArbR 1984, S. 212, der aber trotzdem die Anwendung dieser Punktetabellen entschieden ablehnt.

[263] *Vogt,* DB 1984, S. 1467ff.

[264] *Fritz,* S. 59; vgl. auch: *Zöllner,* Gutachten S. D 153.

[265] *Klinkhammer / Klinkhammer,* ArbuR 1984, S. 64.

[266] Das BAG v. 24. 3. 1983, a.a.O. spricht von der Abhängigkeit des Gewichts von der industriellen, arbeitspolitischen, wirtschaftlichen und sozialpolitischen Entwicklung.

können[267]. Die Starrheit der „Rangreihenmethode“[268] kann dem nicht gerecht werden, so daß eine Aufweichung der Bewertungskriterien die Folge ist, die mit der gesetzlichen Vorgabe nicht vereinbar ist.

3. Verschiedene Punktsysteme

Erwähnenswert ist die Entscheidung des BAG v. 24.3.1983[269]. Unter IV 2a der Gründe lehnt es die Schaffung von Punktsystemen durch die *Gerichte* ab[270], will sie aber als *betriebliche* Auswahlrichtlinien gem. § 95 BetrVG anerkennen, soweit die „drei Grunddaten“ und die Besonderheiten des Einzelfalles Berücksichtigung finden. Das BAG v. 20.10.1983[271] erweitert dies um Auswahlrichtlinien, die ArbGeb und Betriebsrat in einem Interessenausgleich gem. § 112 I BetrVG vereinbart haben.

Im Laufe der Jahre wurden eine ganze Reihe von Punktvergabesystemen aufgestellt[272], die dem Prinzip nach zwar gleich sind, sich aber letztendlich sowohl in der Wertigkeit der Sozialdaten voneinander unterscheiden als auch in der Frage, ob betriebliche Interessen in den Tabellen punktmäßig Berücksichtigung finden können[273]. Eine vorzügliche Übersicht gibt *Vogt*[274], der eingehend die verschiedenen Punktwerttabellen anhand von Beispielen miteinander vergleicht und deren Besonderheiten aufzeigt. Die graphische Darstellung dieser Schemata ist auf Seite 66, 67 wiedergegeben.

VII. Die Massenkündigung

Sämtliche besprochenen Gesichtspunkte der Sozialauswahl gelten auch für Massenkündigungen[275] und Massenänderungskündigungen[276]. Da das KSchG keine unterschiedlichen Anforderungen an die Vergleichbarkeit bei Einzel- und Massenkündigungen stellt, muß der ArbGeb bei Auflösung z. B.

---

[267] Vgl. Fn. 240f.

[268] Ausdruck von: *Gift*, ZfA 1974, S. 141.

[269] DB 1984, S. 1822.

[270] Es beruft sich dabei auf das BAG v. 25. 11. 1982, DB 1983, S. 1047ff.

[271] NJW 1984, S. 1648f.

[272] Vgl. nur: *Philipp*, BB 1972, S. 219; *Bleistein*, b + p 1975, S. 134ff.; *ders.*: b + p 1978, S. 186ff.; *ders.*: b + p 1983, S. 6ff.; *Neyses*, S. 425ff.; *ders.*: DB 1983, S. 2114ff.; *Berkowsky*, NJW 1983, S. 1292ff.; *Müller*, DB 1975, S. 2130ff.; LAG Hamm v. 7. 7. 1981, DB 1982, S. 2195 („Hammer Tabelle“).

[273] Letzterem ist durch die BAG-Entscheidung v. 24. 3. 1983 die Grundlage entzogen worden, da „ausschließlich soziale Kriterien“ in die Auswahl einfließen dürfen, s. o.

[274] DB 1984, S. 1467ff.

[275] BAG v. 26. 4. 1985, DB 1985, S. 1029f.

[276] BAG v. 18. 10. 1984, DB 1985, S. 974.

einer Betriebsabteilung die ArbN der fortbestehenden Abteilungen in die soziale Auswahl einbeziehen (räumliche Vergleichbarkeit)[277]. Der ArbGeb hat zu ermitteln, wieviele ArbN der aufgelösten Betriebsabteilung mit solchen der fortgeführten Abteilungen ausgetauscht werden können, ohne daß dadurch der Betriebsablauf ernsthaft gefährdet wird. Entsprechend sind aus diesem Kreis die ArbN herauszufinden, die sozial am wenigsten schutzbedürftig sind. Eine etwaige kurze Einweisungs- oder Einarbeitungszeit der ArbN aus der stillgelegten Abteilung ist dabei rechtlich unbeachtlich[278]. Trifft der ArbGeb diese Sozialauswahl nicht, sind die Kündigungen *sämtlicher* ArbN rechtsunwirksam. Trägt er dazu im Prozeß nichts vor und beruft er sich nur auf die betrieblichen Bedürfnisse gem. § 1 III 2 KSchG, besteht die vom ArbGeb zu widerlegende Vermutung, daß die Kündigungen sämtlicher ArbN mangels Sozialauswahl sozialwidrig sind[279].

Der Austausch hunderter von ArbN kann zwar den ordnungsgemäßen Betriebsablauf erheblich stören und deshalb für den ArbGeb ein berechtigtes betriebliches Interesse i. S. v. § 1 III 2 KSchG begründen, von einem solchen Massenaustausch Abstand zu nehmen. Der ArbGeb ist aber verpflichtet darzulegen, von welcher Zahl an und aus welchen Gründen der Austausch zwischen mehr oder weniger schutzbedürftigen ArbN die betrieblichen Interessen beeinträchtigt[280]. Unterläßt es der ArbGeb dazulegen, weshalb der Einbeziehung auch nur eines geringeren Teils der Belegschaft der fortbestehenden Abteilungen in die soziale Auswahl berechtigte betriebliche Belange entgegenstehen, obwohl sie für das Vorliegen der Voraussetzungen der Ausnahmevorschrift des § 1 III 2 KSchG darlegungs- und beweispflichtig ist, dann sind die darauf beruhenden Entlassungen rechtsunwirksam.

Die tatsächliche Schwierigkeit, daß bei Massenentlassungen hunderte von Kündigungen rechtsunwirksam sein können, wenn der ArbGeb einige wenige sozial erheblich weniger schutzbedürftige ArbN übersehen und deshalb von der Kündigung ausgenommen hat[281], läßt sich nicht rechtsdogmatisch, sondern nur praktisch dadurch lösen, einer entsprechenden Anzahl von ArbN die Fortsetzung des Arbeitsverhältnisses bzw. die Wiedereinstellung anzubieten[282].

---

277 Vgl. *Jobs*, Praxis-Seminar.

278 Vgl. B I 2b; a. A.: BAG v. 26. 4. 1985, a.a.O.

279 Vgl. B III.

280 BAG v. 26. 4. 1985, a.a.O.

281 Vgl. *Hueck*, § 1 Rz. 127a; BAG v. 18. 10. 1984, a.a.O.

282 Vgl. B III.

Soziale Auswahlkriterien, -richtlinien und

Beispiel I

Vogt
„Sozialgerechte Auswahl bei Massenentlassungen"
in: DB 1967/380 ff.

Betriebszugehörigkeit:

über 5 Jahre	10 Punkte
über 10 Jahre	20 Punkte
über 15 Jahre	30 Punkte

Ausfallzeiten (Krankheitshäufigkeit):
im letzten Jahr:

über 100 Tage	0 Punkte
über 50 Tage	10 Punkte
über 14 Tage	20 Punkte
über 8 Tage	30 Punkte

Lebensalter:

über 45 Jahre	15 Punkte
über 50 Jahre	20 Punkte
über 55 Jahre	30 Punkte
über 60 Jahre	45 Punkte

Beispiel II

Philipp
„Ordentliche Kündigung und Auswahlrichtlinien"
in: BB 1972/219
angegeben als Grundlage bei der US-Armee in Deutschland für die innerbetriebliche Auswahl bei Personalkürzungen,

Gewährung von überwiegendem Unterhalt gegenüber dem Ehegatten: = 2 Punkte

jedes unterhaltsberechtigte Kind: = 2 Punkte

Lebensalter:

30 - 39 Jahre	1 Punkt
40 - 49 Jahre	2 Punkte
50 - 59 Jahre	3 Punkte

Dienstzeit:
für jedes vollendete Halbjahr 1/2 Punkt

Während des Beschäftigungsverhältnisses erlittener Betriebsunfall bzw. Berufskrankheit: = 2 Punkte

Beispiel III

Bleistein
„Die ordentliche Kündigung aus dringenden betrieblichen Erfordernissen"
in: Betrieb + Personal 1975/134 ff.

Beschäftigungsjahre:
je volles Jahr = 4 Punkte

Lebensjahre:
je 1 Punkt ab 21. Lebensjahr
je 2 Punkte ab 51. Lebensjahr

Familienstand:
15 Punkte je unterhaltsberechtigte Person

Qualifikation des Arbeitnehmers:
gute zuverlässige Kraft = 10 Punkte
schlechte unzuverlässige Kraft = minus 10 Punkte

Anderweitige Unterhaltssicherung:

eigene Rente	= 50 Punkte
Teilrente	= 20 Punkte
eigenes Vermögen	= 30 Punkte
mitverdienende Ehefrau	= 20 Punkte

Besondere soziale Notstände:
schwer erkrankte Ehefrau + 30 Punkte
geistig behindertes Kind + 30 Punkte
kranke Eltern im Haushalt + 30 Punkte

Beispiel IV

Müller, W.
„Die betriebsbedingte Kündigung im Kündigungsschutzprozeß"
in: DB 1975/2130 ff.

Lebensalter:

bis 20 Jahre	0 Punkte
bis 30 Jahre	1 Punkt
bis 40 Jahre	2 Punkte
bis 50 Jahre	3 Punkte
über 50 Jahre	4 Punkte

Unterhaltene Personen:
jeweils 1 Punkt
(dieser Punkt entfällt für den selbst berufstätigen Ehepartner)

Dauer der Betriebszugehörigkeit:

bis 5 Jahre	0 Punkte
bis 10 Jahre	1 Punkt
über 10 Jahre	2 Punkte

Beispiel V

Bleistein
„Schema zur Berücksichtigung der sozialen Gesichtspunkte bei betriebsbedingten Kündigungen"
in: Betrieb + Personal 1978/186

Lebensalter:
ab 21. Lebensjahr je 1 Punkt
ab 51. Lebensjahr je 2 Punkte

Betriebszugehörigkeit:
je volles Beschäftigungsjahr = 4 Punkte
für ein volles halbes Jahr = 2 Punkte

Familienstand:
je unterhaltsberechtigter Angehöriger 15 Punkte

Qualifikation:
gute Kraft + 10 Punkte
unzuverlässige Kraft − 10 Punkte

Anderweitige Unterhaltssicherung:
Volle Rente aus der gesetzlichen Rentenversicherung − 100 Punkte
Vermögen, das zum Unterhalt herangezogen werden kann − 50 Punkte
Teilrente − 30 Punkte

Sonstige Gesichtspunkte:
im Betrieb erhaltene Gesundheitsschäden = + 20 Punkte
Mitversorgung der Eltern = + 20 Punkte
Pflegebedürftiges Kind = + 20 Punkte

Beispiel Va

Bleistein
„Betriebsbedingte Kündigung: Grundsatzfragen sozialer Auswahl und Schemata"
in: Betrieb + Personal 1983/6 ff.
– mit einer gewissen Modifikation zu Beispiel V –

Anderweitige Unterhaltssicherung:
- Mitarbeitender Ehegatte ./. 10 Punkte
- Vermögenseinkünfte, die zum Unterhalt herangezogen werden können ./. 10 Punkte
- volle Rente aus der gesetzlichen Rentenversicherung nach Vollendung des 65. Lebensjahres ./. 50 Punkte
- Gesundheitliche Behinderung (ohne Anerkennung einer Schwerbehinderung) ./. 10 Punkte

Beispiel VI

„LAG Hamm, Urteil vom 7.7.1981"
in: DB 1982/2195
(aufgehoben durch Entscheidung des BAG vom 24.3.1983),
in: DB 1983/1822 ff.

Lebensalter:

bis zu 20 Jahren	= 0 Punkte
bis zu 30 Jahren	= 1 Punkt
bis zu 40 Jahren	= 2 Punkte
bis zu 50 Jahren	= 3 Punkte
über 50 Jahre	= 5 Punkte

Betriebszugehörigkeit:
je volles Beschäftigungsjahr = 4 Punkte

Unterhaltsberechtigte Kinder:
je Kind = 5 Punkte

Schwerbehinderte pp. = 10 Punkte
Doppelverdiener = 10 Punkte Abzug

-schemata bei betriebsbedingten Kündigungen

Beispiel VII	Beispiel VIIa	Beispiel VIII
Neyses „Arbeits- und Sozialrecht für die betriebliche Praxis“, Stuttgart 1983 S. 425 f. I. *Soziale Auswahl:* maximal 160 Punkte 1. Lebensalter: maximal 40 Punkte bis zu 20 Jahren 0 Punkte für jedes weitere Lebensjahr 1 Punkt 2. Betriebszugehörigkeit: maximal 40 Punkte je volles Beschäftigungsjahr = 1 Punkt 3. Unterhaltsbelastung: maximal 40 Punkte alleinstehend 5 Punkte verheiratet mit einem nicht berufstätigen Partner = 10 Punkte verheiratet mit einem berufstätigen Partner = 0 Punkte je unterhaltsberechtigtem Kind = 7 Punkte 4. Sonstige soziale Gesichtspunkte maximal 40 Punkte dauernde Pflegebedürftigkeit einer unterhaltsberechtigten Person = 10 Punkte Schwerbehinderung des Arbeitnehmers = 5 - 15 Punkte Erwerbsminderung des Arbeitnehmers von mindestens 20% infolge Arbeitsunfalls oder Berufskrankheit = 2 - 10 Punkte sonstige Gründe für eine besondere Schutzbedürftigkeit = 1 - 10 Punkte II. *Berechtigte betriebliche Belange:* 1. der Arbeitnehmer ist so gut wie unverzichtbar = 160 Punkte 2. Bewertung der Leistung = 0 - 25 Punkte 3. Vorliegen besonderer Qualifikation = 0 - 25 Punkte 4. Zuverlässigkeit sowie Verhalten gegenüber Vorgesetzten, Kollegen und Unterstellten = 0 - 25 Punkte 5. Bewertung der Einsatzfähigkeit hinsichtlich Krankheitsanfälligkeit = 0 - 25 Punkte	**Neyses** „Auswahlkriterien, Auswahlschema und Auswahlrichtlinien bei betriebsbedingter Kündigung“ in: DB 1983/2114 ff. – mit gewissen Modifikationen zu Beispiel VII – 3. Unterhaltsbelastung: maximal 40 Punkte verheiratet mit einem voll berufstätigen Partner = 0 Punkte alleinstehend = 5 Punkte verheiratet mit einem nicht bzw. nicht voll berufstätigen Partner = bis zu 10 Punkte je unterhaltsberechtigter Person = bis zu 7 Punkte 4. Sonstige soziale Gesichtspunkte maximal 40 Punkte dauernde Pflegebedürftigkeit einer unterhaltsberechtigten Person = bis zu 10 Punkte Schwerbehinderung des Arbeitnehmers = bis zu 10 Punkte Erwerbsminderung des Arbeitnehmers von mindestens 20% infolge Arbeitsunfall oder Berufskrankheit = bis zu 10 Punkte sonstige Gründe für eine besondere Schutzbedürftigkeit = bis zu 10 Punkte II. *Berechtigte betriebliche Belange:* Der Arbeitnehmer ist unverzichtbar = 160 Punkte Erbringen hervorragender Leistungen = 10 - 20 Punkte Vorliegen besonderer fachlicher Qualifikation = 10 - 20 Punkte vorbildliches Verhalten gegenüber Vorgesetzten, Kollegen und Unterstellten = 10 - 20 Punkte außergewöhnliche Zuverlässigkeit = 10 - 20 Punkte Die Voraussetzungen einer krankheitsbedingten Kündigung liegen vor = Abzug von 160 Punkten	**Berkowsky** „Aktuelle Probleme im Recht der betriebsbedingten Kündigung“ in: NJW 1983/1292 ff. I. Lebensalter: bis zu 20 Jahren: 0 Punkte bis zu 30 Jahren: 1 Punkt bis zu 40 Jahren: 3 Punkte bis zu 50 Jahren: 6 Punkte bis zu 57 Jahren: 8 Punkte über 57 Jahre: 10 Punkte II. Unterhaltspflichten: 1. Ehegatte: 5 Punkte 2. je Kind 3 Punkte III. Berufsaussichten auf dem Arbeitsmarkt: 1. gesucht 0 Punkte 2. durchschnittlich (keine besonderen Qualifikationen oder Handikaps) 2 Punkte 3. schlechte Chancen 4 Punkte IV. Dauer der Betriebszugehörigkeit: je volles Beschäftigungsjahr 0,5 Punkte ab 11. Beschäftigungsjahr 1 Punkt V. Gesundheitsschädigungen des Arbeitnehmers infolge betrieblicher Umstände: je nach dem Grad der Beeinträchtigung 1 - 3 Punkte VI. sonstige soziale Umstände: 1. Vermögensbeeinträchtigungen: 1 - 2 Punkte 2. Vermögensvorteile: minus 1 - 2 Punkte VII. Mitverdienender Ehegatte (Verhältnis Ehegatten-Einkünfte zu Arbeitnehmer-Einkünften): 1. 4:1 minus 10 Punkte 2. 3:1 minus 8 Punkte 3. 2:1 minus 7 Punkte 4. 1:1 minus 5 Punkte 5. 1:2 minus 3 Punkte 6. 1:3 und weniger minus 2 Punkte

VIII. Die Änderungskündigung

Das Gebot der Sozialauswahl gilt nicht nur bei Beendigungs-, sondern auch bei ordentlichen[283] und außerordentlichen[284] Änderungskündigungen. Das ergibt sich ohne weiteres bereits aus der ausdrücklichen Verweisung in § 2 S. 1 KSchG, der im Klammerzusatz auch auf § 1 III 1 KSchG Bezug nimmt. Anders als bei der Beendigungskündigung ist die soziale Auswahl allerdings nicht an der Prüfung auszurichten, welcher von mehreren vergleichbaren ArbN durch den Verlust des Arbeitsplatzes relativ am wenigsten hart getroffen wird. Vielmehr ist bei der Sozialauswahl auf die Auswirkungen der vorgeschlagenen Vertragsänderung auf den sozialen Status der vergleichbaren ArbN abzustellen. Es ist insoweit zu prüfen, ob der ArbGeb, statt die Arbeitsbedingungen des gekündigten ArbN zu verändern, diese Änderung einem anderen ArbN hätte anbieten können, dem das in sozialer Hinsicht eher zumutbar ist. Die Ermittlung, wodurch der Inhaltsschutz durch die Änderungskündigung beeinträchtigt wird und wie sich das auf betroffene und andere vergleichbare ArbN auswirkt, setzt damit zwar andere, aber nicht weniger genaue Abwägungen voraus.

IX. Grenzen der richterlichen Nachprüfung

Die Vielzahl der zu berücksichtigenden Aspekte und der mangelnde Konsens über die Wertigkeit erschwert die Entscheidung des ArbGeb.

Ob ihm aus seiner unerfreulichen Lage durch Einräumung eines Beurteilungs- oder Ermessensspielraumes geholfen werden kann, ist heftig umstritten[285]. Nach einer Ansicht wird ihm dieses Recht verweigert, d. h. seine Auswahlentscheidung unterliegt der vollen Nachprüfbarkeit durch die Arbeitsgerichte[286]. Nach anderer Meinung wird dieser Rechtszustand als untragbar angesehen und dem ArbGeb soll ein Ermessensspielraum zugebilligt und die Nachprüfung darauf beschränkt werden, ob er wesentliche Gesichtspunkte nicht berücksichtigt hat oder ob seine Entscheidung auf sachfremden Erwägungen beruht[287]. Das BAG hat in seinem Urteil vom 24. 3. 1983[288] zu diesem

---

[283] BAG v. 18. 10. 1984, a.a.O.; LAG Baden-Württemberg v. 15. 10. 1984, NZA 1985, S. 126f.; a.A.: LAG Düsseldorf v. 21. 1. 1983, DB 1983, S. 1931f.

[284] BAG v. 17. 5. 1984 – 2 AZR 161/83.

[285] Die Meinungen variieren von einer völligen Verneinung bis zu einer weitgehenden Anerkennung.

[286] *Hueck,* § 1 Rz. 127, allerdings darf das ArbG nicht die Entscheidung des ArbGeb durch seine eigene ersetzen, wenn die Verhältnisse der ArbN nur ganz geringfügig voneinander abweichen; LAG Frankfurt v. 30. 9. 1958, BB 1959, S. 562 mit Anm. *Klein;* BAG v. 26. 6. 1964, a.a.O.; *Auffarth / Müller,* § 1 Rz. 242; BAG v. 12. 10. 1979 in: AP Nr. 7 zu § 1 KSchG 1969 – betriebsbedingte Kündigung.

[287] *Herschel / Löwisch,* § 1 Rz. 232; *König,* BlStSozArbR 1953, S. 172; LAG Hamm v. 11. 12. 1975, DB 1976, S. 489; dass. v. 4. 10. 1983, DB 1984, S. 131; dass. v. 1. 12.

Streit ausführlich Stellung bezogen und dem ArbGeb einen gewissen Beurteilungsspielraum eingeräumt[289]. Konkreter das BAG v. 20.10.1983[290], das unter B I der Gründe ausführt: „... Arbeitgeber und Betriebsrat ... einen gewissen Ermessensspielraum zu gewähren. Das bedeutet, daß die Gerichte für Arbeitssachen die Wertung der Betriebspartner nicht durch ihre eigene ersetzen, sofern jene überhaupt vertretbar erscheint. Voraussetzung ist ..., daß die Auswahlkriterien die Wertung des § 1 III 1, 2 KSchG beachten".

1983, DB 1984, S. 463; *Buchner*, DB 1984, S. 510; *Zöllner*, Festschrift S. 665, 686f.; LAG Hamm v. 23. 8. 1983 – 13 (12) Sa 901/81 – nicht veröffentlicht; vgl. auch den Begriff „berücksichtigen" in § 7 I BUrlG in: BAG v. 4. 12. 1970 in: AP Nr. 5 zu § 7 BUrlG und in: *von Hoyningen-Huene*, Billigkeit S. 188.

288 A.a.O.

289 Auch für die Aufstellung *betrieblicher* Auswahlrichtlinien, die ein Punktsystem beinhalten, während es *gesetzliche* Punktetabellen als ungeeignet für eine sozialgerechte Auswahl ablehnt, denn sie schrieben das Gewicht der Daten fest, was mit deren Flexibilität nicht vereinbar sei.

290 NJW 1984, S. 1648.

§ 3 Fortentwicklung der Grundsätze

I. Unzulänglichkeiten der bisherigen Judikatur und Rechtslehre

Trotz intensiver Bemühungen ist es Rspr. und Lit. in der Vergangenheit nicht gelungen, die Sozialauswahl transparenter zu gestalten. Die Folge dieses Scheiterns ist in hohem Maße Rechtsunsicherheit und Rechtsunklarheit[1]. Auch die auf den ersten Blick mit hochgeschraubten Erwartungen vorgestellten Punktwertsysteme, die in der Lage schienen, den gordischen Knoten zu durchschlagen, konnten bestenfalls ansatzweise zur Lösung der vielschichtigen Probleme beitragen[2], so daß die Verwirrung auf dem Gebiet der Sozialauswahl perfekt ist. Die mangelnde Rechtsklarheit ist um so unverständlicher als der jetzige Rechtszustand nicht nur ArbGeb, ArbN und die Gerichte für Arbeitssachen vor kaum lösbare Schwierigkeiten stellt und einen großen Zeitaufwand[3] erfordert, sondern auch recht teuer werden kann[4].

1. Auswirkungen der Rechtsunsicherheit auf den ArbGeb

Der ArbGeb hat weder klare Richtlinien zur Verfügung noch wird ihm ein großzügiger Ermessensspielraum bei der Auswahlentscheidung eingeräumt[5]. Aufgrund der dadurch auftretenden Angreifbarkeit der vom ArbGeb getroffenen Auswahl können die pekuniären Belastungen für diesen enorm sein, denn je nach Entscheid des Arbeitsgerichts 1. Instanz muß er den ArbN bis zur endgültigen rechtskräftigen gerichtlichen Klärung – die u. U.

---

[1] Siehe S. 33, § 2 Fn. 49.

[2] Siehe dazu die Ausführungen auf S. 61 ff.

[3] In der 1. Instanz dauert ein Kündigungsschutzprozeß im Durchschnitt 9 Monate, in der 2. Instanz 1 Jahr und 3 Monate und in der 3. Instanz 2 Jahre, was – wenn der Prozeß durch alle Instanzen geht – einer durchschnittlichen Gesamtprozeßdauer von 4 Jahren entspricht, vgl. *Notter*, DB 1976, S. 772 (§ 1 Fn. 3); dazu auch: *Klees*, ZRP 1976, S. 152; *Kissel*, BArbBl. Mai 1984, S. 13; zur Beschleunigung von Kündigungsprozessen s. *Bültmann*.

[4] Vgl. zu den finanziellen Belastungen der sich im Kündigungsschutzprozeß befindenden ArbN: *Klees*, BlStSozArbR 1978, S. 179; durch den Beschluß des Großen Senats v. 27. 2. 1985 werden die wirtschaftlichen Risiken für die ArbN etwas entschärft, denn sie haben grds. einen Weiterbeschäftigungsanspruch, wenn sie erstinstanzlich obsiegt haben. Die ArbN verlieren den Anspruch auf Arbeitsentgelt nur bis zur Entscheidung des ArbG 1. Instanz! Die Gerichtskosten tragen die Länder und der Bund (für das BAG), letztendlich also der Steuerzahler.

[5] Vgl. zuletzt nur: BAG v. 24. 3. 1983, a.a.O.; v. 20. 10. 1983, a.a.O.; v. 18. 10 1984, a.a.O.

erst nach Jahren erfolgen kann[6] – mit allen Konsequenzen weiterbeschäftigen, wie der Große Senat des BAG mit Beschluß v. 27.2.1985[7] entschieden hat. Bei so weitreichenden und schwerwiegenden Folgen – der ArbGeb kann nur dann die Weiterbeschäftigung verweigern, wenn er *zusätzliche* Umstände anführt, aus denen sich sein überwiegendes Interesse an der Nichtbeschäftigung ergibt – ist es ein untragbarer Zustand, dem ArbGeb (bzw. den Betriebsparteien) keinen umfassenden Beurteilungsspielraum zuzugestehen bzw. durch neue Alternativen einen Weg aufzuzeigen, um aus diesem Dilemma herauszukommen. Denn entgegen der Auffassung des BAG v. 24.3.1983[8], zur Aufstellung allgemeiner Grundsätze zur Konkretisierung des § 1 III 1 KSchG keine Rechtsgrundlage zu haben, ist es sehr wohl Aufgabe des höchsten Arbeitsgerichts, die Rechtssicherheit und Rechtseinheitlichkeit auf dem Gebiete des Arbeitsrechts sicherzustellen[9].

Man stelle sich nur einmal die finanziellen Risikofaktoren für den ArbGeb im Falle einer Massenkündigung vor, wenn z. B. die 100 betriebsbedingt gekündigten ArbN Kündigungsschutzklage erheben und damit reüssieren, obwohl der ArbGeb nach bestem Wissen und Gewissen – eventuell noch im Einvernehmen mit dem Betriebsrat – die Auswahl vorgenommen hat. Da für die Massenkündigung die gleichen Grundsätze wie für eine Einzelkündigung gelten[10], müßte er im ungünstigsten Falle alle ArbN weiterbeschäftigen. Hält man sich dies vor Augen, so erkennt man leicht die Verpflichtung des BAG, Abhilfe zu schaffen, wenn dazu der Gesetzgeber nicht in der Lage ist.

Könnte der ArbGeb seine Auswahlentscheidung berechenbarer machen, so wäre ihm ohne weiteres das Prozeßrisiko zuzumuten. Hat er sich an die verbindlichen Grundsätze zur sozialen Auswahl gehalten, so hat er nichts zu befürchten; dagegen ist er zu Recht der Gefahr eines prozessualen Unterliegens, unabhängig von böser Absicht oder Unwissenheit, ausgesetzt, wenn er gegen diese Grundsätze verstoßen hat.

2. Auswirkungen der Rechtsunsicherheit auf die ArbN

Auch die ArbN können sich über die mangelnde Vorhersehbarkeit der arbeitgeberseitigen und gerichtlichen Entscheidung nicht glücklich schätzen. Sie erheben zum großen Teil[11] gegen die Entlassung Klage und tragen

[6] s. § 1 Fn. 3.

[7] DB 1985, S. 551.

[8] A.a.O.

[9] *Ehmann*, BlStSozArbR 1984, S. 212.

[10] s. BAG v. 26. 4. 1985, DB 1985, S. 1029f.

[11] Vgl. dazu *Klees*, S. 57ff.; 1983 wurden 179 483 Kündigungsschutzklagen von insg. 484 762 Klagen zu den erstinstanzlichen ArbGe eingereicht, s. *Arbeits- und Sozialstatistik*, BArbBl. 6/84, S. 136.

das volle Prozeßrisioko[12]. Sind dagegen die Modalitäten einer ordnungsgemäßen sozialen Auswahl weitgehend geklärt, so werden die ArbN nur dann einen Prozeß anstrengen, wenn sie eine begründete Chance sehen, diesen auch für sich zu entscheiden.

3. Auswirkungen der Rechtsunsicherheit auf die arbeitsrechtliche Gerichtsbarkeit

Da Richtlinien fehlen, wissen die Arbeitsgerichte nicht mit letzter Sicherheit, nach welchen Maximen und in welchen Grenzen sie die Kündigungen gerichtlich überprüfen können. Ihre Entscheidungen sind nicht ausrechenbar. Gäbe es eine klare Linie, so profitierten die Gerichte davon, denn sie hätten eine Vorgabe, nach der sie urteilen könnten. Mit der einsetzenden Rechtsklarheit geht ferner ein Rückgang von Kündigungsschutzklagen einher. Das führt zu einer merklichen Entlastung der Gerichte. Die Wartezeit auf die Aufnahme arbeitsgerichtlicher Verfahren wird erheblich verkürzt[13].

II. Der modifizierte Vorschlag *Ehmann's*

Licht ins Dunkle der Sozialauswahlproblematik könnte ein konstruktiver Beitrag *Ehmann's*[14] bringen. Dazu ist aber ein Umdenken in Bezug auf den „Makel" des sozialen Unwerts der Arbeitslosigkeit und in Bezug auf die Sensibilität von Sozialdaten vonnöten[15]. Immerhin dokumentiert der Autor, daß mit der erforderlichen gedanklichen Neuorientierung die Lösungsversuche nicht auf ewig zum Scheitern verurteilt sind.

---

[12] Da sie bis zur erstinstanzlichen Entscheidung kein Arbeitsentgelt erhalten und ihre Prozeßkosten selber tragen müssen, vgl. § 12a ArbGG.

[13] Am Jahresende 1983 waren noch 112 965 Klagen vor den ArbGe unerledigt, s. *Arbeits- und Sozialstatistik*, BArbBl. 6/84; dementsprechend lang ist die Wartezeit.

[14] BlStSozArbR 1984, S. 209ff.

[15] *Ehmann*, BlStSozArbR 1984, S. 221; der Schutz der Personaldaten hat in der Bundesrepublik allerhöchsten Stellenwert. Diesem Schutz zuliebe werden mannigfaltige sonstige Nachteile – die unvermeidlich eintreten – einfach als unabänderlich hingenommen. Jeder Beitrag, der dieses heikle Thema berührt und eine weniger strenge Handhabung für vernünftig hält, ruft helle Empörung in allen Sparten und Kreisen hervor. Sachliche Diskussionen sind aufgrund der undifferenzierten Polemik kaum möglich. Die negativen Auswirkungen übertriebener Datenschutzpolitik sind aber nicht zu übersehen – in jüngster Zeit erst die Fülle von Spionagefällen. Auch das Urteil des BVerfG zum VolkszählungsG v. 15. 12. 1983, DB 1984, S. 36ff. unterstützt diesen Trend und bestätigt die „Datenschutzfetischisten".

Es soll nicht der Eindruck entstehen, der Verfasser sei gegen Datenschutz, aber es sollte doch möglich sein, in Fällen des Zielkonfliktes zwischen Datenschutz und sonstigen staats- und gesellschaftspolitisch wichtigen Angelegenheiten – wie z.B. Verfassungsschutz oder wie hier sozialer Gerechtigkeit bei betriebsbedingter Kündigung – Diskussionen anzuregen und Vorschläge zu machen, die von den Normvorstellungen der Datenschützer abweichen, ohne sogleich als Lobbyist eines totalen Überwachungsstaates verleumdet zu werden.

1. Überblick

Ehmann's Idee basiert auf folgendem Modell: Die vom ArbGeb im Falle der betrieblich notwendigen Kündigungen zu treffende Sozialauswahl soll sich im wesentlichen auf zwei Interessen (Werte) konzentrieren: Auf den *Geldwert* und den *Persönlichkeitswert* der Arbeit für den einzelnen ArbN[16]. Auf einer 3. Auswahlstufe soll – der neuesten BAG-Rspr. widersprechend[17] – eine Abwägung der sozialen Belange des ArbN mit den betrieblichen Belangen im Rahmen des § 1 III 1 KSchG der Findung größerer sozialer Gerechtigkeit[18] dienen. Auf einer letzten Stufe ist den ArbN, die noch nicht aus dem Kreis der zur Kündigung Anstehenden herausgefallen sind, die Möglichkeit zur Anhörung zu geben.

Das Verfahren sieht folgendermaßen aus: Die vergleichbaren ArbN werden in einer ersten Vorauswahlstufe nach dem für jeden einzeln ermittelten Geldwert der Arbeit verglichen. Die sozial Schutzbedürftigsten scheiden aus. In der zweiten Auswahlstufe werden die verbleibenden ArbN nach dem Persönlichkeitswert wiederum gegeneinander abgewogen. In einer dritten Stufe sind die sozialen Gesichtspunkte der übriggebliebenen ArbN mit den betrieblichen Belangen zu vergleichen. Diejenigen, die jetzt noch im Topf der Betroffenen geblieben sind, sind in einer vierten Stufe vor Ausspruch der Kündigung zu hören.

---

16 Auch im Bereich der Diskussion zur Berufsunfähigkeitsrente (BU) im Rahmen der gesetzlichen Rentenversicherung wird – allerdings nicht der Terminologie nach – mit ähnlichen Unterscheidungen operiert. Nach § 1246 II 1 RVO erhält derjenige BU, dessen Erwerbsfähigkeit auf weniger als 50 % gesunder Vergleichspersonen herabgemindert ist. Damit dient sie dazu, einen bestimmten Lohnausfall auszugleichen und ist insofern in gewisser Weise mit dem Geldwert der Arbeit zu vergleichen. Allerdings sind in der Praxis wohl nur selten Fälle denkbar, in welchen „ein ganztägig Einsatzfähiger weniger als die Hälfte der körperlich und geistig gesunden Vergleichspersonen verdient", s. *Krause,* Rente S. 67, wodurch die Geldwertfunktion der BU nur eine untergeordnete Rolle spielt.

Nun wird BU nicht nur in den Fällen des oben beschriebenen Einkommensverlustes gewährt. Nach § 1246 II 2 RVO erhält der Versehrte sie auch dann, wenn ihm eine Tätigkeit aufgrund seiner bisherigen Berufstätigkeit nicht zugemutet werden kann. Das ist nach der vom BSG (11, 123, 125; 19, 57, 59; v. 19. 1. 1978 – 4 RJ 81/77) entwikkelten Stufentheorie dann der Fall, wenn der ArbN mehr als eine Stufe abrutscht, also z.B. vom Gelernten zu einem Beruf, den ein Ungelernter ausübt. Die BU stellt insoweit einen Ausgleich für einen immateriellen Nachteil dar („sozialer Abstieg"), der nicht gleichzeitig mit einem Einkommensverlust verbunden sein muß, sondern ganz im Gegenteil zusammen mit dem aktuellen Einkommen die Einkünfte einer gesunden Vergleichsperson übersteigen kann (sog. Fälle der „Übersicherung"). Insofern dient die BU dazu, die besonderen Persönlichkeitsnachteile aufzufangen, die eine durch Invalidität erzwungene Berufsaufgabe in dem ausgeübten und erlernten Beruf mit sich bringt. Die BU hat so eine dem Persönlichkeitswert der Arbeit vergleichbare Funktion. Vgl. zu diesem ganzen Komplex *Krause,* Rente S. 56ff. sowie *Burger,* S. 93ff.

17 s. insb. BAG v. 24. 3. 1983, a.a.O.

18 Zur sozialen Gerechtigkeit s. *Kühn.*

2. Differenzierung in Geldwert i.e.S. und Geldwert i.w.S. – Modifizierte Version der Geldwerttheorie von *Ehmann*

a) Der Geldwert i.e.S.

Die Arbeit hat für jeden arbeitenden Menschen einen gewissen Wert. Unter dem Begriff *Geldwert* versteht *Ehmann* die finanzielle Bedeutung, die die ausgeübte Tätigkeit für den einzelnen ArbN hat. Verliert er seinen Arbeitsplatz, so erhält er in Ermangelung eines bestehenden rechtsgültigen Arbeitsverhältnisses kein Arbeitsentgelt mehr. Zwar ist unser Sozialversicherungssystem so ausgebaut, daß der Gekündigte nicht auf einen Schlag vor dem finanziellen Ruin steht und ausschließlich auf Eigenmittel zurückgreifen muß, sondern er kann regelmäßig beim Arbeitsamt Arbeitslosengeld nach §§ 100ff. AFG beantragen, das er auch ohne größeren bürokratischen Aufwand umgehend erhält[19]. Doch beträgt diese soziale Leistung nicht 100% des letzten Monatslohns, sondern nur 68% (Empfänger mit mind. 1 Kind) bzw. 63% (Empfänger ohne Kind) des Nettolohnes[20]. Würde der ArbN unabhängig von der Erbringung seiner Arbeitsleistung in jedem Fall am Monatsende den gleichen Betrag in der Lohntüte haben, so müßte der Geldwert der Arbeit mit „Null" angesetzt werden. M.a.W.: Unter dem Geldwert (Geldwert i.e.S.) versteht man zunächst einmal die durch den Wegfall des Arbeitsplatzes verursachte finanzielle Einbuße des ArbN, die regelmäßig in der Differenz (= 32% bzw. 37%) zwischen dem Lohn und der Lohnersatzleistung (= Arbeitslosengeld) besteht[21].

In der Mehrzahl der Fälle ist es so, daß der ArbN nicht nur sich selbst mit dem Lohn bzw. Lohnersatz versorgen muß, sondern eine Familie zu ernähren hat, die je nach den Umständen mehr oder weniger auf dieses Geld angewiesen ist. Da die Familie durch Art. 6 GG einen besonderen Schutz erfährt, genügt zur Berechnung des Geldwertes (i.e.S.) nicht allein die durch die Kündigung eintretende wirtschaftliche Einbuße für den ArbN, sondern diese muß in Bezug zum privaten Familienhaushalt des ArbN gesetzt werden. Es müssen mithin unter Berücksichtigung der Bezüge der im Familienhaushalt lebenden Angehörigen alle Ausgaben mit den Einnahmen vor und nach der Kündigung saldiert werden. Je stärker die pekuniären Einbußen sich auf den Haushalt auswirken, desto größer ist der Geldwert der Arbeit (i.e.S.) für den ArbN.

Der Vorteil dieser Auswahlart liegt in der Möglichkeit, die finanziellen Auswirkungen auf die verschiedenen ArbN-Haushalte exakt gegenüberstellen zu können. Um diese Vorzüge nutzen zu können, sind allerdings detail-

---

[19] § 100 I AFG.

[20] s. Tabelle „Arbeitslosengeld" für das Jahr 1984.

[21] Vgl. auch *Ehmann*, BlStSozArbR 1984, S. 211.

lierte Angaben über die wirtschaftliche Situation des ArbN und seiner im Haushalt lebenden Angehörigen erforderlich. Es empfiehlt sich, mittels eines Fragebogens die benötigten Fakten bereits bei der Einstellung des ArbN zu erfragen[22]. Selbstverständlich müssen diese stets aktualisiert werden, um den unabdingbaren hohen Aussagewert zu erhalten. Dabei ist es unausführbar und überflüssig, in jedem Fall auf Mark und Pfennig das tatsächliche Ausgabeverhalten zu erfahren. Vielmehr müssen für verschiedene Ausgabeposten Pauschalwerte eingesetzt werden, so z.B. für Nahrungsmittel, Kleidung und den sonstigen Privaten Verbrauch[23]. Dagegen sollten die laufenden Ausgaben für Mieten, Hypothekenschulden usw. mit ihrer tatsächlichen Höhe eingebracht werden, soweit sie nicht völlig außerhalb der Norm liegen. Die Einnahme der Haushalte, die auf regelmäßigen Zuwendungen beruhen, sind dagegen voll in das Saldo einzustellen.

Die den Familien zustehenden Vermögenswerte spielen bei der Ermittlung des Geldwertes i.e.S. keine Rolle; auf sie wird erst bei der Auswahl nach dem Geldwert i.w.S. eingegangen.

Hat man den geldlichen Wert der Arbeit für die einzelnen ArbN und deren Familien mittels eines speziell entwickelten Auswertungsbogens[24] eruiert, so werden die Daten der vergleichbaren[25] ArbN gegeneinander abgewogen. Hat man die nötigen aktuellen Informationen, so kann der ArbGeb genau feststellen, welcher ArbN-Haushalt durch die Kündigung im wirtschaftlichen Bereich am stärksten betroffen ist.

Am sozial schutzwürdigsten ist in dieser ersten Vorauswahlstufe derjenige, für den die finanziellen Einbußen nicht mehr bloß in die Sparraten oder Luxusausgaben eingreifen, sondern wo an Kleidung und schließlich an Nahrung gespart werden muß. In der Regel wird demnach derjenige von der Kündigung am härtesten getroffen, der mit seinem Lohnersatz die meisten Unterhaltsberechtigten versorgen muß und der der alleinige Unterhalter der Familie ist.

Folgende Daten, die qua Fragebogen ausfindig zu machen sind, können für die Ermittlung des Geldwertes i.e.S. von Bedeutung sein:

- Familienstand, Größe und Zusammensetzung des Familienhaushalts, Zahl der unterhaltsberechtigten und -verpflichteten Personen
- Familieneinkommen
- Ausgaben und Aufwendungen der im Haushalt lebenden Personen

---

22 Ein Musterexemplar des Fragebogens findet sich auf S. 112ff.

23 Eine detaillierte Auflistung der Gegenstände des Privaten Verbrauchs findet sich in: Einkommens- und Verbrauchsstichproben 1978, FS. 15, Heft 5, Aufwendungen privater Haushalte für den Privaten Verbrauch, S. 8ff. (Hrsg. *Stat. Bundesamt*).

24 Siehe S. 114ff.

25 Da nur unter diesen eine Auswahl stattfindet, s. S. 31f.

- Verschuldungen, Pfändungen
- Erwerbsminderung infolge Arbeitsunfalles oder Berufskrankheit und damit im Zusammenhang stehende Unfallrenten
- evtl. Arbeitsmarktchancen

Um das Verfahren zu beschleunigen, könnten – insbesondere in größeren Betrieben – die Daten elektronisch verarbeitet werden. Die damit in Zusammenhang stehenden Probleme werden ebenso wie die Einzelheiten, die sich mit den Fragen zum Geldwert i.e.S. beschäftigen, im weiteren Verlauf der Arbeit ausführlich behandelt.

b) Der Geldwert i.w.S.

Die Vermögenslage der ArbN-Haushalte soll bei der Geldwertberechnung i.e.S. keinen Einfluß gewinnen. Es erscheint aber auch nicht gerechtfertigt, während des gesamten Auswahlverfahrens diesem Gesichtspunkt überhaupt keine Beachtung zu schenken. Hat man eine Vorauswahl nach dem Geldwert i. e.S. und dem Persönlichkeitswert[26] getroffen, so sollte in der 3. Auswahlstufe den Vermögensbeständen Bedeutung zugemessen und insbesondere die Art und Weise ihrer Erlangung ausgewertet werden. Dabei sind unter den ArbN, die sich ein gewisses Vermögen angeschafft haben, diejenigen sozial am schutzbedürftigsten, die dafür hart gearbeitet haben oder, durch eisernes Sparen bedingt, verhältnismäßig bescheiden gelebt haben. Hat man ArbN zu vergleichen, von denen einer Vermögen besitzt, das über die Freigrenze hinausgeht (zu den Freibeträgen s. S. 97f.), der andere dagegen nicht und auf Sozialhilfeleistungen Anspruch hat, so ist letzterer im Verhältnis schutzwürdiger und von der Kündigung zu verschonen. Hat der Unvermögende dagegen keine Ansprüche auf die staatliche Unterstützung, so bleibt das Vermögen für den Sozialvergleich unbeachtlich.

Auch wenn es wegen der zum Teil auftretenden Härten unbefriedigend erscheinen mag, so läßt es sich dennoch nicht immer vermeiden, die Vermögenslage mit in die Auswahl einzubeziehen. Denn unserem Sozialstaat[27] ist es immanent, Bedürftige durch soziale Leistungen zu unterstützen, um „soziale Sicherung“[28] zu erreichen. Würde man die Vermögensverhältnisse in keiner Weise in Anschlag bringen, so wäre u.U.[29] der Staat zur Hilfe verpflichtet, obwohl der ArbN – wenn auch unter Verlust vielleicht hart erarbeiteter Vermögenswerte – sich und seine Familie selbst gut ernähren könnte. Unter den dadurch auftretenden riesigen finanziellen Belastungen

---

[26] Einzelheiten S. 99ff.

[27] s. Art. 20 GG: Die Bundesrepublik Deutschland ist ein ... sozialer Bundesstaat.

[28] Vgl. *Thieler*, S. 1.

[29] Bei sozialer Not.

müßte der Staat unweigerlich durch das Zusammenbrechen sämtlicher sozialer Sicherungssysteme kollabieren[30].

c) Der Persönlichkeitswert der Arbeit

Eine Auswahl allein nach den finanziellen Auswirkungen der Kündigung genügt den Ansprüchen an soziale Gerechtigkeit nicht. *Ehmann* erkennt der Arbeit noch einen weiteren Wert zu, den er mit dem Persönlichkeitswert der Arbeit umschreibt, d.h. den im Beschäftigungsanspruch liegenden Wert der Arbeitsleistung für die Persönlichkeit des ArbN unabhängig vom Lohnanspruch. Zur Verdeutlichung sind die von *Ehmann* gebildeten Extrembeispiele angeführt[31].

„*Beispiel 1:*
Ein mehrfach rückfällig gewordener, ehemaliger Strafgefangener von 30 Jahren, ledig und ohne Kinder, ist erst drei Monate im Betrieb, war aber sehr tüchtig und zuverlässig und hat sich im Betrieb bewährt und offenbar ‚außerdienstlich' stabilisiert.

Beispiel 2:
Ein Hilfsarbeiter mit einer Frau und 10 Kindern erhält zusätzliche Sozialhilfe, weil sein Gehalt die Summe der ihm zustehenden Sozialhilfeleistungen nicht erreicht. Von herkömmlichen ‚Sekundärtugenden' beherrscht, geht er dennoch seit vielen Jahren regelmäßig und fleißig zur Arbeit und es ist sein Stolz, alles in seinen Kräften Stehende für den Unterhalt der Familie zu tun."

Würde man ausschließlich auf den Geldwert abstellen, so wäre es wahrscheinlich, daß beide ArbN – sicher wohl der Hilfsarbeiter, da dieser auch im Falle der Arbeitslosigkeit keine Mark Einkommenverlust hätte. Ob für den Strafgefangenen die Arbeit einen hohen oder geringen *Geldwert* hat, kann allerdings ohne eingehende Überprüfung nicht abschließend geklärt werden – in die nähere Auswahl derjenigen kommen, die ihren Arbeitsplatz verlieren.

Um ein allein sich am Geldwert orientierendes Ergebnis zu vermeiden, wird in einer 2. Auswahlstufe der Wert für die Persönlichkeit des ArbN ermittelt. In den *Ehmann'schen* Beispielen ist offenkundig, daß sowohl für den ehemaligen Strafgefangenen als auch für den Hilfsarbeiter die Arbeit eine außergewöhnliche Bedeutung für die Persönlichkeit hat.

Der Straftäter hat eine Aufgabe gefunden, die zur Stabilisierung seines labilen Charakters wesentlich beiträgt. Durch die Arbeit erlebt er ein Gefühl des „Gebrauchtwerdens" oder des „Sichnützlichmachens". Er wird als integriertes Mitglied einer Gruppe angesehen und respektiert. Würde er

---

[30] 1984 wurde allein Sozialhilfe in Höhe von 19 Milliarden DM in Anspruch genommen, s. *Der Spiegel*, Nr. 23/1985, S. 37 ff.; die Bundesanstalt für Arbeit hat 33 Milliarden DM 1984 aufgewendet, s. *FAZ* v. 28. 8. 1985, S. 10.

[31] BlStSozArbR 1984, S. 211.

in die Arbeitslosigkeit entlassen, so könnte er wieder sein inneres Gleichgewicht verlieren mit der Folge der erneuten Straffälligkeit. Die Tätigkeit hat unzweifelhaft für die Persönlichkeit des ArbN einen positiven Effekt und bei richtigem Verständnis von sozialer Schutzbedürftigkeit muß dieser ArbN von der betrieblichen Kündigung verschont bleiben. Eine Kündigung nach § 1 III 1 KSchG wäre sozial ungerechtfertigt und damit rechtsunwirksam.

Auch für die Persönlichkeit des Hilfsarbeiters ist die Arbeit von größter Wichtigkeit. Denn aufgrund seiner Einstellung ist es ihm eine Befriedigung, das in seinen Kräften Stehende für die Versorgung seiner Familie tun zu können. Er manifestiert, daß die Arbeit für ihn Wert an sich ist. Würde diesen Mann die Kündigung treffen, so wären negative Folgen für seine Persönlichkeit höchstwahrscheinlich, da er sich der geringen Bedeutung seines Schaffens für den Unterhalt der Familie bewußt würde.

Es soll nicht verhehlt werden, daß mit der Bemessung des Persönlichkeitswertes Schwierigkeiten verbunden sind, denn es ist wohl unmöglich, 100%ig genau den Wert der Arbeit für den einzelnen in Erfahrung zu bringen. Daher muß im Grunde davon ausgegangen werden, daß der Persönlichkeitswert regelmäßig für die vergleichbaren ArbN als gleichwertig anzusehen ist. Eine Berücksichtigung darf nur in besonders gelagerten Fällen erfolgen wie z.B. den Beispielen von *Ehmann*. Kommt man dabei zu der Erkenntnis, daß für die Persönlichkeit des ArbN die Arbeit einen überproportional großen Wert besitzt, so ist dieser ArbN ohne Rücksicht auf die wirtschaftliche Bedeutung aus dem Kreis der zur Kündigung Anstehenden auszuklammern.

Grundsätzlich soll auch eine Auswahl nicht nach dem Lebensalter und der Betriebszugehörigkeitsdauer vorgenommen werden. Diese in der bisherigen Praxis als unerläßlich[32] bezeichneten Kriterien werden auf anderer Ebene betrachtet und treten i.d.R. in den Hintergrund. Sie können allerdings ausnahmsweise auch allein entscheidend sein. Die Dauer der Betriebszugehörigkeit ist dabei als Element des Persönlichkeitswertes der Arbeit zu betrachten, das Lebensalter ist teilweise zu diesem Wert zu zählen. Erlangen diese herkömmlichen Daten nun Bedeutung, so sollten die Betriebspartner ohne Einschränkungen selbst bestimmen können (z.B. in Richtlinien), wie und in welcher Form sie diese Daten werten, und sie nicht genötigt werden dürfen, die althergebrachten Grundsätze zu übernehmen[33].

---

[32] Vgl. nur BAG v. 24. 3. 1983, a.a.O.

[33] Zu den Kündigungsauswahlrichtlinien s. § 9.

d) *Die betrieblichen Interessen*

Das BAG hat zwar in seinen jüngsten Entscheidungen[34] eine Abwägung der sozialen Aspekte mit den betrieblichen Belangen auf der Stufe des § 1 III 1 KSchG abgelehnt. In dem hier vorgestellten Auswahlsystem sollen dagegen in einer 4. Auswahlstufe soziale Gesichtspunkte mit betrieblichen Interessen im Rahmen des § 1 III 1 KSchG verglichen werden. Dies entspricht auch dem Wortlaut der Vorschrift[35], in der nur von einer „ausreichenden" Berücksichtigung sozialer Gesichtspunkte die Rede ist, e contrario auch andere Aspekte eine Rolle spielen können. Mit der Heranziehung der betrieblichen Belange erst auf der 4. Stufe wird verhindert, daß diese von vorneherein die Sozialauswahl beeinflussen und ein ungerechtfertigtes Übergewicht erhalten.

Zu den betrieblichen Interessen sind auch Leistungsgesichtspunkte und Fehlzeiten zu zählen. Ein detailliertes Eingehen auf die mit den betrieblichen Belangen zusammenhängenden Probleme erfolgt in § 7 der Arbeit.

e) *Die Einzelfallüberprüfung*

Die Auswahl nach diesem System endet mit der individuellen Anhörung der bis zuletzt übriggebliebenen ArbN, unter denen die Kündigungsentscheidung fallen soll. Da jedes Schema unvollkommen ist und Fälle denkbar sind, denen es nicht gerecht wird, muß, um Einzelfallgerechtigkeit zu erreichen[36], den ArbN die Möglichkeit gegeben werden, sich zur Sache zu äußern.

III. Computer-Kompatibilität und rechtliche Probleme des Auswahlsystems

Inwieweit dieses Auswahlsystem computer-kompatibel ist und nicht mit datenschutzrechtlichen bzw. betriebsverfassungsrechtlichen Vorschriften kollidiert, bleibt der Untersuchung unter § 10 vorbehalten.

---

[34] BAG v. 24. 3. 1983, a.a.O. und v. 20. 10. 1983, a.a.O.

[35] *Buchner,* DB 1983, S. 393.

[36] Daher sind auch Punktetabellen ungeeignet, da sie zu stark schematisieren.

§ 4 Erfassung des Geldwertes i. e. S.

Die soziale Auswahl bei betriebsbedingten Kündigungen nach § 1 III KSchG sollte sich in der ersten Vorauswahlstufe nach dem Geldwert der Arbeit i. e. S. richten.

I. Die entscheidungserheblichen Daten

Um die wirtschaftlichen Auswirkungen einer Kündigung zu erfassen, müssen die Daten vom ArbN eruiert werden, aus denen sich die materielle Situation des Familienhaushaltes ersehen läßt. Dazu gehören in erster Linie die Familieneinkünfte, die finanziellen Belastungen sowie das gesamte Ausgabeverhalten der ArbN und ihrer Familien. Eventuell können auch die Arbeitsmarktchancen von Bedeutung sein.

1. Probleme bei der Erfassung der Daten

Um dem Prinzip dieses Auswahlsystems gerecht werden zu können, müssen die ArbN eine Vielzahl personenbezogener Daten den zuständigen Stellen (Personalabteilung, ArbGeb) zugänglich machen. Zwei Probleme sind dabei zu überwinden: Zum einen ist zu überprüfen, ob die Erhebung dieser Daten nicht gegen datenschutzrechtliche oder andere gesetzliche Bestimmungen verstößt. (Zur Grenze der Erfassung von ArbN-Daten s. § 8). Zum anderen müssen die ArbN bereit sein, ihre Familienverhältnisse in dieser umfassenden Weise offenzulegen. Es entsteht ein Zielkonflikt zwischen sozialer Gerechtigkeit, deren Beachtung nach § 1 III 1 KSchG dem ArbGeb obliegt, und Datenschutzinteressen der Beteiligten.

An dieser Stelle interessiert vorerst nur, *welche* Daten verwertet werden müssen, um den Geldwert für die ArbN und deren Haushalte optimal ermitteln zu können.

2. Allgemeine Daten zur Person und Zusammensetzung des Haushaltes

Fragen, die sich auf den Familienstand, Größe und Zusammensetzung des Familienhaushaltes beziehen, sind als Vorabinformation unerläßlich, um erkennen zu können, wieviele Personen vom Lohn des ArbN und den eventuellen sonstigen Einkünften leben.

3. Daten, die unmittelbar der Errechnung des Geldwertes i. e. S. dienen

a) Das Familieneinkommen

Da die Mehrzahl der ArbN nicht nur für sich alleine zu sorgen hat, sondern einem Familienverband angehören, aus dem sich Unterhaltspflichten und -rechte herleiten lassen, sind in das Saldo nicht nur die Einkünfte des ArbN einzustellen, sondern alle laufenden Einnahmen, die die Mitglieder des Familienhaushaltes erzielen. Dabei sind der Einfachheit halber die Nettoeinnahmen zu ermitteln, so daß bei der anschließenden Saldierung mit den Familienausgaben nicht noch die Leistungen an den Staat (Steuern) bzw. – im Falle von in unselbständiger Arbeit erhaltenem Lohn der Angehörigen – die arbeitnehmeranteiligen Pflichtbeiträge zur Sozialversicherung abgezogen werden müssen. Die so eruierten Beträge verkörpern das tatsächliche Nettoeinkommen des Familienhaushaltes, sind folglich gleichzusetzen mit den ausgabefähigen zur Verfügung stehenden Geldmitteln.

aa) Einkünfte des Haushaltes, die das Familieneinkommen bilden

- Nettolohn des ArbN
- Nettolohn eines Familienmitgliedes aus hauptberuflicher unselbständiger Arbeit
- Einkommen des ArbN oder eines Familienangehörigen aus nebenberuflicher unselbständiger Arbeit (z. B. Hausmeistertätigkeit)
- Laufendes Einkommen des ArbN oder eines Familienmitgliedes aus Unternehmertätigkeit
- Laufendes Einkommen aus Vermögen
- Gewinnbeteiligung als Kommanditist oder (stiller) Gesellschafter an einer Gesellschaft
- Laufende Einnahmen aus Vermietung oder Verpachtung von Wohnungen, Büro- und Praxisräumen, Läden und anderen gewerblich genutzten Räumen u. ä.
- Zahlungen an ArbN oder Familienangehörige aus öffentlichen Kassen, z. B.:
  (a) Renten der gesetzlichen Rentenversicherung (z. B. Renten wegen Berufs- und Erwerbsunfähigkeit, Altersruhegeld, Knappschaftsruhegeld, Altersgeld, Landabgaberente für landwirtschaftliche Unternehmen aus der landwirtschaftlichen Rentenversicherung, Hinterbliebenenrenten)

(b) Pflegegeld der privaten Krankenversicherung aus der Pflegekostenversicherung[1]
(c) Pflegerenten der Lebensversicherungen[2]
(d) Öffentliche Pensionen (z.B. Ruhegehälter, Unfallruhegehälter, Witwen- (Witwer-), Waisengeld, Unterhaltsbeitrag an früheren Ehegatten von verstorbenen Beamten)
(e) Renten aus Zusatzversorgungskassen des öffentlichen Dienstes (z.B. Versorgungs- bzw. Versicherungsrenten)
(f) Renten der gesetzlichen Unfallversicherung (z.B. Verletztenrente, Hinterbliebenenrente)
(g) Versorgung nach dem BundesversorgungsG[3] (z.B. Kriegsopferrenten, Soldatenversorgung)
(h) Laufende Geldleistung nach dem AFG (z.B. Berufsausbildungsbeihilfe, Unterhaltsgeld zur individuellen Förderung der beruflichen Fortbildung, Konkursausfallgeld, Übergangsgeld der berufsfördernden Maßnahme zur Rehabilitation, Arbeitslosengeld, Arbeitslosenhilfe, Kurzarbeitergeld)
(i) Wohngeld nach dem WohngeldG[4]
(j) Jugendhilfe nach dem JugendwohlfahrtsG[5]
(k) Kindergeld nach dem BundeskindergeldG[6]

- Werkspensionen, Werksrenten, laufende Unterstützungen und ähnliche laufende Bezüge aus einem früheren Arbeitsverhältnis als Arbeiter oder Angestellter, die entweder unmittelbar vom Betrieb oder von einer Pensions- oder Unterstützungskasse an ArbN oder Familienmitglied gezahlt werden
- Laufende Einnahmen aus Lebensversicherungen, z.B. Renten u.ä., laufende Leistungen aus Lebensversicherungsverträgen einschl. privater Rentenversicherungsverträgen
- Laufende Geldleistungen von anderen privaten Haushalten, z.B. Unterstützungs- und Unterhaltszahlungen von nicht im Haushalt lebenden Familienangehörigen, vom geschiedenen Ehepartner und anderen Personen, Alimentenzahlungen u.ä.
- Sonst. laufenden Einnahmen des ArbN bzw. Familienmitgliedes (z.B. Einnahmen aus dem Verkauf von im Haushalt erzeugten Waren).

---

[1] Vgl. dazu *FAZ* v. 24. 6. 1985, S. 11; zum Gesetzentwurf einer allgemeinen Pflegeversicherung s. *Der Spiegel,* Nr. 33, S. 37ff.
[2] *Der Spiegel,* Nr. 33, S. 37ff.
[3] BundesversorgungsG i.d.F. v. 22. 6. 1976, BGBl. I 1976, S. 1633ff.
[4] WohngeldG v. 14. 12. 1970 i.d.F. v. 21. 9. 1980, BGBl. I 1980, S. 1741.
[5] JugendwohlfahrtsG v. 9. 7. 1922 i.d.F. v. 25. 4. 1977, BGBl. I 1977, S. 633ff.
[6] BundeskindergeldG v. 31. 1. 1975, BGBl. I 1975, S. 412ff.

bb) Einkünfte, die nicht zum Familieneinkommen zu rechnen sind

Auf eine bedeutsame Einschränkung hinsichtlich der Anrechnungsfähigkeit der Einkünfte muß hingewiesen werden. Sind z.B. Kinder vorhanden und erhalten diese regelmäßige Geldzuwendungen von Dritten (Onkel, Pate etc.), die dazu bestimmt sind dem Kind als Startkapital zu dienen (z.B. mit Erreichen der Volljährigkeit oder als Ausbildungshilfe), so darf dieses Geld nicht auf der Einnahmeseite des Haushaltes verbucht werden, denn diese Mittel sollen nicht dazu verwendet werden, den Unterhalt der Familie mitzutragen. Dasselbe muß für regelmäßige Geldgeschenke geringen Ausmaßes gelten, die dem Minderjährigen auch ohne Zweckbestimmung von Seiten Dritter zugedacht werden[7].

Dagegen sind Renten von im Haushalt lebenden Personen, wie z.B. Eltern oder Schwiegereltern voll zu berücksichtigen, da sie den Zweck verfolgen, dem Rentenempfänger als Lebensgrundlage zu dienen.

cc) Zusammenfassung

Abschließend kann resümiert werden, daß grundsätzlich alle Familieneinkünfte bei der Berechnung des Geldwertes i.e.S. auf der Habenseite zu berücksichtigen sind, die ihrer Zweckbestimmung nach mehr oder weniger dem Lebensunterhalt dienen sollen. Auszuklammern sind nur die Zuwendungen, die einen völlig konträren Zweck erfüllen sollen, wie die Starthilfe für die Kinder, soweit sie von Dritten dem Begünstigten oder den Eltern zur Verwahrung zufließen.

b) Die Ausgaben des ArbN-Haushaltes

Grundsätzlich sind alle vom Familienhaushalt getätigten Aufwendungen zu erfassen und in das Saldo einzustellen. Für einige Ausgabeposten müssen abweichend Pauschalsätze festgelegt werden, die vom Familiennettoeinkommen abhängig sein müssen[8]. Zu diesen gehören in erster Linie die Aufwendungen für Nahrungsmittel, Kleidung und sonstige Güter für den Privaten Verbrauch[9]; denn da die tatsächlichen monatlichen Ausgaben nicht exakt ohne erheblichen Aufwand festgestellt werden können – sie können von Monat zu Monat erheblich variieren –, wäre eine präzise Ermittlung nicht sinnvoll. Der Erfolg würde den Aufwand nicht rechtfertigen.

---

[7] Vgl. § 1602 II BGB.

[8] Z.B. für den Privaten Verbrauch, S. 88 ff.

[9] Vgl. auch S. 85.

Von diesen Sonderfällen abgesehen sollten die tatsächlich bestehenden Lasten in Rechnung gestellt werden. Dies gilt in besonderem Maße für Mietausgaben, Hypothekenschulden (wenn das Grundstück mit dem Grundpfandrecht belastet worden ist, um z. B. einen Kredit zur Eigenheimfinanzierung zu erhalten) sowie Unterstützungs- und Unterhaltszahlungen an nicht im Haushalt lebende Familienangehörige oder sonstige Berechtigte.

Gewisse Schuldtilgungslasten, insbesondere für aufwendige Luxusgüter, die außerhalb des Rahmen dessen liegen, was man üblicherweise als normal bezeichnet, sind zwar zunächst in voller Höhe zu erfassen, können aber nicht einen höheren Geldwert für den ArbN begründen, da sie nicht als „sozialer Gesichtspunkt" schutzwürdig machen sollen. Denn unverhältnismäßige Ausgaben können dem ausgabefreudigen ArbN nicht gegenüber dem bescheidenen und verantwortungsbewußten Kollegen zum Vorteil gereichen. Wann diese Verbindlichkeiten nun den Geldwert i. e. S. beeinflussen können, muß im Einzelfall entschieden werden; bestenfalls kann der Rahmen vorweg durch Richtlinien abgesteckt werden.

Die nachfolgenden Ausgaben der ArbN-Haushalte sind für die Geldwertberechnung hauptsächlich essentiell:

- Ausgaben für freiwillige Versorgungsbeiträge (z. B. zu Pensions-, Sterbe-, Versorgungs-, Alterskassen u. ä., zur gesetzl. Krankenversicherung, zur gesetzlichen Rentenversicherung, zur privaten Krankenversicherung)
- Beiträge zu sonstigen Privatversicherungen
- Prämien für die Kraftfahrzeugversicherung (z. B. Haftpflicht-, Insassenversicherung)
- Steuern wie Kfz.-Steuer, Hunde-, Jagdsteuer (nicht: Lohnsteuer)
- Beiträge an private Organisationen ohne Erwerbscharakter (wie: kirchl. Organisationen, Organisationen der Wohlfahrtspflege, Schul-, Jugend-, Sportvereine, Gewerkschaften, politische Parteien)
- Unterstützungs- und Unterhaltszahlungen an nicht im Haushalt lebende Familienangehörige, geschiedene Ehepartner und andere Pesonen, Alimentenzahlung u. ä.
- Ausgaben für Vermögensbildung (Einzahlungen auf prämienbegünstigte und sonstige Sparbücher, Einzahlungen auf Bausparverträge, Käufe von Wertpapieren, Prämien für Lebensversicherungen u. ä.)
- Mietaufwendungen
- Kreditrückzahlung (Tilgung und Zinsen)
  Dazu sind zu zählen: Ratenschulden (Teilzahlungs- und Warenkredite), Darlehen bei Bausparkassen, Hypotheken, Baudarlehn und sonstige zum Bau, zum Erwerb oder zur Instandsetzung von privaten Grundstücken,

Gebäuden und Eigentumswohnungen verwendete Kredite bei Bausparkassen, Anschaffungskredite, Kleinkredite, Darlehn der Versicherungsunternehmen bzw. Darlehn des Staates, Pfand- und Leihhauskredite, Arbeitgeberdarlehn

- Ausgaben aller im Haushalt lebenden Personen für den Privaten Verbrauch. Dazu gehören[10]:
  (a) Nahrungs- und Genußmittel
  (b) Kleidung und Schuhe
  (c) Elektrizität, Gas, Brennstoffe u. ä.
  (d) Übrige Waren für die Haushaltsführung
  (e) Waren und Dienstleistungen für Verkehrszwecke und Nachrichtenübermittlung
  (f) Waren und Dienstleistungen für die Körper- und Gesundheitspflege
  (g) Waren und Dienstleistungen für Bildungs- und Unterhaltungszwecke
  (h) Persönliche Ausstattung u. ä.
- Regelmäßige Mehrausgaben, z. B. für behindertes Kind, pflegebedürftiges Haushaltsmitglied usw.
- Lohnpfändung
- Reine Luxusausgaben

Zusammenfassend läßt sich sagen, daß alle regelmäßigen Ausgaben des ArbN und seiner Familienangehörigen entweder in ihrer tatsächlichen Höhe oder mit einem vorher festzusetzenden Pauschalbetrag in das Saldo eingestellt werden müssen, um den Geldwert i. e. S. für die einzelnen ArbN eruieren zu können.

c) Die Arbeitsmarktchancen

Die Chancen der zur Kündigung in Betracht kommenden ArbN auf eine neue gleichwertige Arbeitsstelle ist für den Geldwert i. e. S. nicht vollkommen bedeutungslos[11]. Allerdings wird der Geldwert nur für den ArbN als sehr gering bewertet, der *konkret* einen neuen äquivalenten Arbeitsplatz in Aussicht hat, im Falle der Kündigung also unmittelbar das neue Arbeitsverhältnis beginnen kann. Eine bloße Aussicht oder gar nur ein guter Arbeitsmarkt für den betroffenen Berufsstand genügt den Anforderungen nicht und kann daher auch nicht in diesem Rahmen Berücksichtigung finden. Eine großzügigere Betrachtungsweise würde die These von der Geldwerttheorie verwässern, da aufgrund der Unsicherheit, ob der ArbN in ein neues

---

[10] Die acht Posten sind nur eine grobe Gliederung; s. auch § 3 Fn. 23.

[11] Vgl. insofern nur § 112 V BetrVG i. d. F. des Beschäftigungsförderungsgesetzes v. 26. 4. 1985, BGBl. I 1985, S. 710, nachdem der ArbN bei Entlassung nicht einmal Sozialplanabfindung erhält.

Arbeitsverhältnis eintritt, nicht mehr mit exakten feststehenden und nachvollziehbaren Beträgen der Geldwert so genau errechnet werden könnte. Der entscheidende Vorteil dieses Auswahlsystems wäre fortgefallen.

4. Daten, die keine Bedeutung für die Errechnung des Geldwertes i. e. S. haben

Wie bereits unter § 3 II 2 (S. 76) erwähnt, sind die Vermögensverhältnisse der ArbN-Haushalte für die Geldwertermittlung i. e. S. ohne Belang. Auf sie wird in einer dritten Auswahlstufe gesondert eingegangen.

Ebenfalls unbeachtlich sind eventuell bestehende Anwartschaften der ArbN auf eine betriebliche Altersversorgung[12]. Denn unabhängig vom Fortbestehen des Arbeitsverhältnisses ist die Versorgungsanwartschaft unverfallbar, sofern die in § 1 BetrAVG[13] normierten Voraussetzungen der Unverfallbarkeit vorliegen. Dabei spielt es keine Rolle, aus welchen Gründen das Arbeitsverhältnis endet, der ArbN also auch seine Versorgungsanwartschaft behält, wenn ihm aus betrieblichen Gründen gekündigt wird[14]. Hat der ArbN die Unverfallbarkeitswartezeit[15] erfüllt, so erleidet er durch den Verlust des Arbeitsplatzes nur insofern einen Schaden, als er nach der ratierlichen Berechnungsmethode gem. § 2 BetrAVG nur in den Genuß eines Teiles der Altersversorgung kommt, des Teiles während er in den Diensten des ArbGeb stand[16]. Es ist selbstverständlich, daß der ArbN, wenn er z. B. nach 20 Jahren ausscheidet, von der möglichen 40jährigen Dauer des Arbeitsverhältnisses nur einen Anspruch auf 20 × 1/40 des Ruhegeldes hat und nicht die Versorgung für die vollen 40 Jahre erhält. Dieses Ergebnis rechtfertigt sich sowohl aus der Entgelttheorie als auch aus der Fürsorgetheorie.

Der Schaden, den der ArbN durch ein vorzeitiges Ausscheiden hinnehmen muß – nach der Berechnung pro rata temporis geringeres Ruhegeld, errechnet nach dem vorzeitigen Austreten aus den Diensten des ArbGeb – ist bei der Ermittlung des Geldwertes irrelevant. Denn ansonsten würde – entgegen den Grundsätzen dieses Auswahlsystems – der Betriebszugehörigkeitsdauer ein überproportional großer Stellenwert zugesprochen, denn mit zunehmender Dauer des Beschäftigungsverhältnisses erhöht sich prozentual der Anspruch auf die betriebliche Altersversorgung. Dieser Gesichtspunkt muß daher außer acht bleiben; weitgehend gemildert werden die materiellen Nachteile durch das BetrAVG.

---

[12] Zur betrieblichen Altersversorgung s. *Arbeitsgemeinschaft für betriebliche Altersversorgung,* Handbuch der betrieblichen Altersversorgung.

[13] v. 19. 12. 1974, geändert v. 13. 4 1984, BGBl. I 1984, S. 3610.

[14] s. *Höfer / Abt,* § 1 Rz. 166f.

[15] Vorauss.: § 1 BetrAVG.

[16] Zur ratierlichen Berechnungsmethode oder Quotierungsprinzip: *Höfer / Abt,* § 2 Rz. 7ff.

II. Auswertung der Daten – Bestimmung des Geldwertes i. e. S. für die einzelnen ArbN und Gegenüberstellung der ArbN-Haushalte

Nachdem man detailliert die Einkommensstruktur und das Ausgabeverhalten der Familienhaushalte ermittelt hat, wird der Geldwert mittels eines speziell entwickelten sog. Auswertungsbogens[17] für die betroffenen ArbN errechnet (s. Musterbeispiel). Im Anschluß daran sind die ArbN, die für die betriebliche Kündigung in Betracht kommen, gegenüberzustellen oder genauer gesagt nach dem geldlichen Wert ihrer Arbeit miteinander zu vergleichen. Am schutzwürdigsten und damit von der Kündigung zu verschonen sind die ArbN, bei denen die finanziellen Einbußen nicht mehr bloß in die Sparraten oder Luxusausgaben eingreifen, sondern deren Haushalte an Kleidung oder gar Nahrung sparen müssen. Geringe Unterschiede (etwa 100,—) bei der pekuniären Betroffenheit können unberücksichtigt bleiben mit der Folge, daß sich daraus keine besondere Schutzbedürftigkeit ergibt. Unter den noch nicht ausgeschiedenen ArbN muß im weiteren Verlauf des Auswahlverfahrens der zu Entlassende herausfiltriert werden.

[17] Siehe S. 114 ff.

III. Anhang: Pauschalbeträge für den Privaten Verbrauch[18]

Tabelle 1

Monatliche Aufwendungen für den Privaten Verbrauch nach Nettoeinkommen und Haushaltsgröße (Privater Verbrauch insgesamt)

Monatl. Nettoeinkommen des Haushalts (ausgabefähiges Einkommen und Einnahmen)	Haushaltsgröße				
	1	2	3	4	5
800 - 1 000	833,77	868,53			
1 000 - 1 200	975,55	1 034,67	1 205,15		
1 200 - 1 400	1 160,07	1 188,48	1 305,32		
1 400 - 1 600	1 283,30	1 377,10	1 556,36	1 590,04	
1 600 - 1 800	1 468,21	1 527,48	1 601,61	1 660,26	
1 800 - 2 000	1 573,14	1 668,74	1 854,12	1 846,35	1 712,06
2 000 - 2 200	1 675,55	1 829,29	1 906,36	1 922,34	1 804,94
2 200 - 2 500	1 853,03	1 986,39	2 109,75	2 163,84	2 093,11
2 500 - 3 000	2 098,63	2 256,72	2 385,14	2 439,76	2 371,65
3 000 - 3 500	2 347,61	2 559,09	2 689,36	2 729,70	2 723,15
3 500 - 4 000	2 550,52	2 911,06	2 956,78	3 096,36	3 014,93
4 000 - 4 500	2 760,99	3 163,73	3 289,49	3 341,84	3 356,46
4 500 - 5 000	3 127,40	3 476,00	3 481,90	3 648,13	3 635,14
5 000 - 10 000	3 183,36	3 921,10	4 060,42	4 217,50	4 395,51

[18] Quelle: *Statistisches Bundesamt* (Hrsg.), Einkommens- und Verbrauchsstichproben 1978, FS. 15, Heft 5, Aufwendungen privater Haushalte für den Privaten Verbrauch, Tab. 1.1.3. - 1.1.16. (S. 52 - 65).

Tabelle 2

Monatliche Aufwendungen für den Privaten Verbrauch nach Nettoeinkommen und Haushaltsgröße

Schlüssel für Privaten Verbrauch: Nahrungs- und Genußmittel (1), Kleidung und Schuhe (2), Elektrizität, Gas, Brennstoffe u. ä. (3), übrige Waren und Dienstleistungen für die Haushaltsführung (4), Waren und Dienstleistungen für Verkehrszwecke und Nachrichtenübermittlung (5), Waren und Dienstleistungen für die Körper- und Gesundheitspflege (6), Waren- und Dienstleistungen für Bildungs- und Unterhaltszwecke (7), persönliche Ausstattung u. ä. (8).

Monatliches Nettoeinkommen des Haushalts		Haushaltsgröße				
		1	2	3	4	5
unter 1 600	(1)	314,19	440,19	478,69	535,70	–
	(2)	122,02	111,58	123,01	101,25	–
	(3)	90,54	109,84	113,72	118,66	–
	(4)	138,05	147,82	139,23	138,93	–
	(5)	134,16	130,33	227,93	226,68	–
	(6)	66,87	46,43	41,40	34,86	–
	(7)	100,84	84,39	126,28	93,51	–
	(8)	76,94	47,26	30,38	–	–
1 600 - 1 800	(1)	353,70	464,57	511,25	533,89	–
	(2)	134,75	129,59	123,03	122,07	–
	(3)	91,70	115,26	122,86	123,50	–
	(4)	172,83	164,59	168,88	133,27	–
	(5)	194,20	161,51	189,55	213,76	–
	(6)	72,23	52,52	45,30	24,38	–
	(7)	118,27	105,38	114,55	133,60	–
	(8)	83,15	69,03	36,06	22,70	–
1 800 - 2 000	(1)	364,35	482,65	547,78	570,40	624,37
	(2)	138,76	150,87	147,—	156,39	139,99
	(3)	96,35	115,37	124,94	128,36	130,08
	(4)	179,57	189,33	191,42	157,11	144,37
	(5)	219,70	199,06	310,90	300,49	198,82
	(6)	70,90	66,65	52,82	54,40	30,11
	(7)	131,75	108,61	139,15	166,80	144,48
	(8)	97,77	74,26	49,82	40,31	19,03
2 000 - 2 200	(1)	372,77	526,07	567,65	613,86	656,31
	(2)	166,90	165,54	163,68	162,64	163,55
	(3)	102,18	122,56	128,93	132,12	134,92
	(4)	194,06	199,51	204,49	171,93	143,97
	(5)	207,31	242,23	289,82	280,41	223,16
	(6)	88,45	74,41	54,08	58,51	39,83
	(7)	149,79	120,91	139,08	159,14	122,36
	(8)	109,59	75,25	58,20	47,35	30,48
2 200 - 2 500	(1)	383,34	536,54	603,88	646,62	696,71
	(2)	172,01	182,94	182,53	189,54	194,88
	(3)	98,63	122,32	130,92	141,16	146,11
	(4)	217,97	230,13	239,26	209,61	180,05
	(5)	281,58	294,83	339,17	344,91	273,96
	(6)	103,69	27,85	69,60	63,33	47,83
	(7)	170,26	135,79	160,04	171,97	161,48
	(8)	121,47	91,97	63,90	60,40	40,53

Tabelle 2 (Fortsetzung)

Monatliches Nettoeinkommen des Haushalts		Haushaltsgröße				
		1	2	3	4	5
2 500 - 3 000	(1)	401,09	579,48	651,03	684,50	756,76
	(2)	179,55	208,60	218,12	224,90	219,14
	(3)	112,44	127,38	138,40	147,44	156,31
	(4)	254,55	270,55	267,46	258,39	219,62
	(5)	341,62	366,27	413,98	401,69	544,84
	(6)	137,85	105,93	82,95	77,46	55,95
	(7)	201,58	163,79	183,25	199,66	176,88
	(8)	132,33	108,22	84,35	70,30	51,16
3 000 - 3 500	(1)	448,46	616,27	687,—	721,52	817,53
	(2)	184,23	253,02	249,90	252,06	258,90
	(3)	119,38	134,55	144,51	157,15	172,29
	(4)	294,70	318,87	308,32	295,54	273,12
	(5)	395,48	450,04	499,65	468,16	404,42
	(6)	146,74	129,18	101,92	99,98	79,72
	(7)	192,44	191,29	213,—	227,06	204,41
	(8)	190,55	130,60	107,89	88,60	67,79
3 500 - 4 000	(1)	439,79	660,21	721,38	780,54	883,27
	(2)	191,69	266,11	288,49	292,25	285,74
	(3)	124,04	140,29	151,86	164,26	179,84
	(4)	366,97	365,10	349,38	359,57	294,60
	(5)	448,89	522,52	549,28	545,11	488,56
	(6)	159,57	172,95	117,14	117,67	89,26
	(7)	210,02	228,33	238,26	264,45	229,51
	(8)	188,09	152,64	129,86	115,89	87,60
4 000 - 4 500	(1)	467,34	679,30	752,13	824,58	943,38
	(2)	226,98	289,35	310,40	314,65	316,97
	(3)	133,54	145,91	163,27	173,03	187,06
	(4)	415,75	381,60	384,69	378,42	353,07
	(5)	476,46	598,20	664,44	575,05	562,16
	(6)	171,40	194,18	152,51	145,86	113,37
	(7)	231,72	243,52	266,40	306,91	281,07
	(8)	195,65	194,72	143,18	128,35	95,19
4 500 - 5 000	(1)	455,71	715,85	782,11	859,45	971,96
	(2)	268,45	313,69	327,70	334,17	354,08
	(3)	131,77	155,12	164,19	178,95	195,01
	(4)	349,51	432,23	437,04	401,37	348,25
	(5)	874,64	646,96	676,53	700,78	650,08
	(6)	176,66	239,32	169,28	175,59	143,29
	(7)	227,97	282,04	270,20	323,95	305,40
	(8)	190,45	207,84	161,13	149,26	115,36
5 000 - 10 000	(1)	190,45	207,84	161,13	149,26	115,36
	(2)	218,72	365,97	392,05	410,16	421,36
	(3)	132,59	166,15	180,33	187,65	211,47
	(4)	344,92	519,02	505,83	478,82	477,08
	(5)	599,14	715,11	799,22	825,88	832,98
	(6)	200,15	253,75	236,65	196,54	207,13
	(7)	541,43	325,24	333,34	386,—	373,66
	(8)	190,66	266,68	219,36	210,90	167,24

§ 5 Erfassung des Geldwertes i. w. S.

Wie bereits angeschnitten[1], können die dem ArbN oder seinen Familienangehörigen zustehenden Vermögenswerte nicht zur Ermittlung des Geldwertes i. e. S. herangezogen werden. Es erscheint aber auch nicht gerechtfertigt, das Vermögen bei der sozialen Auswahl gem. § 1 III KSchG vollkommen außer acht zu lassen. Es empfiehlt sich, der Vorauswahl nach dem Geldwert i. e. S. (1. Stufe) und dem Persönlichkeitswert (2. Stufe) in einer 3. Auswahlstufe die Berücksichtigung der Vermögensverhältnisse folgen zu lassen. Mit der Heranziehung erst in der 3. Stufe wird verhindert, daß diese von vorneherein bei der Auswahl ein ungerechtfertigtes Übergewicht erhalten.

I. Veranschaulichung der Trennung Geldwert i. e. S. – Geldwert i. w. S.

Der entscheidende Grund für die Trennung Geldwert i. e. S. – Geldwert i. w. S. liegt in der Schwierigkeit begründet, das Vermögen der ArbN-Haushalte einheitlich zu bewerten. Denn es kann nicht gleichgültig sein, auf welche Art und Weise Vermögenswerte entstanden sind[2]. Der Geldwert i. e. S. sollte sich hauptsächlich aus den Haushaltseinnahmen und -ausgaben errechnen. Diesen Faktoren muß eine entscheidende Funktion eingeräumt werden, die in erster Linie die soziale Schutzbedürftigkeit begründen. Der Einfluß der Vermögensverhältnisse kann erst in einer 3. Stufe Bedeutung erlangen. Die Schwierigkeit, die mit der richtigen Bewertung des Vermögens entsteht und die eine Berücksichtigung für den Geldwert i. e. S. ausschließt, sei an nachstehendem Beispiel verdeutlicht:

ArbN A: Hausgrundstück, Wert 300 000,—
ArbN B: Hausgrundstück, Wert 250 000,—
ArbN C: kein eigenes Grundvermögen (auch nicht Familienmitglied)

Die ArbN A und B leben mit ihren Familien in den auf den Grundstücken gebauten Häusern; ArbN C wohnt zur Miete, die 700,— mtl. beträgt. Die drei ArbN haben die gleiche Anzahl Familienmitglieder zu versorgen, Einnahmen und Ausgaben entsprechen sich ungefähr. Verbindlichkeiten bestehen bei keinem der drei ArbN, insbesondere sind auch die Grundstücke nicht belastet. Weitere Vermögenswerte sind nicht vorhanden.

---

[1] Siehe S. 76.

[2] So insb. *Meisel* in: AP Nr. 12 zu § 1 KSchG 1969 – betriebsbedingte Kündigung (Anm., Nr. 8 a).

Da die Einnahmen und Ausgaben sich annähernd entsprechen, kann daraus nicht der sozial am wenigsten schützenswerte ArbN ausfindig gemacht werden, zumindest nicht in der 1. Stufe der Sozialauswahl. Würde man nun außerdem das Grundvermögen heranziehen, so wäre ArbN A der Vermögenste und damit der so errechnete Geldwert i. e. S. für ihn am geringsten. Das hieße, in der 1. Stufe würde A zur Kündigung anstehen, da er das größte Vermögen besitzt. Ausgehend von den nackten Zahlen könnte man dies sogar akzeptieren und als gerecht empfinden. Doch kann man nicht von den bloßen Vermögenswerten ausgehen, sondern muß nach meiner Überzeugung noch etwas sehr wesentliches in Anschlag bringen:

Angenommen ArbN A hat jahrelang von der Hand in den Mund gelebt, um möglichst schnell ein für die Eigenheimfinanzierung aufgenommenes Darlehn rückführen zu können und damit schuldenfrei zu werden. Er hat sich und seiner Familie aus diesem Grunde keinen Urlaub genehmigt, kein Geld für Luxusartikel aufgewandt und in verhältnismäßig bescheidenem Rahmen gelebt. ArbN B dagegen, dessen Grundstück 50 000,— weniger wert ist, hat dieses nicht aus eigenen Mitteln finanzieren müssen, sondern es ererbt und mit Ausnahme der Steuern keinerlei weitere Aufwendungen für diesen Vermögenswert erbringen müssen. Er und seine Familie konnten all die Jahre großzügiger und unbeschwerter als die Familie des A leben. Vergleicht man A und B miteinander, so ist offensichtlich, daß es nicht dem Gerechtigkeitsgefühl eines billig und gerecht Denkenden entspricht, den A, der während eines Großteiles seines Arbeitslebens schwer mit der Hypothek des Grundstückes belastet war, als sozial weniger schützenswert anzusehen, da sein Grundstück einen höheren Wert hat. Es ist evident, daß man in dem vorliegenden Beispiel und in gleichliegenden nicht allein aus dem Wert einer Sache Rückschlüsse ziehen kann, sondern darauf eingehen muß, auf welche Art und Weise der Vermögensgegenstand erlangt worden ist. Eine andere Betrachtungsweise würde nicht befriedigen.

Vergleicht man A und B auf der einen Seite mit C auf der anderen, so wäre die Konstellation denkbar, daß der A schutzbedürftiger als der C ist, B dagegen nicht.

Die obigen Ausführungen belegen eins deutlich: Das Grundvermögen des A kann nicht den Ausschlag geben und darf nicht in der 1. Auswahlstufe zur Berechnung des Geldwertes i. e. S. mit herangezogen werden.

II. Die Berücksichtigung der Vermögenswerte[3] der ArbN-Haushalte

Völlig unbeachtlich sollte in diesem Auswahlsystem der Besitz von Vermögen allerdings auch nicht sein. Hat man in den ersten beiden Auswahlstufen die sozial am schützenswertesten ArbN ausgeschieden, so ist in der 3.

Stufe die Höhe der Vermögenswerte und die Art ihrer Erlangung zu ermitteln. Dazu bedarf es einiger weniger ausgewählter Fragen, die mittels des Fragebogens[4] eruiert werden. Dabei kann aber nur *grob* nach der Höhe der Vermögenswerte und ihres Zustandekommens eine Differenzierung vorgenommen werden, d.h. bei ansonsten vergleichbaren ArbN, von denen einer einen Vermögensgegenstand ererbt hat und der andere sich unter größten Anstrengungen und Entbehrungen erkauft hat, ist der zweite ArbN der sozial schutzbedürftigere. Eine präzisere Unterscheidung wäre technisch schwer durchführbar, denn zu viele Faktoren müßten Berücksichtigung finden.

Von noch größerer Bedeutung ist, daß das Vermögen nicht schlechthin die soziale Auswahl beeinflussen kann, sondern dies nur dem *verwertbaren* Vermögen vorbehalten ist. Diese Differenzierung ist gerechtfertigt, da für den ArbN nur das Vermögen einen unmittelbaren Wert hat, das ihn aus seiner durch die Arbeitslosigkeit eingetretenen Misere befreien kann, das er also zum Lebensunterhalt heranziehen kann. Diese Funktion kommt nur den verwertbaren Vermögensteilen zu. Zur Konkretisierung der Verwertbarkeit kann man sich die Grundsätze zu § 88 BSHG zu eigen machen, da die Interessenlage ähnlich ist. Dabei sind nicht verwertbar insbesondere Vermögensgegenstände, die zum Fortbestand der eigenen Existenz des Vermögensinhabers unentbehrlich sind (z.B. notwendige Hausratsgegenstände, Möbel, notwendige Arbeitsgeräte) sowie Vermögensgegenstände, deren Verwertung im Augenblick aus rechtlichen oder tatsächlichen Gründen nicht möglich ist (z.B. Wertpapiere, die derzeit nicht gehandelt werden, Guthaben auf Sperrkonten etc.)[5]. Zu den Vermögenswerten, die für die Geldwertermittlung i.w.S. eine Rolle spielen können, sind insb. das Grundvermögen, das Mobiliarvermögen und das Barvermögen zu zählen, wobei auch unter diesen einige in der 3. Stufe unberücksichtigt bleiben müssen.

1. Das Mobiliarvermögen

Ein ArbN-Haushalt enthält Vermögenswerte wie z.B. Einrichtungsgegenstände, Bücher, Elektrogeräte, Hausrat, Kfz. usw. Diese Fahrnisgegenstände sind für die Berechnung des Geldwertes i.w.S. ohne Bedeutung, denn sie können nicht zur Bestreitung des Lebensunterhalts herangezogen werden und aus ihnen kann sich keine besondere soziale Schutzbedürftigkeit ableiten[6].

---

[3] Def. Vermögen: *Mergler / Zink*, § 88 Rz. 8; zu den Vermögensbeständen privater Haushalte s. *Statistisches Bundesamt* (Hrsg.), Einkommens- und Verbrauchsstichproben 1978, FS. 15, Heft 2, Vermögensbestände und Schulden privater Haushalte.

[4] Siehe S. 112ff.

[5] *Schellhorn / Jirasek / Seipp*, § 88 Rz. 12ff.

2. Der Bausparvertrag

Wenn ein ArbN oder ein im Haushalt lebender Familienangehöriger einen Bausparvertrag besitzt, so ist dieser bei der Ermittlung des Geldwertes nicht auf der Habenseite aufzuführen, sondern irrelevant. Denn erstens wird die Vertragssumme erst nach Ablauf einer Mindestfrist und Erreichen des Mindestsparguthabens nach Maßgabe der angesammelten Mittel zugeteilt und unter Gewährung des Bauspardarlehns ausgezahlt. Und zweitens ist die Bausparsumme zweckgebunden, denn sie darf während einer Sperrfrist von sieben bzw. sechs Jahren bei Inanspruchnahme der Prämie bzw. zehn Jahren bei Abzug als Sonderausgabe nur zu Wohnungsbauzwecken verwendet werden[7].

3. Der Lebensversicherungsvertrag

Auch der Besitz eines Lebensversicherungsvertrages wird nicht zur Geldwertberechnung herangezogen, da der Vertrag, wenn er auf den Erlebensfall abgeschlossen ist, erst mit Erreichen der Altersgrenze ausgezahlt wird[8]. Es ist zwar auch eine Kündigung des Versicherungsvertrages vor Ablauf der Vertragszeit möglich, so daß der Versicherungsnehmer einen Anspruch auf die Prämienreserve in Höhe des Anteils seiner Versicherung an der Dekkungsrücklage hat. Doch bringt die vorzeitige Kündigung unzumutbare Verluste für den Versicherungsnehmer mit sich. Ihm kann daher nicht mit der Begründung gekündigt werden, er sei sozial besser als Vergleichbare gestellt, weil er einen Lebensversicherungsvertrag habe und diesen vorzeitig kündigen könne.

4. Die betriebliche Altersversorgung

Ebenfalls ein vermögenswerter Vorteil des ArbN ist seine Anwartschaft auf die betriebliche Altersversorgung. Er kann seinen Anspruch aber erst mit Erreichen der Altersgrenze (bzw. – je nach Zusage – bei Eintritt der Erwerbs- oder Berufsunfähigkeit) durchsetzen, d. h. im Zeitpunkt der Kündigung kann er regelmäßig nicht als der vermögendere und damit sozial weniger schutzbedürftige angesehen werden. Die Versorgungsanwartschaft ist somit ebenfalls für die Berechnung des Geldwertes i. w. S. irrelevant[9].

---

[6] Insofern abweichend vom verwertbaren Vermögen nach § 88 I BSHG, denn nach *Schellhorn / Jirasek / Seipp*, § 88 Rz. 8 wird ein Kfz., das nicht beruflichen oder persönlichen (Behinderung) Gründen dient, als verwertbar angesehen; vgl. auch Fn. 5.

[7] §§ 5 II, 2 I, II WohnungsbauprämienG, 1 III, IV SparPrG, 10 II Nr. 2 EStG; s. dazu auch: *Gottschick / Giese*, § 88 Rz. 2.1; *Knopp / Fichtner*, § 88 Rz. 3.

[8] Vgl. hierzu die Parallele zum BSHG in *Knopp / Fichtner*, § 88 Rz. 3.

[9] Vgl. die Ausführungen auf S. 86; die Anwartschaft auf betriebliche Altersversorgung ist ein nicht verwertbarer Vermögenswert, da die Heranziehung zur

5. Das Grundvermögen

Ist ein ArbN Eigentümer eines unbelasteten oder gering belasteten Grundstückes, so fließt dieser Umstand automatisch bei der Geldwertermittlung *i. e. S.* in folgender Weise ein: Der ArbN, der zur Miete wohnt und z.B. 700,— mtl. dafür aufwenden muß, kann bei gleichen Einnahmen wie ein ArbN, der Hauseigentümer ist und in seinem Haus wohnt, diese 700,— nicht für andere Ausgaben verbrauchen. Stellt man die beiden ArbN hypothetisch als Gekündigte gegenüber, so muß derjenige, der die 700,— Miete zahlt, sich eventuell bei den Ausgaben für Kleidung oder Nahrungsmittel einschränken, derjenige, der im Eigenheim lebt, vielleicht nur bei Sparraten oder Luxusausgaben. Nach dem Grundgedanken der sozialen Auswahl ist derjenige am schützenswertesten, bei dem die finanziellen Einbußen nicht mehr bloß in die Sparraten oder Luxusausgaben eingreifen, sondern an Kleidung und schließlich an Nahrung gespart werden muß. Auf diese Weise erreicht man ohne künstliche Konstruktion, daß der richtige ArbN (hier der zur Miete wohnende) geschützt wird.

Es fragt sich, inwieweit ein Hausgrundstück o. ä. – das unstreitig einen beträchtlichen Vermögenswert verkörpert – bei der Ermittlung des Geldwertes *i. w. S.* dem ArbN in der Weise bei der Sozialauswahl zum Nachteil gereichen kann, daß er als sozial besser gestellter eher der Gefahr der Kündigung ausgesetzt ist. Zunächst ist eine vergleichende Parallele zu den Bestimmungen des BSHG, insbesondere zu § 88 II Nr. 7 BSHG zu ziehen. Danach darf die Gewährung von Sozialhilfe nicht von der Verwertung – dazu gehört auch die Beleihung und damit die Bestellung von Grundpfandrechten[10] – „eines kleinen Hausgrundstückes, besonders eines Familienhauses, wenn der Hilfesuchende das Hausgrundstück allein oder zusammen mit Angehörigen, denen es nach seinem Tode weiter als Wohnung dienen soll, ganz oder teilweise bewohnt" abhängig gemacht werden[11]. Daraus ist zu folgern, daß auch bei der sozialen Auswahl ein kleines Hausgrundstück im Sinne der Vorschrift des § 88 II Nr. 7 BSHG nicht in der Weise zum Nachteil des Eigentümers berücksichtigt werden darf, daß er aus diesem Grunde als sozial weniger schutzbedürftig angesehen werden soll. Vielmehr ist dieser Vermögenswert für die Auswahl irrelevant und kann den Geldwert i. w. S. nicht beeinflussen.

Sollte das dem ArbN oder seinen im Haushalt lebenden Familienmitgliedern gehörende Grundvermögen nicht unter § 88 II Nr. 7 BSHG zu subsumieren sein, so kann es für den Geldwert i. w. S. von Bedeutung sein. Das

---

Bemessung des Lebensunterhalts aus rechtlichen Gründen zum Zeitpunkt der Kündigung nicht möglich ist.

10 Vgl. *Schellhorn / Jirasek / Seipp*, § 88 Rz. 21.

11 Zum kleinen Hausgrundstück ist auch Stockwerkeigentum zu rechnen, s. *Gottschick / Giese*, § 88 Rz. 5.7; *Schellhorn / Jirasek / Seipp*, § 88 Rz. 50 ff.

Augenmerk ist dann zum einen auf den Verkehrswert des Grundvermögens – der danach zu bemessen ist, was bei einer Veräußerung zu erzielen wäre – zu richten. Der Einheitswert kann nicht zugrunde gelegt werden[12]. Hat z. B. ein ArbN-Haushalt über das normale Maß hinausgehende Liegenschaften, so ist dies ein Anhaltspunkt für seine geringe Schutzbedürftigkeit, da ihm die Verwertung eines Teiles dieser Werte ohne weiters zuzumuten ist. Die Arbeit hat für diesen ArbN einen sehr geringen Geldwert i. w. S. Diese Fallvariante wird die Ausnahme bleiben. Zum zweiten ist die Art des Zustandekommens der Vermögenswerte von Wichtigkeit. Dazu gilt folgender Grundsatz: Je höher die finanziellen Belastungen des ArbN und seines Haushaltes waren, um sich das Hausgrundstück o. ä. anzueignen, desto höher ist für ihn der Geldwert (i. w. S.) anzusetzen und desto schutzwürdiger ist er in der 3. Vorauswahlstufe.

6. Das Barvermögen

a) Keine Berücksichtigung in der 1. Auswahlstufe

Wenn ein ArbN Wertpapiere, Spareinlagen oder sonstiges Barvermögen sein Eigentum nennen kann, so könnten diese Werte verhältnismäßig schnell in liquide Mittel transformiert werden mit der Folge, daß sie als Einkünfte des ArbN-Haushaltes den Geldwert der Arbeit *i. e. S.* unmittelbar beeinflussen könnten. Die Folgerung erscheint auf den ersten Blick richtig, denn diese Mittel werden u. a. für Zeiten angelegt, in denen eine mehr oder weniger starke wirtschaftliche Notlage entsteht und die Familien auf die Reserven zurückgreifen könnten. Eine solch nivellierende Betrachtungsweise ist aber unangebracht, da die Art und Weise der Gewinnung der Barschaften unberücksichtigt bliebe. Soll derjenige, der Rücklagen gleich welcher Art für schlechte Zeiten bildet gegenüber demjenigen, der dies nicht für opportun hält und lieber in den Tag hineinlebt, insofern benachteiligt werden, daß er vor diesem zur Kündigung ansteht, da sich sein Haushalt nach der Lösung des Arbeitsverhältnisses axiomatisch in einer materiell nachhaltig besseren Lage befindet? Eine Verneinung dieser Frage scheint mir sozialer Gerechtigkeit am nächsten zu kommen[13].

---

[12] Der Einheitswert bleibt meistens mehrere Jahre hindurch unverändert. Er bildet für das Finanzamt einen ziemlich starren Steuerberechnungsmaßstab. Der Verkehrs- (Verkaufs-)wert kann sich dagegen fortgesetzt ändern, vgl. *Brückner / Clauss / Glaser / Kerl / Lohmer / Peter / Walter / Worm*, S. 38.

[13] Vgl. *Meisel* in: AP Nr. 12 zu § 1 KSchG 1969 – betriebsbedingte Kündigung (Anm., Nr. 8 a).

b) *Berücksichtigung in der 3. Auswahlstufe*

Erst in der 3. Stufe soll das Barvermögen in die Beurteilung einfließen können. Die mittels des Fragebogens gewonnenen Erkenntnisse über die Höhe und Art der flüssigen Mittel sowie ihres Zustandekommens können hier ausgewertet werden. Derjenige, der durch eine Erbschaft vermögend geworden ist, kann grds. nicht sozial schutzbedürftiger sein als der ArbN, der sich eventuell eine höhere Summe unter Entbehrungen und Konsumverzicht angespart hat.

Stehen sich allerdings in dieser 3. Stufe zwei ArbN gegenüber, von denen der eine keinerlei Vermögen besitzt, der andere sich dagegen eine gewisse Summe zurückgelegt hat, so wird man nicht umhinkommen, den ersten für sozial schutzbedürftiger zu halten. Zwar bekämen beide im Falle einer Kündigung unter den Voraussetzungen des § 100 I AFG Arbeitslosengeld i.H.v. 68v.H. bzw. 63v.H. des zuletzt erzielten Nettoarbeitsentgeltes[14]. Doch nach § 106 I AFG wird das Arbeitslosengeld längstens für die Dauer von 312 Tagen gewährt, wobei – wie sich aus § 114 AFG ergibt – Wochentage gemeint sind. Inklusive den Sonntagen wird diese soziale Leistung also maximal ein Jahr lang gezahlt[15]. Nach Wegfall des Anspruchs auf Arbeitslosengeld erhalten die ArbN unter den Voraussetzungen des § 134 I AFG zwar Arbeitslosenhilfe, die grds. zeitlich unbegrenzt zugestanden wird, obwohl sie gem. § 139a AFG längstens für ein Jahr bewilligt wird, so daß immer neue Anträge zu stellen sind[16]. Ihre Höhe beträgt gem. § 136 I Nr. 1 und 2 AFG 58v.H. bzw. 56v.H. des Nettoarbeitsentgeltes. Voraussetzung für deren Gewährung ist u.a. die Bedürftigkeit der ArbN, deren Vorliegen das Arbeitsamt nach § 137 AFG zu prüfen hat. Dabei ist nach den §§ 6 - 9 ArbeitslosenhilfeVO[17] auch das Vermögen in gewissem Umfang zu berücksichtigen. Das die Freibeträge übersteigende Vermögen, dessen Verwertung gem. § 6 ArbeitslosenhilfeVO zumutbar ist, beeinflußt den Bezug der Arbeitslosenhilfe, denn es kann die Anspruchsvoraussetzung „Bedürftigkeit" ausschließen, so daß der ArbN keine Arbeitslosenhilfe erhält[18].

Eine vergleichbare Regelung ist für den Bezug von Sozialhilfe im BSHG verankert. Nach § 2 I BSHG erhält derjenige keine Sozialhilfe, der sich

---

[14] Für Arbeitslose, die mind. 1 Kind i.S.d. § 32 IV, VI, VII EStG haben, 68 %, für die übrigen Arbeitslosen 63 %, s. *Kratz*, Arbeitslosengeld, S. 3.

[15] Im Juli 1985 bezogen nur 33,4% der über 2,2 Mill. gemeldeten Arbeitslosen Arbeitslosengeld, der Rest erhielt Arbeitslosenhilfe, Sozialhilfe oder gar keine öffentlichen Mittel, Quelle: *Der Spiegel* v. 19. 8. 1985, Nr. 34, S. 31.

[16] *Hummel-Liljegren*, S. 142; Arbeitslosenhilfe ist keine Versicherungsleistung, sondern eine am Bedürftigkeitsprinzip orientierte Fürsorgeleistung, s. *Eckert*, BlStSozArbR 1975, S. 107.

[17] v. 7. 8. 1974, BGBl. I 1974, § 1929.

[18] Vgl. *Kratz*, Arbeitslosenhilfe, S. 68ff.

(u. a.) selbst helfen kann (sog. Nachranggrundsatz der Sozialhilfe[19]). Dabei muß sowohl bei der Hilfe zum Lebensunterhalt als auch bei der Hilfe in besonderen Lebenslagen (§ 1 I BSHG) verwertbares Vermögen in zumutbaren Grenzen eingesetzt werden (§§ 11 I, 28, 88 I, II, 89 BSHG, § 1 der VO zur Durchführung des § 88 II Nr. 8 BSHG[20]).

Würde man nun bei der Sozialauswahl das Barvermögen des ArbN außer Betracht lassen, so könnte derjenige als der sozial schutzwürdigere von der Kündigung verschont bleiben, der aufgrund seiner baren Geldmittel der Finanzstärkere wäre. Daraus folgt, daß derjenige, der als Vermögensloser i. S. d. ArbeitslosenhilfeVO bzw. des BSHG oder die Freibeträge nicht Erreichender entlassen wird, in stärkerem Maße als der andere ArbN auf die Arbeitslosenhilfe bzw. Sozialhilfe angewiesen wäre, die ihm wohl auch nicht versagt werden dürfte[21]. Die Leistungsträger der Arbeitslosenhilfe[22] und der Sozialhilfe[23] und damit letztlich der Steuerzahler würden dadurch unnötigerweise zusätzlich belastet[24]. Daher ist es mit dem in der Bundesrepublik herrschenden sozialen Sicherungssystem unvereinbar, das die Freibeträge übersteigende Vermögen (Anhaltspunkte sind § 1 der VO zu § 88 II Nr. 8 BSHG und § 6 ArbeitslosenhilfeVO) der ArbN unbeachtet zu lassen. Dies gilt jedenfalls dann, wenn von zwei vergleichbaren ArbN der eine Barvermögen besitzt, der andere dagegen nicht. Stehen sich zwei vermögende ArbN gegenüber, so kommt die entscheidende Bedeutung der Art der Vermögenserlangung zu.

Dieses Ergebnis mag unbefriedigend erscheinen und man kann es als inkonsequent oder auf halbem Wege kehrtmachend bezeichnen, aber es ist unumgänglich, da bei Außerachtlassung dieser Grundsätze die Belastungen für die Träger der sozialen Sicherungssysteme und damit letztlich für Staat und Steuerzahler ins Unermeßliche steigen würden.

---

[19] *Schulte / Trenk-Hinterberger*, S. 96 ff.

[20] BGBl. I 1979, S. 2004.

[21] Der Anspruch auf die staatlichen Sicherungsleistungen („Soziale Sicherung") ergibt sich verfassungsrechtlich aus dem Sozialstaatsprinzip (Art. 20 I, 28 I 1 GG), das die Träger öffentlicher Gewalt (vgl. nur Art. 79 III GG) bindet, s. *Bley*, S. 50.

[22] Die Bundesanstalt für Arbeit gewährt im Auftrag des Bundes die Arbeitslosenhilfe, § 3 IV AFG; der Bund wiederum finanziert diese aus dem Steueraufkommen, s. *Eckert*, BlStSozArbR 1975, S. 107.

[23] Gem. § 9 BSHG wird die Sozialhilfe von örtlichen und überörtlichen Trägern gewährt, vgl. *Thieler*, S. 127; die Kosten für die Leistungen des BSHG werden durch Bund und Länder gemeinsam aus Steuermitteln finanziert.

[24] Die Inanspruchnahme von Sozialhilfe hat den Steuerzahler 1983 fast 18 Milliarden DM (2,4 Mill. Empfänger) gekostet, Quelle: *FAZ* v. 24. 5. 1985, S. 1,2; 1984 haben die Kommunen über 19 Milliarden DM aufgewendet. In Ruhrgebietsstädten wie Duisburg steigen die jährlichen Ausgaben für Sozialhilfe an Arbeitslose mit Raten von 25 %, Quelle: *Der Spiegel*, Nr. 23, 1985, S. 25 („Bescheidener Effekt").

§ 6 Erfassung des Persönlichkeitswertes

I. Allgemeines

Nachdem in der 1. Auswahlstufe die ArbN nach der finanziellen Betroffenheit ihrer Haushalte gegenübergestellt worden sind, werden die Verbliebenen anschließend in einer 2. Stufe nach dem Wert der Arbeit für ihre Persönlichkeit miteinander verglichen. Um eine Auswahl, die sich an diesem Wert orientiert, treffen zu können, muß der ArbGeb bzw. die von ihm damit betrauten Personen (zumeist die Personalabteilung) versuchen, einen Überblick über die dazu wesentlichen Fakten zu gewinnen. Das geschieht am zweckmäßigsten mittels des Fragebogens, der bereits zur Ermittlung des Geldwertes speziell entwickelt worden ist[1] und in dem auch Fragen den ArbN gestellt werden können, die zur Beurteilung des Persönlichkeitswertes unumgänglich sind. Die ArbN werden darin aufgefordert darzulegen, welche Bedeutung für sie die Arbeit im allgemeinen und die in dem Unternehmen ausgeübte Tätigkeit im besonderen hat.

Zugegebenermaßen stößt es auf große Schwierigkeiten, den Wert der Arbeit für die Persönlichkeit eines ArbN exakt zu ermitteln, da man nicht mit absoluten Zahlen – wie z.B. bei der Geldwertberechnung – operieren kann. Es ist unmöglich, subtil abgestuft die ArbN nach dem Interesse an der Arbeit zu klassifizieren. Da dieses Problem bekannt und unüberwindlich ist, sollte prinzipiell der Persönlichkeitswert für die vergleichbaren ArbN auch gleich beurteilt werden.

II. Der Wert der Arbeit an sich

Die Arbeit hat unstreitig einen wirtschaftlichen Wert, denn der ArbN erhält für seine Arbeitsleistung ein Entgelt in Form von Lohn oder Gehalt, mit dem er normalerweise zum größten Teil seinen Lebensunterhalt bestreitet[2]. Doch kann der ökonomische Aspekt nicht der einzige und überragende sein, denn auch im Falle der Arbeitslosigkeit ist die Existenz des ArbN durch das ausgeprägte Sozialversicherungssystem abgesichert, wenn auch Einkommenseinbußen unvermeidlich sind[3]. Trotz dieser Tatsache verzweifeln viele Menschen in der Arbeitslosigkeit und sehen keinen Sinn im Leben

---

[1] Siehe S. 112ff.

[2] Dazu *Fürstenberg*, S. 72.

[3] Siehe auch S. 97f.

mehr[4]. Daraus ist zu schließen, daß die Arbeit noch weitere essentielle Werte für die Persönlichkeit der ArbN haben muß. Dabei dient sie in erster Linie der Selbstverwirklichung des ArbN[5], steigert seine Selbstachtung und sein Selbstbewußtsein[6], befriedigt seine Bedürfnisse nach sozialem Kontakt, Anerkennung und Geltung[7] und trägt schließlich wesentlich zur Identitätsbildung bei[8]. Diese Werte für die Persönlichkeit des ArbN sind generell von der Wissenschaft anerkannt. Ob sie für den einen oder anderen ArbN tatsächlich die gleich große Bedeutung haben kann dahinstehen, denn grds. – s.o. – ist der Persönlichkeitswert für die vergleichbaren ArbN als gleichwertig anzusetzen. Zwar ist das Interesse an der Arbeit gegenüber den finanziellen Interessen um so stärker zu bewerten, je höher nach den allgemeinen Wertmaßstäben der Wert der Arbeit ist[9]; da aber eine Auswahl nur unter vergleichbaren ArbN stattfindet (also z.B. nicht Ingenieur oder Hilfsarbeiter in einer Fabrik), ist dies für die Kündigungsentscheidung irrelevant.

III. Bedeutung für die Sozialauswahl

Für die Sozialauswahl wird der Persönlichkeitswert daher oftmals keine neuen Erkenntnisse bringen, denn wenn der Wert der Arbeit für die vergleichbaren ArbN als gleichwertig einzustufen ist, kann sich aus diesem Merkmal keine unterschiedlich große Schutzbedürftigkeit ergeben. Überwiegt jedoch der Persönlichkeitswert der Arbeit die finanziellen Interessen deutlich, was der ArbGeb herauszufinden hat – wie z.B. in den von *Ehmann* geschilderten Extrembeispielen[10] – so sind die betroffenen ArbN ohne Rücksicht auf ihre materiellen Einbußen in dieser 2. Auswahlstufe aus dem Kreis kündigungsgefährdeter ArbN herauszunehmen.

IV. Beispielsfälle

Es werden im folgenden einige Beispielsfälle geschildert, in denen der Arbeit für die Persönlichkeit eines ArbN aus den unterschiedlichsten Gründen eine überragende Bedeutung zukommt. Die vorgestellten ArbN sind dann von der Entlassung zu verschonen:

---

4 *Moltmann*, S. 59f.
5 *Nell-Breuning*, S. 14; *Neumann*, S. 11; *Moltmann*, S. 78f.
6 *Nell-Breuning*, S. 11.
7 *Fürstenberg*, S. 22.
8 *Neumann*, S. 22f.
9 *Ehmann*, BlStSozArbR 1984, S. 211.
10 *Ehmann*, BlStSozArbR 1984, S. 211.

1. „Kompensationsfunktion" der Arbeit

Stellen wir uns einen Menschen vor, der aufgrund irgendwelcher im psychischen Bereich liegender und nicht mit herkömmlichen Mitteln beeinflußbarer Umstände Schwierigkeiten im Umgang mit anderen Personen hat, der immer abseits steht, nicht „für voll" genommen wird etc. Die Arbeit kann dann sein Lebenselixier sein, in der er aufgeht und die ihn einen Sinn in seiner Existenz sehen läßt oder die ihm nur die einzige Freude, Abwechslung und Beschäftigung bringt. Für diesen ArbN hat die Arbeit sicherlich eine wesentliche Funktion unabhängig von ökonomischen Aspekten. Sie verkörpert für ihn einen überproportional großen Persönlichkeitswert. Im übrigen wird ein solcher ArbN auch i. d. R. für den Betrieb wertvoll sein, da er mit ungleich größerem Engagement der Beschäftigung nachgehen wird, was die Konsequenz seiner im Privatleben bestehenden Probleme ist.

2. „Ablenkungsfunktion" der Arbeit

Nehmen wir einen Menschen, der durch persönliches Schicksal hart getroffen ist, z.B. durch den Tod eines nahen Verwandten wie etwa eines Kindes oder des Ehegatten, über den er aufgrund einer labilen Psyche eine Zeitlang nicht hinwegkommt. Insbesondere dann, wenn der ArbN keiner besonderer Freizeitbeschäftigung nachging und die Beschäftigung mit dem Verstorbenen sein alleiniger Lebensinhalt war, kann der plötzliche Verlust dieses Menschen ihn völlig außer Tritt bringen. Die Arbeit bringt dieser Person u. U. die einzige Ablenkung, da er eine Aufgabe vor sich sieht, die ihm mit seinem Schicksal fertig zu werden hilft. Dabei kann diese Ablenkungsfunktion eine Arbeit, bei der der Betroffene eine verantwortungsvolle Position innehat oder bei der er geistig in besonderem Maße engagiert sein muß, besser erfüllen als eine rein körperliche Arbeit. Unabhängig davon hat die Arbeit in diesen Fällen für den ArbN einen überdurchschnittlich großen Persönlichkeitswert; er ist daher von der Kündigung auszuklammern. Selbstverständlich kann der ArbN sich nach dem Schicksalsschlag nicht unbegrenzt lange auf das starke Angewiesensein auf die Arbeitsstelle berufen. Eine Grenze kann jedoch nicht abstrakt gezogen werden; vielmehr bleibt es dem ArbGeb und Betriebsrat überlassen, im konkreten Fall abzuwägen, ob der Arbeit noch der Ausnahmewert zukommt oder eine Besserstellung daraus nicht mehr geboten ist.

3. „Selbstverwirklichungsfunktion" der Arbeit

Für einen ArbN, der unverhältnismäßig viel Zeit und Geld in seine Weiterbildung gesteckt hat, der nicht nur die übliche Aus- und Fortbildung durchlaufen hat, sondern sich in der Arbeit selbst verwirklicht, kann man unter gewissen Umständen einen hohen Persönlichkeitswert, der ihn bei der sozialen Auswahl bevorzugt, veranschlagen. Dabei ist allerdings ein sehr rigider Maßstab anzusetzen, der ArbN muß sich durch Einsatz und Engagement deutlich von vergleichbaren ArbN unterscheiden. Es genügt nicht eine nur überdurchschnittliche Einsatzbereitschaft, sondern es müssen besondere Momente hinzukommen. Diese Fallvariante tritt naturgemäß eher bei einer höherqualifizierten Tätigkeit als bei Fließbandarbeit auf. Aber auch der an letzterem Arbeitende kann durch besonderen Fleiß, Einsatz, Mitdenken, Interesse etc. im Einzelfall dokumentieren, daß die Arbeit für ihn von größtem Wert ist. Es sei aber nochmals betont, daß nur in seltenen Ausnahmefällen sich durch die beschriebenen Eigenschaften eine außergewöhnliche Schutzbedürftigkeit aufgrund eines hohen Persönlichkeitswertes bildet. Eine zu großzügige Handhabung würde die Grundsätze der Auswahl nach dem Persönlichkeitswert verwässern.

Desweiteren besteht das Problem, daß der finanziell Stärkere eher in der Lage ist, sich fort- und weiterzubilden und damit die Grundvoraussetzungen für einen erhöhten Persönlichkeitswert zu erfüllen. Da dies nicht sein darf, ergibt sich auch daraus die Verpflichtung zu besonderer Zurückhaltung.

4. Reflexionen

Zeigt sich nach den Erkenntnissen des ArbGeb, daß die Arbeit für die Persönlichkeit der in Frage kommenden ArbN keine den Extrembeispielen vergleichbare überragende Bedeutung hat, so kann sich daraus bei der Kündigungsauswahl keine Bevorzugung oder Benachteiligung für den einen oder anderen ArbN ergeben. Das Interesse an der Arbeit ist unter den vergleichbaren ArbN gleichwertig. Das ist aufgrund der nicht lösbaren Schwierigkeiten, die mit der Beurteilung dieses Wertes verbunden sind, die beste und gerechteste Lösung. Eine für die Auswahl entscheidende Funktion darf dem Persönlichkeitswert also nur in solchen Fällen beigemessen werden, in denen für den ArbGeb oder den mit der Auswertung beauftragten Vertreter des ArbGeb (Personalabteilung) ohne besondere Schwierigkeit offensichtlich ist, daß für einen ArbN die Beschäftigung von übergeordneten Persönlichkeitswert ist. Die zu dieser Beurteilung mittels des Fragebogens eruierten Tatsachen können dabei bestenfalls eine Hilfsfunktion ausüben. Denn in diesem real nicht faßbaren und unüberprüfbaren Bereich wäre bei totalem Vertrauen in die Antworten der ArbN der Manipulation Tür und Tor geöffnet. Daher empfiehlt sich auch nicht eine detaillierte Befragung der ArbN nach der Werteinschätzung ihrer Arbeit, sondern sie sollen nur aufgefordert werden, besondere Umstände anzugeben, die für sie die Arbeit unverzichtbar erscheinen lassen. Die endgültige und auswahlrelevante Bewertung dieser Umstände bleibt dem ArbGeb vorbehalten. Dabei sollte der besseren Vorhersehbarkeit wegen der ArbGeb gemeinsam mit dem Betriebsrat in die Kündigungsauswahlrichtlinie einen Passus einfügen, aus dem sich im konkreten Fall Grundregeln und Anhaltspunkte für die Beurteilung des Persönlichkeitswertes der Arbeit ergeben[11].

Resümierend sei festgestellt, daß der sozialen Auswahl nach dem Persönlichkeitswert nur eine untergeordnete bzw. auf extreme und evidente Ausnahmefälle beschränkte Funktion zukommen kann.

V. Lebensalter und Dauer der Betriebszugehörigkeit

Grundsätzlich soll die Auswahl auch nicht nach dem Lebensalter der ArbN und ihrer Betriebszugehörigkeitsdauer vorgenommen werden, denn dieses Auswahlschema nach dem Geld- und Persönlichkeitswert der Arbeit hat andere Intuitionen als die überkommenen Auswahlgrundsätze. Sollte allerdings ein Unterschied nach den finanziellen Auswirkungen der Kündigung auf die ArbN-Haushalte nicht oder kaum feststellbar sein, der Wert für die Persönlichkeit des ArbN – wie unter normalen Umständen – gleich zu beurteilen sein und auch die Vermögensverhältnisse keine Differenzierung zulassen sowie – worauf noch näher einzugehen sein wird – aus betrieblichen Gesichtspunkten eine Auswahlentscheidung schwer fällt, so kann letztendlich doch noch das Lebensalter oder die Dauer der Betriebszugehörigkeit eine Rolle spielen, obwohl diese Daten bereits beim Geldwert und Persönlichkeitswert Berücksichtigung gefunden haben. Denn das Lebensalter zielt dabei sowohl auf den Persönlichkeitswert, als auch auf die schlechteren Chancen auf dem Arbeitsmarkt – und insofern ebenso auf den Geldwert der Arbeit. Hinter der Betriebszugehörigskeitsdauer steht der Gedanke, daß der Arbeitsplatz für den ArbN, der schon lange in diesem Betrieb beschäftigt ist, einen hohen immateriellen Wert darstellt – und ist damit wohl dem Persönlichkeitswert zuzurechnen.

Erlangen diese Daten nun trotz der bereits erwähnten Beachtlichkeit beim Geld- und Persönlichkeitswert der Arbeit Bedeutung, so sollte die Gewichtung dieser Daten, wenn ein Betriebsrat gebildet ist, der autonomen Entscheidung der Betriebsparteien in einer Auswahlrichtlinie vorbehalten werden[12].

Die Auswahl nach diesen herkömmlich essentiellen Sozialdaten wird aber aufgrund der verlangten Negativvoraussetzungen die seltene Ausnahme bleiben.

---

[11] s. die Musterkündigungsauswahlrichtlinie auf S. 133ff.

[12] *Ehmann*, BlStSozArbR 1984, S. 213.

§ 7 Die betrieblichen Interessen

Die Frage der Berücksichtigungsfähigkeit der betrieblichen Belange im Rahmen der Sozialauswahl gem. § 1 III KSchG ist in Rspr. und Lehre seit jeher heftig umstritten[1]. Konsens herrscht nur insoweit, als die betrieblichen Interessen in irgendeiner Form Beachtung finden müssen.

I. Die Rspr. des BAG vom 24.3.1983[2]

Nachdem das BAG in der Vergangenheit in dieser Frage ebenfalls keine kontinuierliche Linie verfolgte, hat es mit Urteil vom 24.3.1983 eindeutig Stellung bezogen und diese Rspr. durch die Entscheidungen vom 20.10.1983[3] und 18.10.1984[4] verfestigt. Ein Abriß der Leitsätze des Urteils vom 24.3.1983 zu den hier interessierenden Punkten und – soweit erkennbar – der Beweggründe soll dies dokumentieren.

Nach dem Diktum des Gerichts sind betriebliche Belange, insbesonders auch Leistungsunterschiede[5] und Belastungen des Betriebes aufgrund von krankheitsbedingten Fehlzeiten, nicht bei der sozialen Auswahl nach S. 1 des § 1 III KSchG zu berücksichtigen, sondern allein im Rahmen der Prüfung nach S. 2, ob betriebliche Bedürfnisse einer solchen Auswahl entgegenstehen. Damit gibt das Gericht die unveröffentlichte Rspr. vom 21.7.1977, 11.3.1977 und 20.4.1978 expressis verbis auf.

Begründet wird dieser Spruch u. a. mit der Systematik des Gesetzes: Die betrieblichen Belange würden, soweit sie den Fortfall von Arbeitsplätzen bedingen, bereits in § 1 II KSchG berücksichtigt. § 1 III 1 KSchG bezwecke demgegenüber, dem ArbGeb aufzugeben, bei der Auswahl des zu Kündigungen nach der sozialen Schutzbedürftigkeit vorzugehen. Soweit sie einer Auswahl nach sozialen Gesichtspunkten entgegenstehen, würden die betrieblichen Belange noch einmal nach § 1 III 2 KSchG erheblich. Angesichts des Ausnahmecharakters des S. 2 von der Vorschrift des S. 1 widerspreche es der ratio legis, gleichwohl die betrieblichen Aspekte noch ein 3. Mal in S. 1 zu berücksichtigen, der gewährleisten soll, daß dann, wenn keine

---

[1] Vgl. die Ausführungen auf S. 54 ff.

[2] In AP Nr. 12 zu § 1 KSchG 1969 – betriebsbedingte Kündigung.

[3] DB 1984, S. 563.

[4] DB 1985, S. 974.

[5] Zum Begriff der Leistung im Arbeitsverhältnis vgl. *G. Müller*, insb. S. 128 ff.

betrieblichen Interessen nach S. 2 entgegenstehen, derjenige ArbN gekündigt wird, der am wenigsten schutzbedürftig ist. Bei der Auswahl nach S. 1 sind demnach *ausschließlich* soziale Gesichtspunkte relevant. Leistungsunterschiede bei den vergleichbaren ArbN sind in diesem Zusammenhang unbeachtlich, krankheitsbedingte Fehlzeiten nur dann, wenn sie Hinweise auf eine besondere Schutzbedürftigkeit der betreffenden ArbN geben[6]. Nach § 1 III 2 KSchG ist zu prüfen, ob betriebliche Bedürfnisse einer Auswahl nach sozialen Gesichtspunkten entgegenstehen. Dabei wird nicht mehr eine „gewisse Zwangslage“ verlangt, sondern es genügt, wenn die Weiterbeschäftigung eines gewissen ArbN „erforderlich“ ist. Leistungsunterschiede können dabei nur berücksichtigt werden, wenn sie so erheblich sind, daß auf den leistungsstärkeren ArbN im Interesse eines geordneten Betriebsablaufs nicht verzichtet werden kann. Reine Nützlichkeitserwägungen entsprechen diesen Anforderungen nicht.

Unter B, V 2, e der Gründe führt der Senat aus, daß krankheitsbedingte Abwesenheit auch nach S. 2 des § 1 III KSchG nur ganz ausnahmsweise zu berücksichtigen ist, nämlich nur dann, wenn die Voraussetzungen einer krankheitsbedingten Kündigung vorliegen, u. a. also eine negative Prognose für die gesundheitliche Entwicklung des ArbN konstatiert wird und sich daraus eine unzumutbare betriebsorganisatorische oder wirtschaftliche Beeinträchtigung ergibt[7]. Liegen diese engen Voraussetzungen nicht vor, so können Fehlzeiten, die auf Krankheiten des ArbN beruhen, nicht als betriebliche Interessen die Auswahl beeinflussen. Das BAG begründet diese restriktive Linie mit der besonderen Schutzbedürftigkeit dieser ArbN und einem Wertungswiderspruch zu der krankheitsbedingten Kündigung.

II. Kritik an der Rspr. des BAG

Die Entscheidung des Gerichts, die wohl verhindern will, daß die „Leistungsschwächeren“ in die Arbeitslosigkeit entlassen werden, fordert Kritik heraus, denn – um mit *Ehmann*[8] zu sprechen – dies mag zwar eine „gute soziale Absicht sein, muß aber böse soziale Folgen haben“. Daher kann diese Rspr. nicht unwidersprochen hingenommen werden. Es lassen sich eine ganze Reihe von Argumenten aufführen, die ein Überdenken der vom BAG vorgegebenen Interpretation nahelegen.

---

[6] Vgl. zu letzterem bereits: BAG v. 30. 10. 1981 – 7 AZR 316/79 – nicht veröffentlicht.

[7] BAG v. 25. 11. 1982 in: AP Nr. 7 zu § 1 KSchG 1969 – Krankheit; BAG v. 23. 6. 1983, DB 1983, S. 2524ff.

[8] BlStSozArbR 1984, S. 209.

1. Der Wortlaut des § 1 III 1 KSchG[9]

Bereits der Wortlaut des § 1 III 1 KSchG spricht gegen die vom BAG bestimmte ausschließliche Beachtung sozialer Gesichtspunkte. Denn die Kündigung ist nur dann sozial ungerechtfertigt, wenn der ArbGeb bei der Auswahl des ArbN „soziale Gesichtspunkte nicht oder nicht ausreichend berücksichtigt hat". Diese Wortwahl kann nicht bedeuten, daß *allein* nach sozialen Aspekten zu entscheiden wäre. Denn bei keiner anderen Norm wird die Meinung vertreten, daß, wenn Gesichtspunkte zur Berücksichtigung zugewiesen werden, nicht auch andere als die ausdrücklich genannten in die Entscheidungsfindung eingehen dürften. Belege dafür liefern § 1 VI BBauG[10] und § 1671 II BGB[11].

2. Rechtssystematische Gesichtspunkte

Das BAG ist der Auffassung, es widerspreche der ratio legis, „die betrieblichen Belange noch ein drittes Mal in S. 1 des § 1 III KSchG zu berücksichtigen". Doch legt man den Standpunkt des Senats zugrunde, kommt es in Wahrheit zu überhaupt keiner Abwägung der widerstreitenden Aspekte. Denn nach § 1 II KSchG muß der ArbGeb prüfen, ob betriebliche Belange die Kündigung(en) rechtfertigen – das hat mit der Sozialauswahl noch nichts zu tun. Und nach § 1 III 2 KSchG findet auch keine Abwägung statt, denn die Norm schließt die Berücksichtigung sozialer Gesichtspunkte vollkommen aus. Die Abwägung ist aber nun ein dem KSchG und insbesondere § 1 immanentes Prinzip[12], so daß schließlich nur die Abwägung innerhalb des § 1 III 1 KSchG übrigbleibt, wobei sich – wie oben erwähnt – aus dem Wortlaut bereits ergibt, daß soziale Aspekte nicht ausschließlich maßgeblich sind. Daß das Gesetz nicht explizit die Abwägung mit betrieblichen Belangen in § 1 III 1 KSchG statuiert, ist mit dem Interesse des ArbGeb zu begründen, seiner Entscheidung sowieso in erster Linie betriebliche Bedürfnisse zugrundezulegen.

3. Rechtspolitische Aspekte

Die Rechtsauffassung des BAG führt im Ergebnis zu einer „negativen Auslese zu Lasten des Betriebes"[13]. Denn die Leistungsfähigkeit des Betrie-

---

[9] Vgl. dazu besonders: *Buchner,* DB 1983, S. 393; *ders.,* DB 1984, S. 508.

[10] s. nur *Ernst / Zinkahn / Bielenberg,* § 1 Rz. 177; *Schrödter,* § 1 Rz. 9c; *Oestreicher,* § 1 Nr. 6d.

[11] s. nur: *Palandt,* § 1671 Rz. 3; *Ermann,* § 1671 Rz. 17.

[12] *Bichler / Bader,* DB 1983, S. 338; *von Hoyningen-Huene,* Kündigung § 1 Rz. 14; *Zöllner,* Gutachten S. D 158; *Hueck,* § 1 Rz. 117b; *Weisemann,* BB 1977, S. 1770; LAG Düsseldorf v. 3. 6. 1982, DB 1982, S. 1935ff.; *Grüll,* S. 124f.

[13] *Ehmann,* BlStSozArbR 1984, S. 209.

bes wird dadurch geschwächt, daß mit einer qualitativ schlechteren Belegschaft die Arbeit fortgesetzt werden muß. Durch diese Kündigungspraxis kann ein ertragsschwaches Unternehmen, das aus wirtschaftlichen Schwierigkeiten heraus betriebsbedingt Arbeitskräfte abbauen muß, eher in Existenznöte geraten als wenn es mit einer Belegschaft den Betrieb aufrechterhält, die den Anforderungen besser gewachsen ist. Im Extremfall des Zusammenbruchs der Fa. wären sämtliche Arbeitsplätze verloren – eine unmittelbare Folge der „sozialgerechten Auswahl". Daraus ist die Erkenntnis abzuleiten, betriebliche Interessen jedenfalls insoweit in Anschlag zu bringen, als der Betrieb nach dem Personalabbau hinsichtlich Altersstruktur und Leistungsfähigkeit der Mitarbeiter dem bisherigen Bild entsprechen soll[14]

Ganz abgesehen davon benachteiligt das BAG-Urteil die leistungsstarken und leistungswilligen ArbN des Betriebes. Denn die Negierung der Leistungsgesichtspunkte und wohl auch der Fehlzeiten verschließt dem ArbN die Möglichkeit, sich durch gute Leistungen einen Arbeitsplatz zu sichern – ein Ergebnis, das sicherlich nicht die Leistungsmoral einer Belegschaft stärkt[15]. *Buchner*[16] ist daher dem Grundsatz nach zuzustimmen wenn er schreibt, es gehöre zu einer richtig verstandenen „sozialen" Auswahl, „daß der leistungsstarke ArbN den Vorzug vor dem leistungsschwächeren erhält – jedenfalls dann, wenn man unter „sozial" nicht nur eine staatlich-wohlfahrtpflegerische Erwartungshaltung, sondern Rücksichtnahme auf Vertragspartner, Arbeitskollegen und Allgemeinheit versteht".

4. Insbesondere zur Nichtberücksichtigung krankheitsbedingter Fehlzeiten

Nach dem BAG dürfen krankheitsbedingte Fehlzeiten im Rahmen der Sozialauswahl nur noch *zugunsten* der ArbN in Rechnung gestellt werden, es sei denn, es liegen die Voraussetzungen einer krankheitsbedingten Kündigung vor[17]. Der ArbGeb hat danach die Beeinträchtigungen und Belastungen, die mit den Fehlzeiten zusammenhängen, alleine zu tragen.

---

[14] *Hueck*, § 1 Rz. 117c; s. auch: *Weng*, DB 1978, S. 887.

[15] Sehr instruktiv und überzeugend: *Meisel* in: AP Nr. 12 zu § 1 KSchG 1969 – betriebsbedingte Kündigung (Anm.), der die Leitsätze und Motive des BAG als sehr nebulös und wirklichkeitsfremd bezeichnet; ferner: *Berkowsky*, BB 1983, S. 2062.

[16] DB 1983, S. 394.

[17] Zur krankheitsbedingten Kündigung s. *Feichtinger*, S. 154ff.; *Kuschyk / Tschöpe*, DB 1981, S. 264ff.; *Weller*, Das Arbeitsrecht der Gegenwart 1982, S. 77ff.; BAG v. 10. 3. 1977 in: AP Nr. 4 zu § 1 KSchG 1969 – Krankheit; BAG v. 26. 5. 1977 in: AP Nr. 14 zu § 102 BetrVG 1972; BAG v. 19. 8. 1976 in: AP Nr. 2 zu § 1 KSchG 1969 – Krankheit; BAG v. 22. 2. 1980 in: AP Nr. 6 zu § 1 KSchG 1969 – Krankheit; BAG v. 23. 6. 1983 in AP Nr. 10 zu § 1 KSchG 1969 – Krankheit.

Diese Rspr. kann nicht widerspruchslos hingenommen werden. So will z. B. *Lepke*[18] bei der sozialen Auswahl die auf Krankheiten beruhenden Fehlzeiten u. U. zum Nachteil des betroffenen ArbN berücksichtigen, auch wenn sie noch nicht eine personenbedingte Kündigung begründen. Denn sie führten häufig zu einer wesentlichen betrieblichen Störung und damit sei eine möglichst geringe Belastung durch auf Krankheiten[19] beruhende Ausfälle im betrieblichen Interesse[20], das er für beachtlich hält und das in diesem Fall die sozialen Interessen überwiegen soll. Die Nichteinbeziehung der Fehlzeiten in § 1 III KSchG könne ferner im Extremfall die Gefährdung der übrigen Arbeitsplätze mit sich bringen, was unsozial gegenüber der Restbelegschaft sei. *Ehmann*[21] verweist zum einen ebenfalls auf die sozialen Belange der Restbelegschaft, die unbeachtet blieben, da diese ArbN „die Restlast der ‚wegrationalisierten' ArbN mittragen müssen", zum anderen auf die negative Folge, daß der Mißbrauch des Krankfeierns deutlich zunehmen wird, wenn die ArbN-schaft in Erfahrung bringt, daß Absenzen sie nach der höchstrichterlichen Judikatur entgegen der bisherigen Praxis „sozial schutzwürdiger" machen. Beweise für diese Theorie liefern die Fehlzeitenstatistiken der BKK, die offenbaren, daß die Sorge um die Arbeitsplätze den Mißbrauch des Krankfeierns[22] stark eingeschränkt hat[23]. Untermauert wird diese These, wenn man in Erfahrung bringt, daß in der Rezession in allen Branchen der Krankenstand zurückgegangen ist – außer im öffentlichen Dienst, wo ein geringeres Arbeitsplatzrisiko besteht[24].

Nach alledem erscheint es gerechtfertigt, krankheitsbedingten Fehlzeiten ebenso wie sonstigen betrieblichen Interessen bei der Sozialauswahlentscheidung ein angemessenes Gewicht zu gewähren. Dabei wird man natürlich die unterschiedlichen Ursachen einer Krankheit analysieren müssen, denn es kann nicht die gleiche Wirkung haben, ob ein ArbN aufgrund einer einmaligen schweren Erkrankung länger ausfällt oder regelmäßig an bestimmten Tagen für kurze Zeit die Arbeit nicht aufnehmen kann (will).

Eine Ausnahme von der grundsätzlichen Berücksichtigungsfähigkeit wird aber zu machen sein, nämlich dann, wenn der ArbN wegen eines unver-

---

[18] S. 50f.; s. auch: *Hessel / Marienhagen,* S. 108f.; *Feichtinger,* S. 170f.; *Neumann,* NJW 1978, S. 1840.

[19] Zum Begriff der Krankheit im arbeitsrechtlichen Sinn s. *Foltyn,* S. 7ff.

[20] Zu den Kosten der Fehlzeiten: *Salowsky,* Personal 1981, S. 244; *Grünefeld,* Personal 1981, S. 247; *Derschka,* Manager Magazin 1981, Heft 6, S. 128 (Leichtes Spiel für Simulanten).

[21] BlStSozArbR 1984, S. 210.

[22] Zum Krankfeiern: *Franke,* BlStSozArbR 1982, S. 113ff.

[23] Vgl. die Statistiken (Repräsentativ-Krankenstand) der BKK, BKK 1973, S. 56 und 240; BKK 1983, S. 96 und 360; BKK 1984, S. 448; weiterhin: *Salowsky,* S. 50; *Kruse / Kruse,* Arbeit und Sozialpolitik 1983, S. 56ff.

[24] *Der Bundesminister für Arbeit und Sozialordnung* – Institut für angewandte Sozialwissenschaft, Forschungsbericht: Indikatoren der Arbeitszufriedenheit, Nr. 71/ 1982, S. 107.

schuldeten Arbeitsunfalles oder einer Krankheit, die durch vom ArbGeb zu vertretende Umstände oder Verhaltensweisen verursacht werden, nicht in der Lage ist, die Arbeitsleistung zu erbringen[25].

III. Fazit aus der Kritik an der geltenden BAG-Judikatur

1. Die Berücksichtigung der betrieblichen Aspekte im Rahmen des § 1 III 1 KSchG

In dem vorliegenden Gedankenmodell soll der Entscheidung des BAG, betriebliche Interessen nur über S. 2 des § 1 III KSchG zu berücksichtigen und im Rahmen des S. 1 ausschließlich auf soziale Gesichtspunkte abzustellen, die Gefolgschaft verweigert werden. Wie sich aus der kritischen Begutachtung des Urteils ergibt, sprechen für eine vergleichende Abwägung zwischen sozialen Belangen der ArbN-schaft einerseits und betrieblichen Bedürfnissen andererseits die besseren Argumente. Demzufolge sollen in einer 4. Auswahlstufe betriebliche Belange Eingang in das Auswahlsystem finden. Zu diesen aus betrieblicher Sicht interessierenden Aspekten sind insbesondere Leistungsgesichtspunkte zu zählen, denn ob die ArbN sich als leistungsstark oder leistungsschwach entpuppen, ist von wesentlicher Bedeutung für einen optimal funktionierenden betrieblichen Ablauf. Neben den Leistungsunterschieden sollen auch Fehlzeiten einen Platz in der 4. Stufe finden[26]. Die durch (krankheitsbedingte) Abwesenheit auftretenden Belastungen des Betriebes liegen ebenfalls im betrieblichen Interesse.

Es empfiehlt sich, die betrieblichen Belange als Oberbegriff anzusehen, unter den Leistungsgesichtspunkte und Fehlzeiten einerseits, sonstige betriebliche Aspekte andererseits fallen. Zu den zuletzt genannten gehört beispielsweise eine gesunde Altersstruktur. In der Hauptsache werden aber bei dem Sozialvergleich die im betrieblichen Interesse liegenden Aspekte durch Leistungsgesichtspunkte bestimmt.

Resümee: Soziale und betriebliche Aspekte sind im Rahmen des § 1 III 1 KSchG gegeneinander abzuwägen. Mit der Berücksichtigung erst in der 4. Stufe wird vermieden, daß die betrieblichen Belange die Sozialauswahl von vorneherein beeinflussen und ein ungerechtfertigtes Übergewicht erhalten. In Kapitel § 9 wird das Auswahlverfahren in allen Einzelheiten beschrieben, so daß sich an dieser Stelle ein näheres Eingehen hierauf erübrigt.

---

[25] *Neumann*, NJW 1978, S. 1840; grundlegend zu den einzelnen Arten und Auswirkungen von Arbeitsunfällen und Berufskrankheiten: *Schönberger / Mehrtens / Valentin*.

[26] Zu den Fehlzeiten im Betrieb s. *Gieffers / Pohen*.

2. Die Beurteilung und Bewertung der im betrieblichen Interesse liegenden Gesichtspunkte, insbesondere die Leistungsbeurteilung der ArbN[27]

Um den betrieblichen Interessen den ihnen zustehenden Stellenwert zukommen lassen zu können, müssen die Leistungen der ArbN in irgendeiner Form beurteilt und bewertet werden. Dabei genügt es nicht den Anforderungen, wenn die Mitarbeiter in freier Beschreibung beurteilt werden, d. h. die Leistung und Person eines ArbN summarisch erfaßt wird, denn dieses Beurteilungsverfahren liefe der Struktur dieses Auswahlsystems zuwider. Die erforderlichen Daten sind vielmehr im Wege der in hohem Maße präziseren analytischen Beurteilung zu eruieren[28]. Dabei gibt es auch hierbei sehr unterschiedliche Methoden, die zur Beurteilung von ArbN angewandt werden können[29], ebenso wie es sehr viele Verfahren gibt, um aus den einzelnen Bewertungspunkten ein Gesamturteil zu bilden. Instrument der meisten Personalbeurteilungen ist der „Beurteilungsbogen“, der auf der Grundlage „allgemeiner Beurteilungsgrundsätze“ fußt.

Im sich anschließenden Kapitel wird ein für geeignet erachtetes Bewertungssystem vorgestellt und besprochen.

---

[27] Zum Recht des ArbGeb auf Leistungsbeurteilung: BAG v. 28. 3. 1979, DB 1979, S. 1703f.

[28] *Wibbe,* S. 16.

[29] Ausführlich: *Zander / Knebel,* S. 22ff.

§ 8 Die Ermittlung und Verarbeitung der für die Sozialauswahl erforderlichen Daten

I. Überblick

Um den Sozialvergleich in der gewünschten Form durchführen zu können, sind verschiedene und verschiedenartige Daten vonnötigen, die mittels formalisierter Verfahren (Frage-, Beurteilungsbogen) ohne allzu großen technischen Aufwand erhoben werden können. Zu den relevanten Daten gehören zum einen diejenigen, die notwendig sind, um den Geldwert der Arbeit (i.e.S. und i.w.S.) zu ermitteln. Wenn auch dem Persönlichkeitswert nur in seltenen Ausnahmefällen Bedeutung zukommt, so müssen doch zum anderen die damit im Zusammenhang stehenden Informationen dem ArbGeb zugänglich sein, d.h. auch sie werden im Wege der schriftlichen Befragung eruiert. Last not least sollen die betrieblichen Belange – also insbesondere Leistungen, Eignungen und Fehlzeiten – eine Rolle spielen. Zu diesem Zweck werden mit Hilfe von Beurteilungsbögen die essentiellen Faktoren bewertet und fließen nach einer Gesamtbeurteilung in die Auswahl ein.

II. Die Daten zur Ermittlung des Geldwertes (i.e.S. und i.w.S.) und des Persönlichkeitswertes

1. Der Fragebogen

Der ArbGeb bzw. seine Bevollmächtigten müssen in die Lage versetzt werden, die Mitarbeiter nach der finanziellen Betroffenheit ihrer Haushalte und nach den Auswirkungen auf ihre Persönlichkeit miteinander vergleichen zu können. Die erfolgversprechendste und effektivste Methode dazu besteht in einem genormten Verfahren, am besten in der Gestalt eines für alle ArbN gleichlautenden funktional gestalteten Fragebogens. Ein solcher speziell für die geforderten Bedürfnisse konzipierter Fragenkatalog wird nachstehend vorgestellt:

Musterfragebogen zur Bestimmung des Geld- und Persönlichkeitswertes der Arbeit

§ 1 Allgemeine Angaben zur Person

1. Familienname:
2. Vorname:
3. ggf. Geburtsname:
4. Geburtsdatum:
5. Wohnort:
6. Familienstand (led., verh., verw., gesch., getr. lbd.):
7. Größe und Zusammensetzung des Familienhaushaltes (z. B. 4 Personen: ArbN, Ehegatte, 2 Kinder):
8. Tag des Eintrittes in unsere Fa.:

§ 2 Daten zur Ermittlung des Geldwertes i. e. S.

1. Angaben über das Familieneinkommen
   Monatliches Haushaltsnettoeinkommen aller im Haushalt lebenden Familienmitglieder?:
   (Wie hoch ist das Monatseinkommen aller im Haushalt lebenden Familienmitglieder, wenn Sie alle Einkünfte aus Erwerbstätigkeit, Renten, Pensionen, Vermietung und Verpachtung u. ä. addieren und davon Steuern und Pflichtbeiträge zur Sozialversicherung absetzen = Haushaltsnettoeinkommen? Bei Einkünften aus Gewerbebetrieb oder selbständiger Arbeit gehen Sie bitte von den Beträgen der letzten Steuererklärung aus).
2. Angaben über die monatlichen Ausgaben und Aufwendungen
   Auf welchen Betrag belaufen sich die monatlichen Ausgaben Ihres Haushaltes für:
   a) den Privaten Verbrauch*:
   b) freiwillige Versorgungsbeiträge:
   c) sonstige (Privat)Versicherungen:
   d) Kraftfahrzeug (Steuern, Versicherungen):
   e) sonstige Steuern:
   f) Beiträge an private Organisationen ohne Erwerbscharakter:
   g) auf rechtlicher Verpflichtung beruhende Unterhalts- und Unterstützungszahlung an nicht im Haushalt lebende Personen:
   h) Vermögensbildung:
   i) Miete oder Tilgung von Darlehn und Zinsen zur Eigenheimfinanzierung:
   j) sonstige Kreditrückzahlung (Angaben über Zweck der Kreditmittelgewährung und vorauss. Dauer der Belastung durch Rückführung):
   k) regelmäßige Mehrausgaben, wie z. B. für behindertes Kind, pflegebedürftiges Haushaltsmitglied:
   l) Luxusausgaben:
   m) sonstige finanziellen Aufwendungen:

* Zum Privaten Verbrauch zählen Aufwendungen für: Nahrungs- und Genußmittel; Kleidung und Schuhe; Elektrizität, Gas, Brennstoffe u. ä.; übrige Waren und Dienstleistungen für die Haushaltsführung; Waren und Dienstleistungen für Verkehrszwecke und Nachrichtenübermittlung; Waren und Dienstleistungen für die Körper- und Gesundheitspflege; Waren und Dienstleistungen für Bildungs- und Unterhaltszwecke; persönl. Ausstattung u. ä.

3. Besondere Angaben zur Ermittlung des Geldwertes i. e. S.
Wird gegen Sie oder gegen ein in Ihrem Haushalt lebendes Familienmitglied eine Lohnpfändung betrieben?:
Wenn ja:
Aufgrund welchen Anspruchs unterliegen Sie oder das Familienmitglied der Lohnpfändung und in welcher Höhe besteht der Anspruch des Pfandgläubigers?:

§ 3 Daten zur Ermittlung des Geldwertes i. w. S.:

1. Angaben über die Höhe des Familienvermögens
   a) Sind Sie im Besitz irgendwelcher der nachfolgenden Vermögenswerte (Grundvermögen, Barvermögen, Sparguthaben, Wertpapiere etc.)?:
      Wenn ja:
      aa) Wert des verwertbaren Barvermögens?:
      bb) Wert des verwertbaren Grundvermögens (es ist der geschätzte Verkehrswert zugrunde zu legen)?:
      cc) Art und Wert des sonstigen verwertbaren Vermögens?:
   b) Befinden sich in Ihrem Haushalt Familienmitglieder, die im Besitz solcher Vermögenswerte sind?:
      Wenn ja:
      aa) Wert des verwertbaren Barvermögens?:
      bb) Wert des verwertbaren Grundvermögens?:
      cc) Art und Wert des sonstigen verwertbaren Vermögens?:
2. Angaben über das Zustandekommen des Vermögens
   a) Falls Sie oder ein Familienmitglied im Besitz von Barvermögen, Spareinlagen, Wertpapieren oder vergleichbaren Vermögensgegenständen sind:
      Auf welche Art und Weise haben Sie dieses erlangt?:
      aa) Erbschaft, Vermächtnis oder sonstige unentgeltliche Zuwendung durch Dritte:
      bb) Gewinn, Spekulation o. ä.:
      cc) Ansparen:
         (1) normales, unregelmäßiges Sparen je nach den Gegebenheiten, ohne dabei den gewohnten Lebensstil zu ändern:
         (2) extremes Sparverhalten, ermöglicht durch starke Einschränkung in sonstigen Lebensbereichen:
         (3) Aufnahme einer Nebentätigkeit, um verstärkt Rücklagen bilden zu können:
      dd) Sonstiges:
   b) Falls Sie oder ein Familienmitglied Grundvermögen besitzen:
      Wie ist das vorhandene Grundvermögen überwiegend zustandegekommen?
      aa) durch Erbschaft, Vermächtnis oder sonstige unentgeltliche Zuwendung durch Dritte:
      bb) durch Aufnahme von Krediten u. ä.:
      cc) Sonstiges:
   c) Falls Sie oder ein Familienmitglied im Besitz sonstiger Vermögenswerte sind:
      Wie haben Sie diese erlangt?:

§ 4 Daten zur Ermittlung des Persönlichkeitswertes

1. Sehen Sie in der Arbeit als solcher neben dem wirtschaftlichen Faktor noch einen weitergehenden Wert für Ihre Persönlichkeitsbildung?:
   Wenn ja:
   Können Sie diesen Wert umschreiben?:
2. Können Sie besondere Umstände angeben, aus denen sich Ihrer Meinung nach ein überdurchschnittlich großes Angewiesensein auf die Arbeit, die Sie in unserer Fa. ausüben, ergibt?:
   Wenn ja:
   Welche Umstände sind das?:

Dieser Fragebogen ermöglicht eine optimale Kenntnisnahme der benötigten Informationen und darüber hinaus aufgrund seiner Standardisierung für alle ArbN des Betriebes eine vergleichende Gesamtschau, die erst die unterschiedlichen Auswirkungen für ArbN und Haushalte sichtbar macht und aus der die Erkenntnisse für den Sozialvergleich gewonnen werden.

2. Der Auswertungsbogen

Um nun die um die verbleibenden Arbeitsplätze konkurrierenden Mitarbeiter subtiler und auf rationelle Art und Weise miteinander vergleichen und daraus die notwendigen Schlüsse ziehen zu können, wurde ein speziell auf die Zweckerreichung zugeschnittener sog. „Auswertungsbogen" entworfen. In diesen tragen die zuständigen Personen die aus dem Fragebogen ersichtlichen Werte ein und haben so die Informationen jederzeit und ohne großen Aufwand parat.

Im Falle einer computermäßigen Bearbeitung der ArbN-Daten – dazu in einem gesonderten Kapitel; an dieser Stelle wird von manueller Bearbeitung ausgegangen – entfällt der Übertrag in den Auswertungsbogen, denn es ist rationeller, die durch den Fragenkatalog gewonnenen Informationen unmittelbar in den Computer einzulesen.

Wie ein solcher Auswertungsbogen in der Praxis aussehen könnte, zeigt nachfolgender „Musterauswertungsbogen":

Auswertungsbogen, um den Geldwert der Arbeit (i. e. S. und i. w. S.) sowie den Persönlichkeitswert der Arbeit errechnen zu können

Name des ArbN:

§ 1 Der Geldwert i. e. S.

1. Zahl der im Haushalt lebenden und zu versorgenden Personen:
2. Monatliches Nettoeinkommen und -einnahmen des gesamten Familienhaushaltes:

a) Bruttolohn des ArbN:
  aa) Steuerklasse:
  bb) Lohnsteuer:
  cc) Kirchensteuer:
  dd) ArbN-Anteil RV:
  ee) ArbNAnteil KV:
  ff) ArbN-Anteil AV:
b) Nettolohn des ArbN:
c) Sonstiges Nettoeinkommen des ArbN:
d) Nettoeinkommen der übrigen Familienmitglieder (incl. Arbeitslohn):

3. Monatliche Ausgaben des gesamten Familienhaushaltes:
  a) Pauschalbeträge für den Privaten Verbrauch (insg.):
  b) Sonstige tatsächliche Aufwendungen für:
    aa) Freiwillige Versorgungsbeiträge:
    bb) Sonstige Privatversicherungen:
    cc) Kfz. (Steuern, Versicherungen):
    dd) Sonstige Steuern:
    ee) Beiträge an private Organisationen ohne Erwerbscharakter:
    ff) Unterstützungs- und Unterhaltszahlungen:
    gg) Vermögensbildung:
    hh) Miete:
    ii) Kreditrückzahlung:
    jj) Sonstige Ausgaben, z. B. für behinderte Angehörige:
    kk) Luxusausgaben:
    ll) Sonstige finanziellen Aufwendungen:

4. Saldierung der Einnahmen mit den Ausgaben:

5. Monatliches Familieneinkommen im Falle einer Kündigung des ArbN:
  a) Arbeitslosengeld:
  b) Sonstiges Nettoeinkommen des ArbN:
  c) Nettoeinkommen der übrigen Familienmitglieder:

6. Saldierung des Familieneinkommens im Falle einer Kündigung mit den Ausgaben:

§ 2 Der Geldwert i. w. S.

1. Vermögen des ArbN
  a) Wert des dem ArbN gehörenden und berücksichtigungsfähigen Vermögens:
    aa) Wert des verwertbaren Barvermögens:
    bb) Wert des verwertbaren Grundvermögens:
    cc) Wert des sonstigen verwertbaren Vermögens:
  b) Zustandekommen des Vermögens:
    aa) durch Erbschaft, Vermächtnis oder sonstige unentgeltliche Zuwendung durch Dritte:
    bb) durch Gewinn, Spekulation u. ä.:
    cc) durch Ansparen:
      (1) normales, unregelmäßiges Sparverhalten je nach den Gegebenheiten, ohne dabei den gewohnten Lebensstil zu ändern:
      (2) extremes Sparverhalten, ermöglicht durch starke Einschränkung in sonstigen Lebensbereichen:

(3) Aufnahme einer Nebentätigkeit, um verstärkt Rücklagen bilden zu können:

dd) insb. bei Grundvermögen: durch Aufnahme von Krediten u. ä.:

ee) Sonstiges:

2. Vermögen der im Haushalt lebenden Familienmitglieder

a) Wert des diesen Personen gehörenden und berücksichtigungsfähigen Vermögens:

aa) Wert des verwertbaren Barvermögens:

bb) Wert des verwertbaren Grundvermögens:

cc) Wert des sonstigen verwertbaren Vermögens:

b) Zustandekommen des Vermögens:

aa) durch Erbschaft, Vermächtnis oder sonstige unentgeltliche Zuwendung durch Dritte:

bb) durch Gewinn, Spekulation u. ä.:

cc) durch Ansparen:

(1) normales, unregelmäßiges Sparverhalten je nach den Gegebenheiten, ohne dabei den gewohnten Lebensstil zu ändern:

(2) extremes Sparverhalten, ermöglicht durch starke Einschränkung in sonstigen Lebensbereichen:

(3) Aufnahme einer Nebentätigkeit, um verstärkt Rücklagen bilden zu können:

dd) insb. bei Grundvermögen: durch Aufnahme von Krediten u. ä.:

ee) Sonstiges:

§ 3 Der Persönlichkeitswert

Hat die Arbeit in diesem Betrieb für die Persönlichkeit des ArbN ausnahmsweise eine so große Bedeutung, daß es gerechtfertigt erscheint, ihn ohne Rücksicht auf finanzielle und sonstige Aspekte aus dem Kreis der ArbN herauszunehmen, unter denen die betriebsbedingt zu kündigenden auszuwählen sind?:

---

3. Probleme im Zusammenhang mit der Erhebung und Verarbeitung der Daten

Nun ist es nicht so, daß der ArbGeb ohne weiteres den ArbN alle möglichen Fragen stellen und – falls sie beantwortet würden[1] – diese auch speichern könnte. Er muß ganz im Gegenteil betriebsverfassungsrechtliche und datenschutzrechtliche Normen ebenso beachten wie das allgemeine Persönlichkeitsrecht seiner ArbN.

---

[1] Der ArbN muß nach *Hümmerich / Gola*, S. 54 keine Fragen beantworten; ebenso: *Küchenhoff*, § 94 Rz. 1; *Häßler / Kehrmann*, BlStSozArbR 1967, S. 44 ff.; a. A.: *Galperin / Löwisch*, § 94 Rz. 16, die eine Pflicht, zulässige Fragen zu beantworten, aus dem Arbeitsvertrag ableiten.

a) *Die Beschränkung des Fragerechts*

aa) Der Zweckzusammenhang mit dem Arbeitsverhältnis

Der ArbGeb darf vom ArbN nach unstrittiger Ansicht nur solche Fragen erheben[2], an deren Beantwortung er ein durch das Arbeitsverhältnis gerechtfertigtes Interesse hat, die also in einem Zweckzusammenhang mit dem Arbeitsverhältnis stehen[3]. Dabei ist Zweckzusammenhang mit dem Arbeitsverhältnis nicht gleichzusetzen mit Zweckbeziehung zur Arbeitspflicht des ArbN. „Ein Zweckzusammenhang besteht auch für solche Umstände, die nichts mit der Erbringung der Arbeitsleistung zu tun haben, wohl aber für die vom ArbGeb zu treffenden Entscheidungen (. . ., Entlassungen) von Bedeutung sind, d. h. die der ArbGeb bei seiner Entscheidung zu berücksichtigen berechtigt oder (wie etwa soziale Umstände bei der Kündigung) sogar verpflichtet ist"[4]. Fragen dagegen, die rein persönliche Dinge betreffen, ohne daß ein erkennbarer Zusammenhang mit dem Arbeitsverhältnis besteht, greifen in unzulässiger Weise in das allgemeine Persönlichkeitsrecht ein[5] und sind demzufolge unzulässig.

bb) Keine rechtlichen Bedenken gegen die Erhebung solcher Daten

Aus dem vorhergehenden ist zu schließen, daß die Erfassung der in umfangreichem Maße benötigten Daten, die die Gerechtigkeit personeller Entscheidungen wie der Kündigung unzweifelhaft erhöhen und eine weitgehend richtige soziale Auswahl erst ermöglichen, nicht dem Verbot der Erhebung unterliegen. Bestätigt wird das durch die überkommene Rspr. und Lit., in der allgemein anerkannt ist, daß die Sozialauswahl gem. § 1 III KSchG ohne Kenntnis einer großen Anzahl persönlicher, auch „privater" Daten nicht möglich ist. Insbesondere wird auch nicht die Persönlichkeit der ArbN verletzt, da unmittelbar mit den objektiven Erfordernissen des Arbeitsverhältnisses begründbare und somit rechtlich zulässige Fragen vorliegen[6].

---

[2] Übersicht über Fragen aus 100 ausgewerteten Personalfragebogen bei *Degener,* S. 21ff.; zur Zulässigkeit insb. *Hümmerich,* S. 118ff., insb. S. 167ff., der viele Fragen für unzulässig hält.

[3] Vgl. aus der unübersehbaren Lit.: *Ehmann,* PIS, S. 52; *Söllner,* S. 244; *Hanau / Adomeit,* S. 148; *Hümmerich / Gola,* S. 54; *Erdmann / Jürging / Kammann,* § 94 BetrVG Rz. 1; *Wohlgemuth,* BB 1980, S. 1532; *Pfarr,* ArbuR 1976, S. 201.

[4] *Zöllner,* Datenschutz S. 34; vgl. dazu auch *Stoltenberg,* S. 46ff., die eine Zulässigkeitsprüfung anhand objektiver Kriterien (einerseits schutzwürdige Interessen der ArbN an Individual- und Intimsphäre, andererseits berechtigte Informationsbedürfnisse des ArbGeb) vornehmen will; s. ferner: *Hunold,* DB 1976, S. 101; *Richardi,* S. 34f.

[5] *Fitting / Auffarth / Kaiser,* § 94 BetrVG Rz. 1.

[6] *Stoltenberg,* S. 52; allgemein zum Fragerecht des ArbGeb: *Degener;* s. auch: *Falkenberg,* BB 1970, S. 1013ff.

b) Das Mitbestimmungsrecht des Betriebsrates gem. § 94 I BetrVG

aa) Zielrichtung des Mitbestimmungsrechts

Nach § 94 I BetrVG bedürfen Personalfragebogen[7] der Zustimmung des Betriebsrats[8]. Dabei bezweckt diese in erster Linie den Schutz des ArbN gegen ein ungerechtfertigtes Eindringen des ArbGeb in seine Persönlichkeitssphäre[9], welches z. B. dann angenommen werden kann, wenn Fragen über persönliche Dinge gestellt werden, die in keinem erkennbaren Zusammenhang mit dem Arbeitsverhältnis stehen[10]. Werden unzulässige Fragen gestellt, so können diese auch nicht durch Zustimmung des Betriebsrats rechtliche Zulässigkeit erlangen[11].

bb) Reichweite der Mitbestimmung

Der Betriebsrat hat bei der Einführung von Personalfragebogen kein Initiativrecht[12]. Genausowenig steht es ihm zu, die Zustimmung zum Fragenkatalog nach Belieben zu verweigern; dies ist nur aus sachlichen Gründen möglich[13].

Nicht einheitlich wird die Frage diskutiert, ob sich die Mitbestimmung nur auf den Inhalt des Fragebogens erstreckt oder darüber hinausgehend auch auf die *Verwendung* der durch die Befragung erlangten Daten[14]. Man wird sich wohl der Ansicht *Zöllners* anschließen können, der ein generelles Mitbestimmungsrecht über Speicherung und Verwendung der Informationen verneint[15].

---

[7] Zu den Definitionen des Fragebogenbegriffs vgl. *Kammann / Hess / Schlochauer*, § 94 BetrVG Rz. 2; *Dietz / Richardi*, § 94 BetrVG Rz. 3; *Stege / Weinspach*, § 94 BetrVG Rz. 5; *Galperin / Löwisch*, § 94 BetrVG Rz. 3; *Hümmerich / Gola*, S. 55f.

[8] Zu den einzelnen Tatbestandsmerkmalen des § 94 I BetrVG s. *Schmid*, BB 1980, S. 1869f.; *Wohlgemuth*, BB 1980, S. 1533; *ders.*, ArbuR 1981, S. 276; *Zöllner*, Datenschutz S. 83; *Stoltenberg*, S. 27ff.; s. auch *Hümmerich*, S. 98ff.

[9] In diesem Sinne: *Galperin / Löwisch*, § 94 BetrVG Rz. 1; *Fitting / Auffarth / Kaiser*, § 94 BetrVG Rz. 1; *Dietz / Richardi*, § 94 BetrVG Rz. 1; vgl. auch die Begründung zum Regierungsentwurf zu § 94 BetrVG, BT-Drucks. VI/1786, S. 50.

[10] *Schmid*, NJW 1971, S. 1867; *Häßler / Kehrmann*, BlStSozArbR 1967, S. 44.

[11] *Weiss*, § 94 BetrVG Rz. 6.

[12] *Stege / Weinspach*, § 94 BetrVG Rz. 3; *Etzel*, S. 201; *Matysiak*, S. 44f.

[13] *Dietz / Richardi*, § 94 BetrVG Rz. 24; *Stege / Weinspach*, § 94 BetrVG Rz. 2.

[14] Nur auf den Inhalt (Erhebung): *Zöllner*, Datenschutz S. 87, 89f.; *ders.*, DB 1984, S. 243; ArbG Aachen v. 1. 9. 1975, BB 1976, S. 1511; *GK-Kraft*, § 94 BetrVG Rz. 12; *Kammann / Hess / Schlochauer*, § 94 BetrVG Rz. 5; *Galperin / Löwisch*, § 94 BetrVG Rz. 13f.; auch auf die Verwendung: *Fitting / Auffarth / Kaiser*, § 94 BetrVG Rz. 2; *Matysiak*, S. 55f.; *Simitis*, ArbuR 1977, S. 103; *Kilian*, RdA 1978, S. 205; *Wohlgemuth*, WSI-Mitt. 1979, S. 440; *Gola*, DuD 1978, S. 26; *Klebe / Schumann*, ArbuR 1983, S. 42f.; *Schwarz*, S. 126f.; *Simitis / Dammann / Mallmann / Reh*, § 23 Rz. 20; *Wohlgemuth*, Mitbestimmungsgespräch 1980, S. 130; *ders.*, ArbuR 1981 S. 276; *Gnade / Kehrmann / Schneider / Blanke*, § 94 BetrVG Rz. 1, 22.

c) Stehen datenschutzrechtliche Normen der Erhebung und Speicherung der Daten per Fragebogen entgegen?

Das BDSG trifft über die *Erhebung* von personenbezogenen Daten keine Regelung, d. h. will der ArbGeb qua Fragebogen Informationen über sein Personal gewinnen, so muß er neben dem Zustimmungsrecht des Betriebsrats nach § 94 I BetrVG nur den Zweckzusammenhang der Fragen mit dem Arbeitsverhältnis beachten, durch den eine Persönlichkeitsverletzung ausgeschaltet wird[16].

Dagegen unterfällt die Speicherung personenbezogener Daten dem Regelungsbereich des BDSG wie sich aus § 2 II Nr. 1 BDSG ergibt. Personenbezogene Daten sind dabei solche, die sich mit einer bestimmten natürlichen Person in Verbindung bringen lassen[17]. Vordringlichstes Ziel des Datenschutzrechts ist der Schutz der Privatsphäre[18].

Unter Speichern von Informationen ist in Anlehnung an § 2 II Nr. 1 BDSG das Festhalten von Daten auf einem Datenträger zu verstehen. Ein Datenträger ist dabei ex definitione jedes Medium, auf dem Daten lesbar festgehalten werden können, also u. a. auch ein Formular wie ein Personalfragebogen oder Auswertungsbogen[19]. Es ist nicht Voraussetzung, daß die Daten auf einem automatisierten Datenträger, etwa in einem PIS, gespeichert werden.

Inwieweit ist nun die Speicherung der durch den Fragenkatalog ermittelten Informationen zulässig und ab welchem Zeitpunkt kann überhaupt von „Speichern" gesprochen werden mit der Folge der Anwendbarkeit und Beachtlichkeit des BDSG? Nach einer Auffassung von *Kroll* ist bereits das Ausfüllen des Fragebogens eine Speicherung, wenn vorgesehen ist, die Daten anschließend dateimäßig auf Abruf bereitzuhalten[20]. Da die Aufstellung einer ArbN-Datei in dem vorliegenden Fall beabsichtigt ist und es sich darüber hinaus um personenbezogene Daten i. S. d. BDSG handelt, kann sich dieser Meinung ohne weiteres angeschlossen werden. Unabhängig davon ist aber begrifflich streng zwischen der nicht vom BDSG erfaßten

---

15 Datenschutz S. 89f.; ausführlich wird dies von *Stoltenberg*, S. 34ff. begründet; s. auch *Ehmann*, RdA 1983, S. 96; vgl. auch § 94 BetrVG, SPD-Entwurf v. 23. 7. 1985 in: BT-Drucks. 10/3666.

16 *Wohlgemuth*, BB 1980, S. 1533; *Kilian*, RdA 1978, S. 205; *Auernhammer*, § 2 BDSG Rz. 9; *Simitis / Dammann / Mallmann / Reh*, § 1 BDSG Rz. 18b; a. A.: *Kroll*, S. 71.

17 *Kroll*, S. 22; *Schaffland / Wiltfang*, § 2 BDSG Rz. 4; *Grochla / Weber / Werhahn*, S. 20ff.

18 Begründung zum Regierungsentwurf des BDSG, BT-Drucks. 7/1027, S. 14; *Podlech*, DVR 1976, S. 27.

19 *Wohlgemuth*, S. 39; *Simitis / Dammann / Mallmann / Reh*, § 2 BDSG Rz. 82.

20 S. 71.

Datenerhebung und der diesem unterliegenden Speicherung zu unterscheiden[21].

Unzulässig ist die Speicherung unzulässig erhobener Daten. Dabei entsprechen die Grenzen der Zulässigkeit weitgehend denen des Fragerechts des ArbGeb[22]. Zulässig ist also die Speicherung der Daten, die in einem Zweckzusammenhang mit dem Arbeitsverhältnis stehen sowie eine Speicherung, die mit Einwilligung des Betroffenen erfolgt, § 3 BDSG. § 23 BDSG läßt darüber hinaus die Speicherung zur Wahrung berechtigter Interessen zu, wenn schutzwürdige Belange des Betroffenen nicht berührt werden. Ist die Erhebung von ArbN-Daten dagegen rechtlich bedenklich und damit unzulässig, so verstößt eine Speicherung derselben gegen § 23 BDSG.

Ein Sonderproblem sei noch erwähnt: Das BDSG ist uneingeschränkt nur anwendbar, wenn die Daten in automatisierten Verfahren verarbeitet werden. Geschieht dies manuell und sind sie nicht zur Übermittlung an Dritte bestimmt – *interne Daten* – so beansprucht die Ausnahmevorschrift des § 1 II 2 BDSG Geltung[23]. Demnach wäre das BDSG nicht anwendbar, solange eine manuelle Speicherung per Frage- oder Auswertungsbogen vorliegt. Streitig ist aber gerade die Frage, wann man von internen Daten spricht[24]. Auch wenn man dem Zweck der Befragung entsprechend hier interne Daten annehmen könnte – aber wohl richtiger nicht von solchen zu sprechen, da nach § 1 III 1, 2. HS KSchG der ArbGeb verpflichtet ist, dem gekündigten ArbN die Auswahlkriterien mitzuteilen. Dazu ist auch nötig, diejenigen zu offenbaren, die Sozialdaten der vergleichbaren ArbN sind[25] – mit der Folge der Unanwendbarkeit des BDSG – außer § 6 –, so gibt es doch Autoren, die Personaldaten aufgrund ihrer besonderen Schutzwürdigkeit nicht aus dem Regelungsbereich des BDSG ausklammern wollen[26]. Letztlich spielt der Meinungsstreit keine Rolle, da mit der Zulässigkeit der Erhebung der Fragen auch die Verarbeitung nach dem BDSG erlaubt ist[27]. Das BDSG kann daher keine rechtlichen Schranken für die Verarbeitung setzen, wenn die Erhebung der Daten rechtmäßig erfolgte.

Fazit: Da zwischen Datenerhebung und -speicherung ein enger innerer Zusammenhang besteht, kann man die Erfassung der Daten als einen Unter-

---

[21] *Gallwas*, § 2 BDSG Rz. 15.

[22] *Ordemann / Schomerus*, § 23 BDSG Nr. 1.1; *Zöllner*, Datenschutz S. 46ff.; *Ehmann*, RdA 1983, S. 95.

[23] *Hümmerich*, BB 1979, S. 429.

[24] *Wohlgemuth*, S. 16f.; *Ordemann / Schomerus*, § 1 BDSG Nr. 4; *Simitis / Dammann / Mallmann / Reh*, § 1 BDSG Rz. 35ff.; *Simitis*, ArbuR 1977, S. 108; *Louis*, Rz. 57; *Auernhammer*, § 1 BDSG Rz. 11.

[25] *Meisel* in: AP Nr. 12 zu § 1 KSchG 1969 – betriebsbedingte Kündigung (Anm.); LAG Berlin v. 6. 7. 1982, DB 1983, S. 125.

[26] *Kroll*, S. 55ff.

[27] *Zöllner*, Datenschutz S. 51.

fall der Speicherung ansehen – ohne dabei allerdings die rechtliche Verschiedenheit aus den Augen zu lassen.

4. Schlußbetrachtung

Die qua des Personalfragebogens erhobenen ArbN-Daten und ihre mit Hilfe des Auswertungsbogens erfolgende manuelle Verarbeitung lassen keine grundlegenden rechtlichen Bedenken erkennen. Die benötigten Informationen stehen in einem Zweckzusammenhang mit dem Arbeitsverhältnis und sind für eine gerechtere Sozialauswahlentscheidung, des ArbGeb von Signifikanz. Allerdings ist bei der Erhebung das MBR des Betriebsrats nach § 94 I BetrVG zu beachten.

III. Die zur Ermittlung der betrieblichen Interessen relevanten Daten

1. Allgemeines

Die Belange des Betriebes, die sich insbesondere in Leistungsdifferenzen der ArbN ausdrücken, dürfen auch bei der nach § 1 III 1 KSchG vorzunehmenden sozialen Auswahl nicht gänzlich unter den Tisch fallen. Dem Auswahlsystem ist es in Stufe 1 - 3 immanent, die vergleichbaren ArbN – anhand einer Reihe von personenbezogenen Informationen – sehr sorgsam nach den Auswirkungen einer eventuellen Arbeitslosigkeit auf ihre wirtschaftlichen und persönlichen Verhältnisse miteinander zu vergleichen. Nach der dritten Gegenüberstellung sind die nach sozialen Gesichtspunkten am schutzwürdigsten ArbN aus dem Kreis der zur Kündigung anstehenden herausgefallen (vgl. auch das Musterbeispiel im Anhang). Unter den Verbliebenen sollen nun betriebliche Aspekte die weitere Entscheidung beeinflussen. Um dem bisherigen Verfahren in adäquater Form gerecht zu werden, können die betrieblichen Interessen, insbesondere die Bedeutung der einzelnen ArbN für einen geordneten Betriebsablauf, nicht einfach pauschal und undifferenziert beurteilt werden. Eine Aufstellung der entscheidungserheblichen Merkmale, in der u. a. alle berufswichtigen Leistungs- und Persönlichkeitskriterien zu berücksichtigen sind, und deren differenzierte Bewertung erlaubt eine gerechtere Auswahlentscheidung, denn die ArbN, die z. B. aufgrund ihrer Leistungsbereitschaft, Leistungsstärke usw. für den Betrieb besonders wertvoll sind, das Fortbestehen ihres Arbeitsverhältnisses daher im betrieblichen Interesse liegt, sind in der 4. Stufe aus dem Kreis der Kündigungskandidaten auszuklammern.

Um die betrieblichen Belange sachgerecht berücksichtigen zu können, empfiehlt es sich, den Wert der verschiedenen ArbN für das Unternehmen anhand einer Mitarbeiterbeurteilung in Form „allgemeiner Beurteilungsgrundsätze“ zu ermitteln.

2. Die Mitarbeiterbeurteilung

Mitarbeiter, die leistungsstark, leistungswillig etc. sind, müssen in irgendeiner Form die Früchte aus ihren positiven Eigenschaften ernten können. Würde man keinerlei Rücksicht auf diese Tugenden nehmen – wie das die höchstrichterliche Rspr. als Negativbeispiel vorführt – würden sie aller Wahrscheinlichkeit nach schnell verkümmern, denn Leistung muß sich schließlich lohnen – auch oder gerade wenn es um die Erhaltung des Arbeitsplatzes geht[28]. Diese Maxime soll Aufhänger für die vorzunehmende ArbN-Beurteilung sein, deren Auswertung als betrieblicher Aspekt in die Sozialauswahl einfließt. Schneidet dabei ein ArbN überdurchschnittlich gut ab, so ist er für den Betrieb in besonderem Maße wertvoll und der Fortbestand seines Arbeitsverhältnisses liegt im Interesse des Betriebes. Wird ein ArbN dagegen schlecht beurteilt, so leuchtet es ein, daß es weder im Sinn des Betriebsinhabers noch seiner Arbeitskollegen ist, ihn eher zu behalten als einen besser Abschneidenden.

Da die sozial schutzbedürftigsten bereits in Stufe 1 - 3 weggefallen sind, wird den Leistungsgesichtspunkten auch nicht ein zu bestimmendes Gewicht beigemessen, sondern von sozial stärkeren ArbN wird der faulste, ungeeignetste und leistungsschwächste entlassen.

a) Die allgemeinen Beurteilungsgrundsätze

Legt der ArbGeb einzelne Beurteilungsmerkmale fest, bestimmt er Beurteilungs- und Bewertungsmaßstäbe oder trifft er in sonstiger Weise irgendeine Bestimmung, anhand derer ihm die Beurteilung seines Personals ermöglicht wird, spricht man von „allgemeinen Beurteilungsgrundsätzen“[29]. Keine solchen liegen nur dann vor, wenn sie 1. keine allgemeingültigen Aussagen enthalten und 2. im Betrieb nicht allgemein gelten sollen[30]. In der Publizistik werden unter den allgemeinen Beurteilungsgrundsätzen „alle Regeln, Richtlinien oder Systeme zur fachlichen oder persönlichen Beurteilung neu einzustellender Bewerber oder bereits beschäftigter Mitarbeiter“ verstanden[31]. Durch diese Grundsätze soll ein einheitliches Vor-

---

[28] Zum Leistungsprinzip *Sontheimer,* Fortschrittliche Betriebsführung und Industrial Engineering 1977, S. 12.

[29] Vgl. dazu: *Hanel,* Personal 1979, S. 257; *Dietz / Richardi,* § 94 BetrVG Rz. 38.

[30] *Galperin / Löwisch,* § 94 BetrVG Rz. 30.

[31] Zum Begriff: *Stege / Weinspach,* § 94 BetrVG Rz. 28; LAG Hannover v. 25. 2. 1980, DB 1980, S. 1849; *Heinze,* Rz. 95; *Meisel,* Rz. 186; *Zöllner,* Datenschutz S. 93f.

gehen bei der Beurteilung und eine Bewertung nach übereinstimmenden Maßstäben ermöglicht und so erreicht werden, daß die Beurteilungsergebnisse miteinander vergleichbar sind.

Regelungsgegenstand ist nur die Beurteilung von *Personen*, nicht aber die den Arbeitsplatz betreffenden Stellenbeschreibungen und Arbeitsplatzbewertungen[32].

b) Das Mitbestimmungsrecht des Betriebsrats gem. § 94 II BetrVG

Will der ArbGeb in seinem Betrieb allgemeine Beurteilungsgrundsätze einführen, so hat er das Mitbestimmungsrecht des Betriebsrats nach § 94 II BetrVG zu beachten[33]. Dabei ist es ohne Bedeutung, ob die Beurteilungsregeln schriftlich fixiert werden – was in praxi wohl die Norm sein dürfte – oder ob lediglich in mündlicher Form generell-verbindliche Anordnungen getroffen werden[34]. Es ist allerdings nicht jede ArbN-Beurteilung mitbestimmungspflichtig, sondern nur dann, wenn der ArbGeb die Art und Weise der Durchführung der Beurteilung näher bestimmt, nach der oben gegebenen Definition also allgemeine Beurteilungsgrundsätze vorliegen[35]. Zu beachten ist, daß bereits die *Aufstellung* der Beurteilungsregeln der Zustimmungspflicht des Betriebsrats unterliegt[36], wobei es ihm aber nicht freigestellt ist, sein Plazet nach Gutdünken zu erteilen oder zu verweigern[37]; der Betriebsrat kann nur bei Vorliegen sachlicher Gründe die Bewertungsregeln ablehnen. Das MBR erstreckt sich auch auf die Gewichtung der Kriterien und damit auf die Auswertung der Beurteilung. Die Schlußfolgerungen aus der Auswertung – hier die Beeinflussung der Sozialauswahl – unterliegen jedoch nicht mehr dem Zustimmungsrecht nach § 94 II BetrVG, sondern dem aus § 95 BetrVG, da es sich dabei – sofern die sonstigen Voraussetzungen gegeben sind – um eine Kündigungsauswahlrichtlinie handelt[38].

---

32 *Schwarz* in Gaugler u.a., HwP, Sp. 1879 ff.; *Galperin / Löwisch*, § 94 BetrVG Rz. 29; *Hunold*, DB 1976, S. 102; eine Arbeitsplatzbewertung ist aber für eine sachgemäße Beurteilung grds. unerläßlich vgl. *Gnade / Kehrmann / Schneider / Blanke*, § 94 BetrVG Rz. 39.

33 Instruktiv und informativ zum MBR des BR bei allg. Beurteilungsgrundsätzen *Stoltenberg*, S. 59 ff.; die Zustimmung des BR erfolgt i.d.R. durch den Abschluß einer Betriebsvereinbarung, sie kann aber auch formlos erteilt werden, s. *Dietz / Richardi*, § 94 BetrVG Rz. 47; Entwurf einer Betriebsvereinbarung bei *Raschke / Knebel*, S. 117 und *Hagenbruck*, Mitbestimmungsgespräch 1973, S. 41 f.

34 *Fitting / Auffarth / Kaiser*, § 94 BetrVG Rz. 7; a.A.: *GK-Kraft*, § 94 BetrVG Rz. 6.

35 *Stoltenberg*, S. 79 ff.; vgl. dazu weiter BAG v. 24. 11. 1981, DB 1982, S. 1118.

36 *Stoltenberg*, S. 67 f.

37 *Stoltenberg*, S. 93 ff.

38 *Hunold*, DB 1976, S. 102.

Dem Betriebsrat steht kein Initiativrecht zu[39]. Ebensowenig kann er anstelle der vom ArbGeb vorgesehenen Regelung völlig andersartige Grundsätze verlangen[40], denn ihm steht nur das Recht zu, auf die inhaltliche Gestaltung der Bewertungsgrundsätze Einfluß zu nehmen[41]. Auch bei der Beurteilung im Einzelfall mangelt es ihm an einem MBR[42].

Sinn und Zweck des MBR ist die Objektivierung von Beurteilungsgrundsätzen im Interesse der ArbN[43], die Gewährleistung sachlicher Entscheidungsgrundlagen[44], Verhindern des rechtswidrigen Eindringens in die Persönlichkeitssphäre der ArbN[45] sowie Schutz vor unsachlichen, ungerechten oder willkürlichen Entscheidungen des ArbGeb[46].

c) Rechtfertigt der Zweck (= Teilaspekt zur Findung größerer sozialer Gerechtigkeit bei der Sozialauswahl) die ArbN-Beurteilung?

Die genaue Erfassung der Leistungen des Personals soll Aufschluß darüber geben, ob die Aufrechterhaltung der Arbeitsverhältnisse verschiedener Mitarbeiter von betrieblichem Nutzen sein kann. Das Instrumentarium der Leistungs- und Personalbeurteilung verfolgt somit primär das Ziel, (in der 4. Auswahlstufe) die zu kündigenden ArbN aus der Gruppe der Vergleichbaren ausfindig zu machen; die Beurteilung ist demzufolge Bestandteil der die soziale Auswahl prägenden Auswahlgrundsätze. Kann nun dieser Zweck die Beurteilung rechtfertigen oder darf diese ausschließlich zur Verfolgung anderer Ziele eingesetzt werden? Nach *Erdmann / Jürging / Kammann* ist Sinn der Beurteilung, zu prüfen, „ob der ArbN ... optimal gearbeitet hat, ob er für andere Funktionen geeignet ist und ob Maßnahmen der Fort- und Weiterbildung in Betracht kommen“[47]. *Galperin / Löwisch* wollen die berufliche Entwicklung des ArbN im Betrieb fördern, wenn eine positive Beurteilung das erfolgversprechend erscheinen läßt[48]. Weiterhin werden allgemeine Beurteilungsgründe im Rahmen eines Entgeltzahlungssystems –

---

[39] *Dietz / Richardi*, § 94 BetrVG Rz. 45; *Brecht*, § 94 BetrVG Rz. 5; *Hunold*, DB 1976, S. 101; *Wlotzke*, § 94 BetrVG Nr. 4.

[40] *Stoltenberg*, S. 89ff.

[41] *Dietz / Richardi*, § 94 BetrVG Rz. 46; *Galperin / Löwisch*, § 94 BetrVG Rz. 32.

[42] *Dietz / Richardi*, § 94 BetrVG Rz. 51; *GK-Kraft*, § 94 BetrVG Rz. 6; *Galperin / Löwisch*, § 94 BetrVG Rz. 31; *Meisel*, Rz. 193.

[43] Begründung zum Regierungsentwurf, BT-Drucks. VI/1786, S. 50 (§ 94 BetrVG 1972); ferner: *Kammann / Hess / Schlochauer*, § 94 BetrVG Rz. 18; *Erdmann / Jürging / Kammann*, § 94 BetrVG Rz. 8; *Stege / Weinspach*, § 94 BetrVG Rz. 26.

[44] *Haberkorn*, S. 46; *Gnade / Kehrmann / Schneider / Blanke*, § 94 BetrVG Rz. 37.

[45] *Dietz / Richardi*, § 94 BetrVG Rz. 37.

[46] *Stoltenberg*, S. 19ff., 65.

[47] § 94 BetrVG Rz. 8; ferner: *GK-Kraft*, § 94 BetrVG Rz. 22.

[48] § 94 BetrVG Rz. 25.

insbesondere Bemessung von Leistungszulagen – eingesetzt[49]. Erleichterungen über Entscheidungen des Personaleinsatzes und Objektivierung von Personalentwicklungs-, Personalförderungs- und Bildungsmaßnahmen sollen nach *Gnade / Kehrmann / Schneider / Blanke* die Intentionen der Beurteilung sein[50]. Eine systematische Übersicht über die Zwecke der Leistungsbeurteilung geben *Gaugler / Kolvenbach / Lay / Ripke / Schilling*[51]. Bei *Raschke / Knebel*[52] findet sich ein erster Hinweis, nach dem die Personalbeurteilung auch zur Auslese zur Probe eingestellter Mitarbeiter zulässig ist. Eine Reihe von Publikationen führt schließlich die Personalbeurteilung als Grundlage für die Entlassung von Mitarbeitern an[53]. Zwar ist diese Zwecksetzung in der Lit. nicht unbestritten[54], doch sind die Argumente derjenigen gewichtiger, die eine Beurteilung mit dieser Zielrichtung befürworten.

Auch als Hilfestellung bei der Sozialauswahl kann daher die ArbN-Beurteilung große Dienste leisten. Denn entschließt man sich, betriebliche Interessen, die sich in erster Linie in den Leistungen der ArbN dokumentieren, zu berücksichtigen, so muß es selbstverständlich möglich sein, diese verwertbar zu gestalten. Dürfte man die Leistungen der ArbN nicht zur Gewinnung eindeutiger Ergebnisse beurteilen, so würde die Berücksichtigungsfähigkeit der im betrieblichen Nutzen stehenden Belange ad absurdum geführt. Denn wie soll ein Unternehmer wissen, welche ArbN dem Betrieb erhalten bleiben sollen, wenn er die nötigen Erkenntnisse nicht gewinnen darf?

Resümee: Die Beurteilung der Mitarbeiter darf auch dazu dienen, in der 4. Vorauswahlstufe eine Auswahl nach betrieblichen Gesichtspunkten zu erleichtern.

d) Der Persönlichkeitsschutz des ArbN

Allgemein anerkannt ist der Persönlichkeitsschutz des ArbN vor Eingriffen des ArbGeb, der mangels ausdrücklicher gesetzlicher Normierung – ungeachtet einzelner Sonderbestimmungen – sich nach den Regeln des Privat- und Verfassungsrechts richtet[55]. Es ist zu prüfen, ob die Mitarbeiterbeurteilung zu Kündigungszwecken in der hier vorgestellten Form einen Ein-

---

[49] Dabei besteht ein MBR nach § 87 I Nr. 10 BetrVG; § 94 II BetrVG ist aber lex specialis; für einen Vorrang des § 87 I Nr. 10 BetrVG gegenüber § 94 II BetrVG: *Stege / Weinspach*, § 94 BetrVG Rz. 30; zur Leistungsbeurteilung für die Vergabe von Leistungszulagen s. *Schaefer*, Mensch und Arbeit 1967, S. 149; *Gonnermann*, Personal 1968, S. 280.

[50] § 94 BetrVG Rz. 38; weiterhin: *Lorenz*, S. 61.

[51] S. 25 ff.; zum Zweck der Leistungsbeurteilung auch: *Zander / Knebel*, S. 11 ff.

[52] S. 13; ebenso: *Sämann*, Industrial Engineering 1973, S. 4.

[53] *Korff / Schmidt*, S. 99; *Lattmann*, S. 23; *Schittek*, Personal 1969, S. 84.

[54] Z.B. *Lattmann*, S. 169.

[55] Zum Persönlichkeitsschutz der ArbN umfassend: *Wiese*, ZfA 1971, S. 273 ff.

griff in die Eigensphäre der ArbN darstellt und damit das Persönlichkeitsrecht verletzt[56]. Möglich ist dabei zum einen ein Verstoß des Beurteilungsverfahrens selbst, zum anderen ein Eingriff in die Intimsphäre der ArbN mittels eines zwar unbedenklichen Verfahrens, zu der der ArbGeb aber nicht legitimiert ist.

Es gilt: Die Personalbeurteilung verletzt prinzipiell nicht das Persönlichkeitsrecht der ArbN, denn sie bewegt sich innerhalb des Zwecks des Arbeitsverhältnisses und wird nach Umfang und Gegenstand in angemessener Form vorgenommen[57]. Die Abwägung zwischen schützenswerten ArbN-Belangen und Interesse des ArbGeb an der Beurteilung muß zugunsten der letzteren entschieden werden[58].

e) Stehen datenschutzrechtliche Normen der Mitarbeiterbeurteilung und der Speicherung der gewonnenen Daten sowie deren Verarbeitung im Rahmen der Sozialauswahl entgegen?

Da die ArbN-Beurteilung durch den Beurteilungsbogen, die einer Erhebung von Daten entspricht, in einem Zweckzusammenhang mit dem Arbeitsverhältnis steht und daher nicht rechtlichen Bedenken ausgesetzt ist, steht einer Speicherung und Verarbeitung das BDSG nicht im Wege. Es kann insoweit auf die Ausführungen auf S. 119ff. verwiesen werden.

f) Der Kreis der Beurteiler

In aller Regel wird die Beurteilung durch den unmittelbaren Vorgesetzten vorgenommen und durch einen übergeordneten Vorgesetzten kontrolliert[59]. Möglich ist aber auch eine Gruppen- oder Mehrfachbewertung[60]. Diese scheint die objektivsten Ergebnisse zu gewährleisten. Die ArbN werden von normalerweise zwei Bewertern (z. B. direkter Vorgesetzter und Betriebsleiter) unabhängig beurteilt. Die Beurteilungen werden dann zwischen den Bewertern, dem Betriebsrat und der Personalabteilung besprochen und endgültig festgelegt[61].

---

56 s. dazu: *Schmid,* BB 1970, S. 351ff.
57 *Wiese,* ZfA 1971, S. 307.
58 Vgl. zur Abwägung beim Personalinterview: *Schmid,* DB 1980, S. 2445.
59 *Schuler,* S. 114; *Engriser,* Industrielle Organisation 1974, S. 224.
60 *Zimmer,* S. 46.
61 *Tenckhoff,* Zeitschrift für Organisation 1974, S. 432; *Bloch* in Gaugler u. a., HwP, Sp. 1172; s. auch *Grunow,* S. 3.

3. Die Leistungs- und Personalbeurteilung in concreto

a) Begriff[62]

In der Publizistik herrscht eine kaum übersehbare Begriffsvielfalt. Teils werden die Begriffe synonym verwendet[63], teils wird zwischen ihnen differenziert. Dabei wird insbesondere die Personalbeurteilung als Oberbegriff angesehen, zu deren Bestandteilen neben der Entwicklungs-, Persönlichkeits-, Eignungs- und Verhaltensbeurteilung auch die Leistungsbeurteilung gezählt wird[64].

b) Die relevanten Beurteilungskriterien

aa) Die Auswahl der Kriterien nach dem Beurteilungszweck

Die Verwendung der Beurteilungsmerkmale richtet sich in erster Linie nach dem Zweck, der mit der Bewertung verfolgt wird[65]. Einmal kann die Leistung der ArbN in der Vergangenheit ganz obenan stehen (z.B. bei der Bestimmung der Höhe der Leistungszulagen), was zur Folge hat, daß besonderer Wert auf die Quantität und Qualität der Leistung gelegt wird[66]. Das ist der klassische Fall der Leistungsbeurteilung, bei der persönlichkeitsspezifischen Merkmalen wie z.B. Charakter, Persönlichkeit etc. keine Bedeutung beigemessen wird. Ein anderes Mal kann der ArbGeb an der Beurteilung der Persönlichkeit, des Verhaltens, der Entwicklung oder der Eignung besonders interessiert sein. Er wird dann die Merkmale in den Vordergrund stellen, anhand derer er am besten in der Lage ist, sich das gewünschte Bild zu machen. Ein essentielles Wesensmerkmal jeder Art von Mitarbeiterbeurteilung ist nur, daß allein *arbeitsspezifische* Aspekte die Grundlage der Bewertung bilden, da sonst die Gefahr der Persönlichkeitsverletzung droht[67].

Mittels der Beurteilung soll in dem Auswahlsystem untersucht werden, inwieweit die Weiterbeschäftigung bestimmter ArbN im betrieblichen Interesse liegt. Dabei geht es primär nicht um die Erforderlichkeit i.S.d. § 1 III 2 KSchG, d.h. um die Frage, ob betriebliche Gesichtspunkte die Weiterbeschäftigung eines oder mehrerer bestimmter ArbN bedingen. Allerdings kann sich nach Auswertung der Beurteilungsbogen ohne weiteres

---

62 *Beyss*, S. 19ff.; *Gaugler / Kolvenbach / Lay / Ripke / Schilling*, S. 22ff.

63 *Lattmann*, S. 27; *Wibbe*, S. 13.

64 *Fischer*, Personal 1975, S. 8ff.; *Raschke / Knebel*, S. 111.

65 Einen Katalog von 150 Beurteilungsmerkmalen enthält: *Strametz / Lometsch*, S. 75ff.

66 *Zander / Knebel*, S. 26ff.; vgl. auch den Entwurf des BMI für eine Leistungsbeurteilung im öffentlichen Dienst, abgebildet bei *Zander / Knebel*, S. 29.

67 Vgl. die Ausführungen zu Fn. 57.

ergeben, daß der eine oder andere ArbN unter den Schutz des S. 2 des § 1 III KSchG fällt und deswegen schon aus dem Kreis der Kündigungskandidaten herausfällt.

Um nun den betrieblichen Vorteil an der Aufrechterhaltung einiger noch zu bestimmender Arbeitsverhältnisse sichtbar machen zu können, muß sowohl die Beurteilung des Arbeitsergebnisses in der Vergangenheit (= Leistungsbeurteilung i. e. S.) als auch die Eignung und Verwendungsmöglichkeit der ArbN für die Zukunft sowie bestimmte Persönlichkeitsmerkmale – soweit sie nicht schon in der Leistungsbeurteilung enthalten sind – vom ArbGeb eruiert werden[68].

bb) Die Auswahl der Kriterien nach anderen Merkmalen

Neben dem *Zweck* der Beurteilung muß man berücksichtigen, welche *Funktion* die zu Beurteilenden im Betrieb ausüben, um entscheidungserhebliche Bewertungsmerkmale zu bestimmen. Es leuchtet ein, daß in einem Konzern für die Bewertung von z. B. Führungskräften[69] andere Kriterien ausschlaggebend sein müssen als für die Beurteilung von Fließbandarbeitern. Letztendlich muß auch nach betriebstypischen Merkmalen – also die Besonderheiten des Betriebes beachtend – unterschieden werden, so daß die Auswahl der Beurteilungsmerkmale von drei Faktoren abhängt – dem Zweck der Beurteilung, den berufsspezifischen und den betriebsspezifischen Kriterien. Nicht nur die Auswahl der Bewertungskriterien, sondern auch deren Gewichtung kann nicht schematisch bestimmt werden. Je nach Unternehmen, Branche, Tätigkeitsbereich und Berufsgruppe muß eine speziell den Besonderheiten angepaßte Wertigkeit gewählt werden[70].

Fazit: Es ist nicht möglich, allgemeingültige Maßstäbe und Richtlinien für die Bestimmung der Beurteilungsgesichtspunkte und ihrer Gewichtung aufzustellen. Im folgenden soll aber zur Verdeutlichung ein Beurteilungsbogen vorgestellt werden, wie er in der Praxis aussehen könnte, um Aufschlüsse über Personen und Leistungen zu geben, die für die soziale Kündigungsauswahlentscheidung als betriebliche Belange von Bedeutung sein könnten.

---

[68] Zu den Arten der Mitarbeiterbeurteilung: *Zander / Knebel*, S. 22 ff.

[69] Zur Beurteilung von Führungskräften s. *Müller*, Industrielle Organisation 1974, S. 227 ff.

[70] *Raschke / Knebel*, S. 41 ff.; *Knebel*, Personal 1974, S. 245.

c) *Die Beurteilung*

aa) Die analytische Beurteilung

Grundsätzlich ist zwischen der summarischen und der analytischen Beurteilung zu unterscheiden[71]. Da die freie oder summarische Beurteilung keine subtil differenzierenden Ergebnisse zuläßt, muß mit Hilfe eines formalisierten Bewertungsbogens, in dem die Beurteilungskriterien und deren Gewichtung vorgeschrieben sind, die Signifikanz der ArbN für den Betrieb deutlich gemacht werden (analytische Beurteilung). Vorteile des genormten Bewertungsverfahrens ist zum einen die Vereinfachung der Beurteilung selbst, zum anderen die bessere Vergleichbarkeit der ArbN untereinander. Auch für eine eventuelle elektronische Datenverarbeitung ist diese Art der Beurteilung unerläßlich.

bb) Beispiel eines Beurteilungsbogens

Nachstehend wird ein Musterbeurteilungsbogen vorgestellt, der eine Bewertung der gewerblichen ArbN in einem stahlverarbeitenden Betrieb ermöglicht.

Musterbeurteilungsbogen für gewerbliche ArbN im stahlverarbeitenden Betrieb*

I. Allgemeine Daten

1. Name und Vorname des Beurteilten:
2. Geburtsdatum:
3. Betriebsangehörigkeit seit:
4. Tätigkeitsbereich:
5. Seit wann in dieser Funktion:
6. Beurteilungszeitraum:

---

* *Beurteilungsmaßstab*

Notenstufe I	:	240 - 250 P.	Spitzenkraft
Notenstufe II	:	230 - 239 P.	sehr gute Arbeitskraft
Notenstufe III	:	200 - 229 P.	überdurchschnittlich gute Arbeitskraft
Notenstufe IV	:	180 - 199 P.	gute Arbeitskraft
Notenstufe V	:	150 - 179 P.	durchschnittliche Arbeitskraft
Notenstufe VI	:	120 - 149 P.	leicht unter dem Durchschnitt liegende Arbeitskraft
Notenstufe VII	:	90 - 119 P.	unterdurchschnittliche Arbeitskraft
Notenstufe VIII	:	60 - 99 P.	schlechte Arbeitskraft
Notenstufe IX	:	unter 60 P.	den Anforderungen nicht entsprechende Arbeitskraft

[71] Zum Begriff: *Wibbe*, S. 89 und § 7 Fn. 28.

7. Datum der Beurteilung:
8. Name des Beurteilers:

II. Beurteilungsmerkmale

1. Arbeitsgüte (max. 52 P.)

a) Richtigkeit und Verwendbarkeit der Arbeitsergebnisse (max. 10 P.):
b) Fachkenntnisse (max. 10 P.):
c) Einhalten von Vorschriften und Anweisungen (max. 6 P.):
d) Ordnung am Arbeitsplatz (max. 6 P.):
e) Berufliche Geschicklichkeit (z.B. Handfertigkeit) (max. 10 P.):
f) Sorgfalt bei der Arbeit (max. 10 P.):

2. Arbeitsmenge (max. 30 P.):

a) Zeitaufwand für einwandfreie Arbeitsergebnisse, Arbeitstempo (max. 10 P.):
b) Ausdauer, Stetigkeit der Leistungen (max. 10 P.):
c) Belastbarkeit bei besonderen Anforderungen (max. 10 P.):

3. Arbeitsverhalten (max. 88 P.):

a) Kostenbewußtsein (max. 8 P.):
b) Sorgfältige Behandlung von Betriebsmitteln (max. 6 P.):
c) Zuverlässigkeit bei der Arbeit (max. 8 P.):
d) Pünktlichkeit (max. 6 P.):
e) Zusammenarbeit, Teamgeist, Kooperationsfähigkeit und -bereitschaft (max. 8 P.):
f) Initiative, Verbesserungsvorschläge, Ideenreichtum (max. 4 P.):
g) Einsatzbarkeit an verschiedenen Arbeitsplätzen, vielseitige Verwendbarkeit (max. 8 P.):
h) Verantwortungsbereitschaft (max. 5 P.):
i) Leistungsbereitschaft, Arbeitsbereitschaft, Arbeitsenergie, Arbeitseinstellung (max. 10 P.):
j) Freiwillige Mitarbeit an betrieblichen Gemeinschaftseinrichtungen (max. 2 P.):
k) Selbständigkeit und Sicherheit am Arbeitsplatz (max. 8 P.):
l) Grundlose, unkollegiale Ablehnung erforderlicher Mehrarbeit (max. 5 P.):
m) Aufmerksamkeit, Konzentration (max. 6 P.):
n) Entscheidungsverhalten (max. 4 P.):

4. Sonstige, im betrieblichen Interesse liegende Beurteilungsmerkmale (max. 80 P.):

a) Aus- und Weiterbildungsbereitschaft (max. 8 P.):
b) Einsatzbereitschaft (max. 10 P.):
c) Kollegialität (max. 6 P.):
d) Ausfallzeiten infolge Krankheitshäufigkeit (max.: 10 P.):
e) Rücksichtnahme auf Kollegen und Fa. (max. 6 P.):
f) Einarbeitungsvermögen (max. 5 P.):
g) Verhalten gegenüber Vorgesetzten (max. 4 P.):
h) Wendigkeit (max. 4 P.):
i) Einhaltung der betrieblichen Ordnung (max. 7 P.):
j) Entwicklungsmöglichkeiten des ArbN im Betrieb (ArbN evtl. für höhere Aufgaben befähigt) (max. 10 P.):

k) Improvisationsfähigkeit (max. 5 P.):
l) Loyalität (max. 5 P.):

III. Gesamtpunktzahl (max. 250 P.)

IV. Bemerkungen:

Unterschrift des Beurteilers Unterschrift des Beurteilten

---

4. Resümee

Haben die Beurteiler im Gespräch mit der Personalabteilung und möglichst auch mit dem Betriebsrat – obwohl dieser de jure nicht an der unmittelbaren Beurteilung der ArbN beteiligt werden muß[72] – die Gesamtpunktzahl für die bewerteten Mitarbeiter festgeschrieben, so können ohne Schwierigkeiten Rückschlüsse gezogen werden, welche der vergleichbaren ArbN für den Betrieb in besonders hohem Maße wertvoll sind. Die bei der Bewertung besonders positiv Aufgefallenen fallen in der 4. Vorauswahlstufe dann aus dem Topf der betriebsbedingt zu kündigenden ArbN heraus.

Möglich ist auch, daß die Auswertung ergibt, daß ein ArbN gem. § 1 III 2 KSchG für den geordneten Betriebsablauf erforderlich (notwendig) ist – Terminologie nach dem Spruch des BAG vom 24. 3. 1983 –, was zur Folge hat, daß er überhaupt nicht zu dem Kreis derjenigen Arbeitskollegen zählt, unter denen eine Auswahl nach sozialen Gesichtspunkten getroffen werden muß. Er verbleibt daher ohne weiteres im Betrieb. Allerdings wird diese Betriebsnotwendigkeit bei einem Vergleich unter gewerblichen ArbN eine Rarität bleiben, da in dieser Berufsgruppe (vorwiegend Zieher, Richter, Schweißer in einem stahlverarbeitendem Betrieb) eine unbedingte Erforderlichkeit für den geordneten Betriebsablauf verschwindend gering sein dürfte. Etwas anderes gilt, wenn höherqualifizierte ArbN wie z. B. Schichtführer oder leitende Angestellte beurteilt werden, da diese Personen auch Führungsaufgaben wahrzunehmen haben und dabei besondere Fähigkeiten entwickeln können.

In diesem Zusammenhang sei nochmals eindringlich darauf hingewiesen, daß die Art der Beurteilungsmerkmale und insbesondere die Gewichtung nicht für alle Betriebe und Tätigkeiten festgeschrieben sind, sondern von Fall zu Fall erheblich variieren können[73].

---

[72] Vgl. S. 124, Fn. 42.

[73] Zur Beurteilung von Führungskräften können z. B. folgende Merkmale wesentlich sein: Planungsverhalten, Organisationsverhalten, Initiativverhalten, Flexibilität, Zielorientierung, Verantwortungsverhalten, Information, Entscheidungsverhalten, Kontrolle, Beurteilung, Motivation, pädagogische Fähigkeiten.

5. Schlußbetrachtung

Die Forderung nach der Berücksichtigung der betrieblichen Interessen im Rahmen der Abwägung nach § 1 III 1 KSchG wird durch das Ausgeführte erfüllt. Daß dabei beachtenswerte betriebliche Belange fast ausschließlich sich aus der Beurteilung der Leistungen und der Verwendbarkeit der ArbN ergeben, liegt in dem Umstand begründet, daß bei einer sozialen Kündigungsauswahl die ArbN des Betriebes im Mittelpunkt stehen, und die Vor- und Nachteile für die Unternehmung nur mit der unterschiedlichen Bedeutung der Mitarbeiter für den Betrieb zusammenhängen können. Das Kaprizieren auf Leistungsgesichtspunkte ist daher gerechtfertigt und entspricht vollauf den Anforderungen.

§ 9 Auswahlverfahren und Auswahlrichtlinien

In den vorangehenden Kapiteln wurden Grundsätze aufgestellt und konkretisiert, die eine transparente und im Verhältnis zu der bisherigen Praxis gerechte Sozialauswahl ermöglichen. Insbesondere werden die Auswirkungen einer Kündigung mit sich daran anschließender Arbeitslosigkeit auf die finanziellen Verhältnisse der ArbN und ihrer Haushalte sowie auf die Persönlichkeit der Betroffenen sichtbar gemacht und durch eine dementsprechende Auswahlentscheidung höchstmögliche soziale Gerechtigkeit erreicht. Dem Näherkommen des Idealzustandes von absoluter sozialer Gerechtigkeit dient auch die Beachtlichkeit von Leistungsgesichtspunkten und Fehlzeiten.

I. Das Auswahlverfahren

Die Auswahlgrundsätze allein lassen noch nicht hinreichend deutlich erkennen, wie im Falle des Erfordernisses betrieblich bedingter Kündigungen die soziale Auswahl nach diesem System in praxi durchgeführt werden soll. Dazu bedarf es eines Auswahlverfahrens, welches im folgenden dargestellt wird (zugleich Inhalt einer *Musterkündigungsauswahlrichtlinie*):

1. Die benötigten entscheidungserheblichen Daten aller ArbN werden mittels eines Fragebogens[1] und eines Beurteilungsbogens[2] erhoben. Die Informationen sind von *allen* ArbN des Betriebes zu ermitteln, da der ArbGeb nicht absehen kann, ob und wenn, von welchen Mitarbeitern er die Daten benötigt.

   a) Die zur Ermittlung des Geldwertes (i.e.S. und i.w.S.) sowie des Persönlichkeitswertes erforderlichen Daten werden durch den Fragebogen eruiert, der bei der Einstellung dem ArbN vorgelegt wird, und den er vollständig beantworten sollte. Da sich die erfragten Verhältnisse jederzeit ändern können, sind die gespeicherten Daten auf dem laufenden zu halten und zwar durch erneutes Beantworten des Fragenkatalogs in halbjährlichem Abstand. Zeichnen sich betrieblich notwendige Kündigungen ab, so sollen die zum Sozialvergleich anstehenden ArbN nochmals Auskunft über den neuesten Stand ihrer wirtschaftlichen und persönlichen Verhältnisse geben.

---

[1] Abgedruckt auf S. 112ff.

[2] Abgedruckt auf S. 129ff.

b) Die Personal- und Leistungsbeurteilung soll erstmals nach einem halben Jahr erfolgen, woran sich in ebenfalls halbjährlichem Abstand eine erneute Bewertung anschließt. Ist eine betriebsbedingte Kündigung in Aussicht, so soll unabhängig von diesem Zeitraum eine abschließende Beurteilung vorgenommen werden.

2. a) Die erste Vorauswahl erfolgt nach der finanziellen Betroffenheit der ArbN-Haushalte durch die Entlassung, der hier gebräuchlichen Terminologie folgend nach dem Geldwert der Arbeit i. e. S. Die monatlichen Einnahmen und Ausgaben des Familienhaushaltes werden vor und nach der Kündigung gegenübergestellt und saldiert. Dies geschieht per Auswertungsbogens, in dem die Angaben des Fragebogens von der zuständigen Stelle (Personalabteilung) ausgewertet werden.

aa) Alle laufenden regelmäßigen Einnahmen des ArbN-Haushaltes sind in das Saldo einzustellen.

bb) Für die von den ArbN-Haushalten getätigten Ausgaben sind teils die tatsächlich erfolgten Aufwendungen, teils Pauschalen an deren Stelle zu setzen.

(1) Von den tatsächlich gemachten Ausgaben ist in folgenden Fällen auszugehen: Mietausgaben; Hypothekenschulden etc., soweit für Eigenheimfinanzierung bestehend; Unterstützungs- und Unterhaltszahlungen an nicht im Haushalt lebende Familienangehörige; sonstige regelmäßige Aufwendungen, die z. B. für im Haushalt lebende Behinderte oder Pflegebedürftige ausgegeben werden müssen; Aufwendungen, die für die Unterhaltung des Eigenheims notwendig sind; freiwillige Versorgungsbeiträge; Prämien für Versicherungen und Steuern (z. B. Hundesteuer, nicht aber Lohn- und Kirchensteuer); Aufwendungen für Vermögensbildung; Kreditrückzahlungsverpflichtungen etc.

(2) Von der Höhe des Familieneinkommens abhängige Pauschalen sind einzusetzen für die Ausgaben, die für den Privaten Verbrauch aufgewendet werden (s. Tabellen S. 88 ff.).

b) Anschließend werden die zur Debatte stehenden Mitarbeiter untereinander verglichen, d. h. es wird anhand des Auswertungsbogens ermittelt, welcher ArbN-Haushalt durch die Kündigung nach dem Geldwert i. e. S. am stärksten betroffen wird.

c) Im Ergebnis sind in der ersten Auswahlstufe die ArbN am schutzwürdigsten, bei denen die finanziellen Einbußen nicht bloß in die Sparraten oder Luxusausgaben eingreifen, sondern deren Haushalte an Ausgaben für den Privaten Verbrauch (schlimmstenfalls an Nahrungsmitteln) sparen muß. Da der Auswertungsbogen die monatlichen Ausgaben relativ exakt aufschlüsselt, geht aus ihm hervor, wieviel Mittel der Haushalt für die einzelnen Posten aufwendet und welche Sparmaßnahmen die Arbeitslosigkeit erfordert. Gewisse Ausgaben, über die im konkreten Fall ArbGeb und Betriebsrat zu befinden haben, können dabei nicht als „sozialer Schutzgrund" angesehen werden (z.B. hohe Kreditverpflichtungen für nicht den sozialen Verhältnissen entsprechende Luxusgüter), so daß diese Verbindlichkeiten den ArbN nicht sozial besonders schutzbedürftig machen können.

Als Grundsatz kann man feststellen: Die finanziellen Einbußen sind für den ArbN um so einschneidender – Einschränkungen beim Privaten Verbrauch – je mehr Unterhaltsberechtigte er allein von seinem Lohn ernähren muß. Das ist aber kein Axiom, sondern nur die Regel.

d) Resümee: Beim Vergleich des Geldwertes i.e.S. scheiden in der ersten Vorauswahlstufe diejenigen ArbN aus dem Kreis der zur Kündigung anstehenden aus, bei denen die Kündigung so starke wirtschaftliche Einbußen hervorruft, daß sie und die zu ihrem Haushalt gehörenden Familienmitglieder sich beim Privaten Verbrauch einschränken müssen oder sonstige Leistungen, an denen ein starkes Interesse besteht, nicht mehr erbringen können (wie z.B. Unterstützungs- und Unterhaltszahlungen an nicht im Haushalt lebende Familienangehörige, soweit diese einen rechtlichen Anspruch haben oder Ausgaben für pflegebedürftige Angehörige).

Alle übrigen ArbN fallen in dieser Stufe nicht heraus, sondern verbleiben im „Topf der Betroffenen"[3].

3. a) In einer zweiten Vorauswahlstufe wird der Persönlichkeitswert der Arbeit ermittelt. Welche Bedeutung die Kündigung mit sich anschließender Arbeitslosigkeit für die Persönlichkeit der ArbN hat, ergibt sich aus dem Fragebogen und wird qua Auswertungsbogen beurteilt.

b) Im Anschluß werden die verbliebenen ArbN nach diesem Kriterium miteinander verglichen. Es ist ein strenger Maßstab anzusetzen, d.h. nur in Extremfällen kann ein ArbN Vorteile aus diesem Punkte derart ziehen, daß er von der Entlassung verschont werden muß. Grundsätzlich ist der Persönlichkeitswert für die austauschbaren ArbN gleich anzusetzen.

c) Hat die Kündigung für die Persönlichkeit eines bestimmten ArbN extrem negative Folgen, so ist er aus dem Kreis der zu Kündigenden ohne Rücksicht auf wirtschaftliche Gesichtspunkte auszuklammern.

---

[3] Ausdruck nach *Ehmann*, BlStSozArbR 1984, S. 213.

d) In allen übrigen Fällen kann sich hieraus kein Schutzgrund ergeben, so daß keine Erkenntnis für die soziale Auswahlentscheidung gezogen werden kann. Auch kann sich an dieser Stelle keine Entscheidung aus dem Lebensalter oder der Dauer der Betriebszugehörigkeit ergeben.

e) Resümee: Nur wenn die Entlassung einen ArbN in seiner Persönlichkeit extrem stark trifft, fällt dieser aus dem Topf der zu Kündigenden heraus. In den übrigen Fällen ist der Persönlichkeitswert kein geeignetes Merkmal für die Sozialauswahl.

4. In der dritten Vorauswahlstufe wird der Geldwert der Arbeit i. w. S. herangezogen. Dabei wird auf die Höhe der Vermögenswerte der ArbN-Haushalte sowie auf deren Zustandekommen abgestellt. Die Auswertung des Fragebogens ermöglicht einen Überblick über diese Faktoren mit der Folge der Klassifizierung der ArbN nach diesen Werten.

a) Gewisse Vermögenswerte, wie Mobiliarvermögen, der Besitz von Bausparverträgen und Lebensversicherungsverträgen oder die Anwartschaft auf eine betriebliche Altersversorgung bleiben grundsätzlich für den Sozialvergleich irrelevant.

b) Hat ein ArbN-Haushalt Grundvermögen, so ist zunächst eine Parallele zu § 88 II Nr. 7 BSHG zu ziehen, wonach ein kleines Hausgrundstück u. a. nicht die Gewährung von Sozialhilfe verhindern kann. Ein solches ist daher auch für die soziale Auswahl unerheblich.

aa) Ist ein Mitarbeiter im Besitz mehrerer solcher Liegenschaften, so kann eine Verwertung angezeigt sein, d. h. er ist dann sozial weniger schutzwürdig als der Arbeitsplatzkonkurrent, der unvermögend ist, wenn dieser aufgrund der finanziellen Umstände Anspruch auf Leistungen aus der Staatskasse hat, die der erste ArbN wegen seiner Vermögenswerte nicht fordern könnte (z. B. Sozialhilfe).

bb) Sind die Vermögensverhältnisse zweier ArbN abzuwägen, die beide Grundbesitz ihr eigen nennen, der über die Freigrenze (= kleines Hausgrundstück) hinausgeht, so gilt der Grundsatz: Je höher die finanziellen Belastungen waren, um sich diese Werte anzuschaffen, desto größer ist der Geldwert i. w. S. und desto schutzbedürftiger der ArbN.

c) Befindet sich ein ArbN im Besitz von Barvermögen, so ist dieses in Anlehnung an die Freibetragsregelung der §§ 6 - 9 Arbeitslosenhilfe-VO und des BSHG i. V. m. der VO zur Durchführung des § 88 II Nr. 8 BSHG für die Auswahlentscheidung irrelevant, so lange es diese Grenzen nicht übersteigt.

Das die Freibetragsgrenzen übersteigende Barvermögen muß allerdings u. U. Berücksichtigung finden. Dabei gilt folgendes:

aa) Stehen sich ArbN gegenüber, von denen einige größere Summen bare Mittel auf der hohen Kante haben, andere dagegen in Ermangelung solcher Werte auf Sozialleistungen durch den Staat angewiesen sind, so fallen letztere in dieser Vorauswahlstufe aus dem Topf der zu Kündigenden heraus. Muß der Staat allerdings nicht ersatzweise einspringen (weil z. B. dem Haushalt trotz Arbeitslosigkeit genügend Mittel zur Verfügung stehen), bleiben die Vermögensverhältnisse unbeachtlich, so daß sich hieraus keine Auswahlentscheidung herleiten kann.

bb) Findet der Sozialvergleich dagegen unter ArbN statt, die allesamt die Freibetragsgrenzen übersteigende Barmittel besitzen, so spielt in erster Linie die Art des Zustandekommens eine Rolle. Am sozial schutzwürdigsten mit der Folge des Ausscheidens aus dem Kündigungskreis sind diejenigen, die unter großen Anstrengungen und Entbehrungen sich diese Werte angeschafft haben.

d) Resümee: Als Grundsatz gilt: Die Vermögensverhältnisse sind bei der Sozialauswahl außer acht zu lassen. Einschränkungen müssen dann gemacht werden, wenn sich ArbN gegenüberstehen, von denen die einen einen Grundstock von Barvermögen (wozu im übrigen auch Sparguthaben und Wertpapiere zählen) haben, die anderen im Falle der Arbeitslosigkeit einen Anspruch auf staatliche Sozialleistungen hätten (dazu gehört selbstverständlich nicht das Arbeitslosengeld, da dies allen unabhängig von ihrer Bedürftigkeit zusteht). Eine Berechtigung hat die Einbeziehung des die Freibeträge übersteigenden Vermögens auch dann, wenn die Auswahl unter mehreren vermögenden ArbN vorzunehmen ist: es wird dann auf das Zustandekommen abgestellt.

5. In der vierten Auswahlstufe findet unter den restlichen ArbN ein Vergleich nach betrieblichen Interessen statt, d. h. es wird der Wert der einzelnen Mitarbeiter für den Betrieb ermittelt und gegeneinander abgewogen. Die überragende Bedeutung kommt dabei den Leistungen der ArbN zu, die mittels des Beurteilungsbogens und dessen Auswertung verwertbar gestaltet werden.

a) Dabei kann sich ergeben, daß ein bestimmter ArbN für den Betrieb gem. § 1 III 2 KSchG unbedingt „erforderlich" ist und damit aus dem Kreis der zu Kündigenden ausscheidet.

b) Unter den verbliebenen Mitarbeitern sind diejenigen von der Kündigung zu verschonen, an deren Weiterbeschäftigung ein besonderes betriebliches Interesse besteht, die durch überdurchschnittliche Leistungen, mangelnde Fehlzeiten etc. auf sich aufmerksam gemacht haben.

c) Die Berücksichtigung erst an dieser Stelle entspricht den Abwägungserfordernissen des S. 1 des § 1 III KSchG. In den Stufen 1 - 3 standen soziale Aspekte im Vordergrund; erst in der 4. Stufe, wenn die schutzbedürftigsten bereits aus dem Kündigungskreis ausgeschieden sind, sollen die betrieblichen Gesichtspunkte den Ausschlag zugunsten der Leistungsstärkeren geben.

6. Unter denjenigen, die jetzt noch im Topf der Betroffenen zu finden sind, wird letztlich nach dem Lebensalter und der Dauer der Betriebszugehörigkeit differenziert. Die Anwendung und Gewichtung dieser Aspekte erfolgt nach den von den Betriebsparteien aufgestellten Richtlinien.

7. Bevor nun den verbliebenen ArbN die Kündigung ausgesprochen wird, ist eine Einzelfallüberprüfung dergestalt vorzunehmen, daß den Betroffenen Gelegenheit zu geben ist, sich zu äußern und Umstände vorzubringen, die eine Entlassung als unbillige Härte darstellen würde. Ferner muß auf Verlangen der ArbGeb nach § 1 III 1, 2. HS KSchG die Gründe vortragen, die zu der getroffenen Sozialauswahl geführt haben.

8. Vor dem endgültigen Ausspruch der betriebsbedingten Kündigung ist der Betriebsrat nach § 102 I BetrVG zu hören.

9. Die mittels des Frage- und Beurteilungsbogens erhobenen Daten sind in einem Personalinformationssystem (PIS), wo sie von den zuständigen Stellen auf Abruf gehalten werden, zu speichern.

II. Die Auswahlrichtlinien[4] und das MBR des Betriebsrats

Die Grundsätze zur sozialgerechten Auswahl und das sich darauf aufbauende Verfahren könnten – um sich das System innerbetrieblich zunutze machen zu können – als Kündigungsauswahlrichtlinie aufgestellt werden, die nach § 95 BetrVG der Zustimmung des Betriebsrats bedürfte. Mit der Kündigungsrichtlinie und dem sich daran anknüpfenden MBR des Betriebsrats will das Gesetz – wie aus den Materialien hervorgeht[5] – Transparenz und Versachlichung der bei den personellen Maßnahmen – wie der Kündigung – angewandten Grundsätze erreichen. Dabei bilden die Auswahlrichtlinien die Zwischenstufe zwischen allgemeiner Personalplanung und personeller Einzelentscheidung[6].

---

[4] s. dazu ausführlich: *Fritz; Gemählich; Rehhahn,* Der Betriebsrat 1972, S. 491 ff.; *ders.,* Mitbestimmungsgespräch 1973, S. 30; *Zöllner,* Festschrift S. 665 ff.; ferner: *Peltzer,* DB 1972, S. 1165; zur historischen Entwicklung: *Fritz,* S. 1 ff.

[5] Vgl. die Begründung zum Entwurf der Bundesregierung in: BT-Drucks. VI/1786, S. 50 (§ 95 BetrVG); s. ferner: *Galperin / Löwisch,* § 95 BetrVG Rz. 1.

Umstritten ist aber, ob man in einem Fall wie dem vorliegenden überhaupt von einer Richtlinie i. S. d. § 95 BetrVG sprechen kann, denn die soziale Kündigungsauswahl erfolgt nach strikten Regeln und einem genormten Verfahren, wodurch der ArbGeb weitgehend gebunden wird. Daher ist zunächst zu klären, wann Auswahlrichtlinien i. S. d. Gesetzes vorliegen.

1. Der Begriff der Auswahlrichtlinien

Was Auswahlrichtlinien genau sind, wird weder in der Lit. noch im Gesetz definiert[7]. Teilweise wird sich bei der Klärung des Begriffs an die aus dem öffentlichen Recht bekannten Verwaltungsrichtlinien angelehnt[8], teilweise wird der Richtlinienbegriff dahingehend verstanden, daß er die im Zuge personeller Maßnahmen erforderlich werdende Auswahl nicht in allen Einzelheiten regeln, sondern nur grundsätzliche Regelungen aufstellen dürfe[9].

a) Der einschränkende Auswahlrichtlinienbegriff

Folgt man der Ansicht *Zöllners*, so könnten Zweifel auftauchen, ob die vorliegenden Auswahlkriterien, ihre Wertung und das Verfahren[10] überhaupt eine Kündigungsauswahlrichtlinie darstellen können. Denn die soziale Auswahl wird in allen Einzelheiten geregelt, so daß sich dem Grunde nach bereits aus der Auswertung der Informationen ersehen läßt, welche ArbN letztendlich von der Kündigung getroffen werden. Ein Ermessensspielraum steht dem ArbGeb bei dem Sozialvergleich nach den Stufen 1 - 4 nicht mehr zu. Im Endeffekt aber kann ihm ein Beurteilungsspielraum doch nicht verwehrt werden: Denn auch bei einem so perfektionistisch ausgestalteten Auswahlsystem muß der ArbGeb oder seine Beauftragten eine abschließende Überprüfung vornehmen, um dem Erfordernis nach Einzelfallgerechtigkeit nachzukommen. Eine abweichende Entscheidung muß der ArbGeb-Seite vorbehalten bleiben.

---

[6] *Fitting / Auffarth / Kaiser,* § 95 BetrVG Rz. 1; *Rehhahn,* Der Betriebsrat 1972, S. 492ff.; zur Personalplanung s. *Rehhahn,* ArbuR 1974, S. 65ff.; *Peltzer,* DB 1972, S. 1164ff.

[7] *Dietz / Richardi,* § 95 BetrVG Rz. 7; *Zöllner,* Festschrift S. 667.

[8] *Küchenhoff,* § 95 BetrVG Rz. 1.

[9] So insb. *Zöllner,* Festschrift S. 668ff.; ähnlich: *Dietz / Richardi,* § 95 BetrVG Rz. 14; *Hoffmann,* ArbuR 1971, S. 275; *Schwerdtner,* BlStSozArbR 1972, S. 36; a. A.: *Fitting / Auffarth / Kaiser,* § 95 BetrVG Rz. 2,10; *Kreutz,* ZfA 1977, S. 478; *Gemählich,* S. 17f.; offenlassend: *Ehmann,* PIS, S. 53.

[10] Zur Regelung der Gewichtung in Auswahlrichtlinien: *Dietz / Richardi,* § 95 BetrVG Rz. 31; *Weiss,* § 95 BetrVG Rz. 3a; *Brill,* BlStSozArbR 1978, S. 165; *Hunold,* DB 1976, S. 102; zur Regelung des Auswahlverfahrens selbst in Auswahlrichtlinien: *Hueck,* § 1 KSchG Rz. 138; *Zöllner,* Festschrift S. 681; *Gift,* ZfA 1974, S. 139.

Noch ein weiterer Punkt bedarf der Beachtung: Bleiben trotz des Vergleichs nach diesem mehrstufigen Auswahlsystems am Ende mehr ArbN übrig als betriebsbedingt zu kündigen sind, so steht es im freien Belieben des ArbGeb, welchen von ihnen er behält und welche er entläßt. Der Fall ist ohne weiteres denkbar, wenn sehr viele ArbN vegleichbar sind und nur eine geringe Anzahl betrieblich bedingter Kündigungen auszusprechen ist. Fallen während der stufenweisen Auswahl weniger ArbN heraus als entlassen werden müssen, so verbleibt dem Betriebsinhaber die Möglichkeit, sich frei für den einen oder anderen zu entscheiden.

Daraus folgt, daß auch nach dem restriktiven Auswahlrichtlinienbegriff *Zöllners*[11] das vorgestellte System ohne weiteres eine Auswahlrichtlinie begründen kann mit der Folge der Mitbestimmungspflichtigkeit durch den Betriebsrat.

b) Der umfassendere Auswahlrichtlinienbegriff

Eingehend mit dem Richtlinienbegriff setzt sich *Stoltenberg* auseinander[12]. Überzeugend widerlegt sie die Argumentationen, die von den Befürwortern des einschränkenden Begriffsinhalts zur Untermauerung ihrer Thesen angeführt werden[13]. Sie kommt zu dem Ergebnis, daß unter den Richtlinienbegriff jede abstrakte Regel gefaßt werden muß, die Festlegungen auf spätere Auswahlentscheidungen enthält, unabhängig davon, ob die Richtlinie so formuliert ist, daß sie nur im Normfall Anwendung finden soll, ob sie nur das Auswahlverfahren regelt oder ob sie so ausgestaltet ist, daß sie eine abweichende Entscheidung nicht zuläßt. Zu letzteren sog. „Auswahlrichtlinien mit hoher Regelungsdichte“[14] bemerkt sie allerdings, daß dem ArbGeb auch bei perfektionistisch ausgestalteten Richtlinien grds. die Möglichkeit abweichender Entscheidung vorbehalten bleiben muß[15].

c) Stellungnahme

Es soll dem weiten Auswahlrichtlinienbegriff gefolgt werden, wobei aber auch bei Anwendung des engen Begriffs die vorliegende Kündigungsauswahl eine Richtlinie i. S. d. § 95 BetrVG darstellt, da die finale Entscheidung doch dem ArbGeb oder dessen Vertreter obliegt.

---

[11] Festschrift S. 681.

[12] S. 120ff.; vgl. dazu auch: *Rehhahn*, Mitbestimmungsgespräch 1973, S. 30f.

[13] Insb. *Zöllner*, Festschrift S. 668ff.

[14] *Stoltenberg*, S. 133.

[15] S. 135.

d) *Die generelle Natur der Auswahlrichtlinien*

Geltung für alle zukünftigen Fälle, losgelöst vom Einzelfall, ist weiteres Wesensmerkmal der Auswahlrichtlinie. Sie müssen also unabhängig vom konkreten Anlaß aufgestellt werden[16]. Diesem Erfordernis entspricht das dargestellte Auswahlsystem uneingeschränkt.

2. Die inhaltlichen Grenzen der Auswahlrichtlinien

Auswahlrichtlinien, die i. d. R. als Betriebsvereinbarung gem. § 77 BetrVG abgeschlossen werden[17], dürfen selbstverständlich weder gegen Gesetz noch Tarifvertrag verstoßen. Zum Verhältnis zwischen Kündigungsauswahlrichtlinien und § 1 III KSchG siehe sogleich.

3. Die Kündigungsauswahlrichtlinie

Da mittels des angebotenen Systems die soziale Auswahl nach § 1 III KSchG bei betriebsbedingten Kündigungen erleichtert werden soll, müßte es im Interesse der Betriebsparteien liegen, Kündigungsauswahlrichtlinien einzuführen. Dabei herrscht überwiegend Konsens, daß bei einer personellen Auswahl in Form der Kündigung Auswahlrichtlinien nur bei betriebsbedingter Kündigung in Betracht kommen können[18], da nur bei dieser Kündigungsart Auswahlprobleme vorliegen können.

Von eminenter Signifikanz ist die Frage des Verhältnisses zwischen Kündigungsauswahlrichtlinien einerseits und § 1 III KSchG andererseits, insbesonders ob eine Modifizierung des § 1 III KSchG durch die Richtlinie zulässig ist. Konkreter gesprochen: Kann eine Kündigungsrichtlinie, die die soziale Auswahl in der vorliegenden Form regelt, Geltung beanspruchen und damit einer richterlichen Überprüfung standhalten oder verstößt sie gegen zwingendes Gesetzesrecht mit der Folge rechtlicher Unwirksamkeit der getroffenen Entscheidungen?

---

[16] *Hueck*, § 1 KSchG Rz. 135a; *Galperin / Löwisch*, § 95 BetrVG Rz. 4; *Zöllner*, Festschrift S. 674; a.A.: *Kammann / Hess / Schlochauer*, § 95 BetrVG Rz. 7; *GK-Kraft*, § 95 BetrVG Rz. 27.

[17] *Gemählich*, S. 18ff.; *Richardi*, ZfA-Sonderheft 1972, S. 8; a.A.: *Hanau*, BB 1972, S. 452; *Zöllner*, Festschrift S. 673; *Löwisch*, DB 1975, S. 352; *Steigerwald; GK-Kraft*, § 95 BetrVG Rz. 6ff., die sie für Vereinbarungen besonderer Art halten.

[18] *H.-P. Müller*, S. 124; *Blank*, BB 1972, S. 536; *Schlochauer*, RdA 1973, S. 158; *Hueck*, § 1 KSchG Rz. 137; *Brecht*, § 95 BetrVG Rz. 2; *Gnade / Kehrmann / Schneider / Blanke*, § 95 BetrVG Rz. 8; *Erdmann / Jürging / Kammann*, § 95 BetrVG Rz. 20; *Jäcker*, S. 117f.; a.A.: *Dietz / Richardi*, § 95 BetrVG Rz. 37; *Frauenkron*, § 95 BetrVG Rz. 9; *Gester / Zachert*, Das Arbeitsrecht der Gegenwart 1974, S. 98; *Niederalt*, S. 190; nach *Rehhahn*, Der Betriebsrat 1972, S. 540 können Auswahlrichtlinien auch für die personenbedingte Kündigung aufgestellt werden.

a) Das Verhältnis von § 1 III KSchG zu Kündigungsauswahlrichtlinien – Überblick und Stellungnahme

aa) Die Entscheidung des BAG v. 11. 3. 1976

(1) Tenor

Mit Urteil v. 11. 3. 1976[19] hat das BAG Stellung zu diesem Problem bezogen und dahingehend entschieden, daß § 1 III 1 KSchG zwingendes Gesetzesrecht enthalte und somit absoluten Vorrang vor dem Regelungsinhalt von Kündigungsauswahlrichtlinien beanspruche. Zwar enthalte § 1 III KSchG mit dem Terminus „soziale Gesichtspunkte" einen unbestimmten Rechtsbegriff. Dieser habe aber eine konkrete Ausgestaltung dahingehend erfahren, daß bei der Sozialauswahl die Berücksichtigung des Lebensalters, der Dauer der Betriebszugehörigkeit und etwaiger Unterhaltsverpflichtungen unentbehrlich sei. Der ArbGeb – auch in Verbindung mit dem Betriebsrat – habe bei der Ausgestaltung *keinerlei Ermessensspielraum,* so daß jede Richtlinie, die diesem Axiom nicht Rechnung trage, eine schwerwiegende Abweichung vom Sinn des Gesetzes bedeute und damit einer Abänderung oder eines Ausschlusses des zwingenden Kündigungsschutzes gleichkomme. Jede Kündigungsrichtlinie, die diese Wertungen mißachtet, kann daher keine Bindungswirkung entfalten und ist nach dem BAG schlicht unwirksam. Demnach steht dem ArbGeb bei der Sozialauswahl überhaupt kein Ermessensspielraum zur Verfügung. Die Arbeitsgerichte können aufgrund eigener Bewertung und Abwägung der sozialen Belange entscheiden und die Auswahlentscheidung des Betriebsinhabers uneingeschränkt überprüfen[20].

(2) Resonanz in der Lehre

Dieses Urteil hat neben uneingeschränkter Zustimmung[21] auch heftige Kritik erfahren. *Gamillscheg* trägt vor, es sei nicht auszuschließen, daß § 95 BetrVG den Betriebsparteien einen Spielraum einräumen wollte und damit

---

19 In: AP Nr. 1 zu § 95 BetrVG.

20 Vgl.: *Gift,* ZfA 1974, S. 129; *Müller,* DB 1975, S. 2135; BAG v. 26. 6. 1964 in: AP Nr. 15 zu § 1 KSchG – betriebsbedingte Kündigung; *Berkowsky,* NJW 1983, S. 1294f.; *KR-Becker,* § 1 KSchG Rz. 376; *Stahlhacke,* Rz. 518; *Hueck,* § 1 KSchG Rz. 127; LAG Frankfurt v. 30. 9. 1958, BB 1959, S. 562; LAG München v. 13. 8. 1974, DB 1975, S. 1177; *Auffarth / Müller,* § 1 KSchG Rz. 242; *Rohlfing / Rewolle,* § 1 KSchG Nr. 24; *Jobs / Bader,* ArbR-Blattei, D KSch I B III 1b aa; *Wagener,* BB 1972, S. 1373; offenlassend: LAG Düsseldorf v. 3. 6. 1982, DB 1982, S. 1938; *Fitting / Auffarth / Kaiser,* § 95 BetrVG Rz. 9; *Stege / Weinspach,* § 95 BetrVG Rz. 20ff.; wohl auch: *Döse-Digenopoulos,* S. 63.

21 *Hueck* in: AP Nr. 1 zu § 95 BetrVG 1972 (Anm.); *Dietz / Richardi,* § 95 BetrVG Rz. 39f.; *Galperin / Löwisch,* § 95 BetrVG Rz. 13; *Fitting / Auffarth / Kaiser,* § 95 BetrVG Rz. 9; *Stege / Weinspach,* § 95 BetrVG Rz. 20ff.

Gesetz gegen Gesetz stehe, von denen § 95 BetrVG als das engere vorgehe[22]. Auch *Peterek*[23] zeigt sich verwundert über die Entscheidung und stellt zur Debatte, ob die vom Senat als unerläßlich bezeichneten Kriterien auch tatsächlich immer und unbedingt für die Auswahl heranzuziehen seien. Er selbst sieht eine Schematisierung in dieser Form als verfehlt und praxisfern an. *Ehmann*[24] hält es für „kaum erträglich, wenn ein ArbGeb einen Kündigungsschutzprozeß verliert, obwohl er sich strikt an ihm (...) durch einen Spruch der Einigungsstelle aufgezwungene Kündigungsrichtlinien hält". Sehr gründlich setzt sich *Zöllner*[25] mit diesem Über–Unterordnungsverhältnis auseinander. Er kommt zu dem billigenswerten Ergebnis, daß Kündigungsauswahlrichtlinien nur sinnvoll erscheinen, wenn die Betriebspartner einen „sachlichen Spielraum von einiger Relevanz" haben[26].

(3) Stellungnahme

Der Beurteilungsspielraum kann auch ohne Verstoß gegen zwingendes Gesetzesrecht den Parteien eingeräumt werden. Denn § 1 III KSchG enthält nun mal keine substantiierte Auswahlregel, sondern nur einen abstrakt-generellen Gesetzesbegriff, der erst durch die Rspr. im Laufe der Jahre mit Inhalt gefüllt worden ist. Als der Gesetzgeber § 1 III KSchG in dieser auslegungsbedürftigen Form verabschiedete, hat er dem Umstand Rechnung getragen, daß eine konkretere Ausgestaltung der Sozialauswahl nicht für alle Fälle größtmögliche Gerechtigkeit ermöglichen würde. Denn eine detailliertere Auswahlregelung könnte unmöglich die Besonderheiten des Einzelfalles berücksichtigen. Der Gesetzgeber hat daher die Judikatur ermächtigt, die unbestimmte Fassung per Richterrecht mit Inhalt zu füllen, um so dem Gerechtigkeitspostulat nachzukommen[27].

§ 95 BetrVG enthält nun ebenfalls einen unbestimmten Gesetzesbegriff, wenn er in Abs. 2 von „sozialen Gesichtspunkten" spricht, so daß die Betriebspartner ermächtigt sind, diesen auszugestalten. Die Ermächtigung des § 95 BetrVG entspricht in der Tragweite der des § 1 III 1 KSchG. Als den Betriebspartnern vom Gesetzgeber diese Gestaltungsbefugnis zugesprochen

---

[22] In: EzA zu § 95 BetrVG 1972 Nr. 1 (Anm.).

[23] SAE 1977, S. 148f. (Anm.).

[24] BlStSozArbR 1984, S. 213.

[25] Festschrift S. 683ff., der einen Vorrang der Auswahlrichtlinien vor dem Auswahlerfordernis des § 1 III KSchG als klarste Lösung ansieht.

[26] Aus diesem Grunde halten einige Autoren, die einen unbedingten Vorrang von § 1 III KSchG gegenüber den Richtlinien billigen, die Kündigungsrichtlinien für bedeutungslos und überflüssig, s. *GK-Kraft*, § 95 BetrVG Rz. 32f.; *Gift*, ZfA 1974, S. 139, der nur das Verfahren durch Richtlinien geregelt wissen will.

[27] Vgl. zum Verhältnis von Generalklausel und Rspr.: *Redeker*, NJW 1972, S. 409ff.; insb. zur Bedeutung des Richterrechts im Arbeitsrecht s. *Preis*, ZfA 1972, S. 277ff.; *Mayer-Maly*, RdA 1970, S. 289ff.

worden ist, hatte § 1 III KSchG schon einen bestimmten Inhalt durch die Judikatur erfahren. Man kann dem Gesetzgeber unterstellen, daß er aus der Unzufriedenheit zu der bestehenden inflexiblen Praxis heraus den Betriebsparteien die Möglichkeit geben wollte, endlich mehr Gerechtigkeit einschließlich Rechtssicherheit walten zu lassen und auf die Besonderheiten der einzelnen Betriebe abgestellte Regelungen zu treffen, die auch von den durch die Gerichte zu § 1 III KSchG aufgestellten Grundsätzen abweichen können. Für diese These könnten auch die Materialien zu § 95 BetrVG sprechen[28], die mit der Aufstellung von Auswahlrichtlinien Transparenz und Versachlichung der bei der personellen Auswahl angewandten Grundsätze erreichen wollen.

Die These könnte aber folgenden Bedenken ausgesetzt sein: Es erscheint fraglich, ob Betriebsvereinbarungen – die Kündigungsrichtlinie wird normalerweise als solche ausgestaltet – das bezüglich § 1 III KSchG geschaffene Richterrecht abzuändern vermögen. Unstreitig ist, daß Tarifverträge dies können, unabhängig davon, ob dies zum Vorteil oder Nachteil der ArbN geschieht, soweit nur tarifdispositives „Richterrecht" vorliegt[29]. Dagegen wird den innerbetrieblichen Betriebsvereinbarungen von der hM dieses Recht versagt[30], wenn sie das „Richterrecht" zum Nachteil der ArbN abändern wollen.

In der Ausgestaltung der Kündigungsrichtlinien abweichend von der Inhaltsbestimmung des § 1 III KSchG durch das Richterrecht liegt aber keine Änderung zum Nachteil der ArbN (auch nicht zum Vorteil), solange die Richtlinie nicht einer zwar vom BAG abweichenden aber *möglichen* Ausfüllung zuwiderläuft. Denn die inhaltliche Bestimmung des Terminus' der „ausreichenden Berücksichtigung sozialer Gesichtspunkte" durch das BAG kann nicht absolute und uneingeschränkte Bindung beanspruchen[31]. Somit ist eine Auswahlrichtlinie möglich und rechtlich nicht zu beanstanden, die den allgemeinen Wertungen des BAG zu § 1 III KSchG zuwiderläuft – solange sie, wie § 1 III KSchG bestimmt, nur soziale Gesichtspunkte *ausreichend* berücksichtigt[32].

Es ist im Ergebnis ein Vorrang der diesen Grundwertungen entsprechenden Kündigungsauswahlrichtlinien gegenüber § 1 III KSchG zu befürwor-

---

[28] s. Begründung zum Entwurf der Bundesregierung in BT-Drucks. VI/1786, S. 50 (§ 95 BetrVG 1972).

[29] Vgl. dazu: *Preis,* ZfA 1972, S. 277ff.

[30] *Biedenkopf,* S. 292ff.

[31] Denn es ist nicht nur *eine* Auslegung zur Konkretisierung der Generalklausel möglich, sondern es können verschiedene vertretbare und vernünftige Lösungen den zu regelnden Bereich ausfüllen, s. *Adomeit,* S. 29; *Preis,* ZfA 1972, S. 299; ferner: *Peterek,* SAE 1977, S. 148.

[32] Das ist auch deshalb einleuchtend, weil die Kündigungsrichtlinien für § 95 BetrVG keine Bedeutung hätten, wenn nur *eine* richtige Lösung – die Interpretation des BAG – zulässig wäre.

ten. Für diese Schlußfolgerung spricht auch der Umstand, daß bei Ablehnung eines Spielraums, um die Richtlinien zu gestalten, die zwingende Entscheidung der Einigungsstelle über den Inhalt derselben eine nicht zu rechtfertigende Benachteiligung und Schlechterstellung des ArbGeb wäre[33].

Und noch ein weiteres dokumentiert die Notwendigkeit der Einräumung eines Ermessensspielraumes: Sind betriebsbedingte Kündigungen schon unvermeidlich, so soll wenigstens beim Sozialvergleich die Auswahl nicht in allen Betrieben im Geltungsbereich dieses Gesetzes nach demselben Muster erfolgen, wie das aber unvermeidlich ist, wenn nur das zu diesem Punkt ergangene Richterrecht maßgeblich ist. Es ist vielmehr im Interesse besserer Chancenverteilung wünschenswert, wenn „innerhalb einer gewissen Bandbreite unterschiedliche Entscheidungsmuster praktiziert werden“[34].

bb) Die Entscheidungen des BAG v. 24. 3. 1983, 20. 10. 1983 und 18. 10. 1984[35]

(1) Tenor

Mit diesen drei Entscheidungen ist das Gericht von der Verneinung eines Auswahlermessens durch die Betriebsparteien allem Anschein nach abgerückt. So räumt der Senat v. 24. 3. 1983 dem ArbGeb und Betriebsrat einen Ermessensspielraum bei der Aufstellung von Richtlinien mit der Einschränkung ein, daß Kündigungsauswahlrichtlinien nur dann uneingeschränkt Geltung erlangen könnten, wenn sie die wichtigen unerläßlichen Auswahlkriterien – Lebensalter, Betriebszugehörigkeitsdauer, Unterhaltsverpflichtungen – in gebührlichem Maße beachten. Konkreter nimmt der Senat v. 20. 10. 1983 zu diesem Punkt Stellung: Im Tenor bestätigt er die Entscheidung v. 24. 3. 1983, in dem er ebenfalls die Berücksichtigung der drei Grunddaten als unerläßlich bezeichnet. Doch auch in dem Urteil wird nichts über Inhalt und Grenzen des den Betriebsparteien eingeräumten Spielraumes ausgeführt. Es wird nur verlangt, daß die vereinbarten Auswahlmerkmale die Wertung des § 1 III KSchG berücksichtigen und für eine abschließende Begutachtung der individuellen Besonderheiten des Einzelfalles Raum gelassen wird. Nur in einem solchen Fall seien die Arbeitsgerichte an die getroffene Auswahl gebunden.

Das BAG v. 18. 10. 1984 rückt die Bedeutung der beiden vorgehenden Entscheidungen „ins rechte Licht“, wenn es feststellt, daß der ArbGeb bei der sozialen Auswahl keinen Ermessensspielraum hat, sondern nur einen „gewissen Bewertungsspielraum“. Gibt es in dem betroffenen Betrieb kei-

---

[33] *Ehmann,* BlStSozArbR 1984, S. 213; *Zöllner,* Festschrift, S. 686.

[34] *Zöllner,* Gutachten S. D 159.

[35] DB 1983, S. 1822; DB 1984, S. 563; DB 1985, S. 1083ff.

nen Betriebsrat, so hält das BAG an den strengen Erfordernissen der Vergangenheit fest. Der ArbGeb muß sich an die Wertentscheidungen der höchstrichterlichen Rspr. hinsichtlich der Sozialauswahl halten. Für individuelle Abweichungen läßt ihm der Senat keinen Raum.

(2) Kritik

Auf den ersten Blick scheint aber das BAG den Betriebsparteien wenigstens bei der Erstellung der Auswahlrichtlinien einen größeren Spielraum zur konkreten Ausfüllung des unbestimmten Rechtsbegriffs der sozialen Auswahl zu gewähren. Doch bei genauem Hinsehen erweist sich das als Trugschluß – die wünschenswerte Generosität ist in Wahrheit keine! Denn wenn das BAG zum Ausdruck bringt, daß die Auswahlkriterien in den Richtlinien die Wertung des § 1 III 1 und 2 KSchG zu beachten hätten und dabei expressis verbis auf das Urteil vom 11. 3. 1976 verweist[36], so ist ArbGeb und Betriebsrat in gleicher Weise die Gestaltungsfreiheit genommen wie vor dem Bekanntwerden dieser Entscheidungen. Den Betriebsparteien ist es genauso wie eh und jeh versagt, die Generalklausel des § 1 III KSchG in einer dem speziellen Betrieb besser angepaßten Weise auszulegen. Die Intentionen des BAG mögen ein Schritt in die richtige Richtung sein, in der praxisbezogenen Anwendung vermögen die Entscheidungen allerdings keinerlei positive Wirkung zu entfalten. Von einem Ermessensspielraum bei der Aufstellung der Richtlinien kann daher ernstlich nicht gesprochen werden. Unstimmig in sich sind die Urteile auch deshalb, weil sie innerbetriebliche Punktetabellen in den aufgezeigten engen Grenzen erlauben, diese aber als gerichtliche Auswahlkriterien nicht anerkennen wollen, so daß im Streitfall eine Überprüfung darauf hinausläuft, daß die Tabellen letztlich doch an der zu § 1 III KSchG gebildeten Inhaltsbestimmung durch das Richterrecht gemessen werden.

b) Resümee

Die scheinbar wohlwollende Einräumung eines „gewissen“ Ermessens- oder Bewertungsspielraumes hilft ArbGeb und Betriebsrat nicht aus dem Dilemma heraus, ihren Bedürfnissen angepaßte Auswahlrichtlinien aufzustellen. Sie sind gezwungen, die richterrechtlich gebildete Inhaltsbestimmung zu § 1 III KSchG zu beachten. Die zugestandene Gestaltung der Kündigungsrichtlinien erweist sich als Farce. Auch für den Betrieb, in dem kein Betriebsrat etabliert ist, wird keine Lösung angeboten. Dieser ArbGeb muß vollends der BAG-Rspr. folgen, worunter aufgrund der Besonderheiten der verschiedenartigen Betriebe natürlich die Sozialgerechtigkeit der Auswahl-

---

[36] Unter B II 1 der Gründe.

entscheidung leidet[37]. Um diesen Schwierigkeiten aus dem Weg zu gehen, muß den Betriebsparteien (bzw. dem ArbGeb im betriebsratslosen Betrieb) ein Auswahlermessen eingeräumt[38] und ihnen gestattet werden, Kündigungsauswahlrichtlinien mit einem Inhalt aufzustellen, der von den Grundsätzen des BAG abweicht. Verlangt werden kann nur, daß der Grundwertung des Gesetzes in § 1 III KSchG, daß „soziale Gesichtspunkte ausreichend zu berücksichtigen" seien, Rechnung getragen wird.

Auf den konkreten Fall bezogen ergibt sich daraus die Zulässigkeit des Aufstellens der Kündigungsauswahlrichtlinien mit dem hier vorgeschlagenen Inhalt – die soziale Auswahl, die diesen Intentionen folgt, sollte demnach einer gerichtlichen Überprüfung standhalten.

4. Das MBR des Betriebsrats gem. § 95 BetrVG[39]

a) Allgemeines

Nach § 95 I BetrVG hat der Betriebsrat bei der Einführung von Auswahlrichtlinien ein Mitwirkungsrecht in Form der Zustimmung. Kommt eine Einigung über die Richtlinien oder ihren Inhalt nicht zustande, so entscheidet auf Antrag des ArbGeb die Einigungsstelle (§ 76 BetrVG) mit bindender Wirkung. Das MBR besteht nur, soweit der Betriebsinhaber Richtlinien einführen will; sieht er dazu keinen Anlaß, kann der Betriebsrat nach Abs. 1 diese auch nicht verlangen. Er hat – im Gegensatz zu Abs. 2 – kein Initiativrecht. Da das Mitbestimmungsrecht praktisch nur als Vetorecht ausgestaltet ist, hat es sich inhaltlich in jenem Rahmen zu bewegen, den der ArbGeb mit

---

[37] Sehr kritisch zu den Auswahlrichtlinien in der vagen Form, in der sie vom BAG v. 24. 3. 1983 erlaubt werden, *Schwerdtner*, ZIP 1984, S. 17f., der sie nur für sinnvoll hält, wenn ihnen sachlicher Spielraum eingeräumt wird.

[38] So auch: *Rost*, ZIP 1982, S. 1399f.; *Zöllner*, Festschrift S. 686f.; *ders.*, Gutachten S. D 159f.; LAG Hamm v. 11. 12. 1975, DB 1976, S. 489f.; LAG Hamm v. 7. 7. 1981, BB 1981, S. 1770; *Stahlhacke*, BlStSozArbR 1983, S. 36f.; BAG v. 12. 10. 1979 in: AP Nr. 7 zu § 1 KSchG 1969 – betriebsbedingte Kündigung; *Preis*, DB 1984, S. 2249, der den Beurteilungsspielraum in dem Maße zunehmen lassen will, wie der Betriebsrat an der Erstellung des Konzepts zur Sozialauswahl beteiligt wird; *Löwisch / Schüren*, SAE 1984, S. 50 (Anm.); *Meisel*, BB 1963, S. 1063; instruktiv: *Buchner*, DB 1984, S. 509f., der entweder dem ArbGeb einen größeren Beurteilungsspielraum zubilligen will oder ihm handhabbare Beurteilungskriterien anhand geben will oder ein Verfahren zulassen will, um zu Bewertungskriterien zu kommen, wobei er Auswahlrichtlinien vorschlägt; *Weng*, DB 1978, S. 888; LAG Frankfurt v. 15. 10 1957 in: AP Nr. 45 zu § 1 KSchG; *Herschel / Löwisch*, § 1 KSchG Rz. 232; LAG Hamm v. 4. 10 1983, DB 1984, S. 131; LAG Hamm v. 1. 12. 1983, DB 1984, S. 463; *Wünnenberg*, DB 1956, S. 665; *Monjau*, RdA 1959, S. 10f.; *ders.*, BB 1967, S. 1383; *Philipp*, BB 1972, S. 219; *Meisel* in: AP Nr. 12 zu § 1 KSchG 1969 – betriebsbedingte Kündigung (Anm.); *Ehmann*, BlStSozArbR 1984, S. 213; BAG v. 21. 12. 1983, DB 1984, S. 2304; wohl auch: *Gumpert*, BB 1972 § 49; *Kunkel*, BB 1952, S. 380; *Weiss*, § 95 BetrVG Rz. 7; *Etzel*, JA 1977, S. 293.

[39] Dazu grundlegend: *Stoltenberg*, S. 105ff.

der Regelung vorgibt. Diesem bleibt folglich die Ausgestaltung der Richtlinien weitgehend überlassen – er kann z. B. nur das Verfahren regeln ebenso wie er die personelle Auswahl zwingend gestalten kann[40]. Man kann daher nicht davon sprechen, daß der ArbGeb in seiner Entscheidungskompetenz in unzulässigem Maße beschränkt ist.

Mit dem MBR wird der Zweck verfolgt, weitgehend Transparenz der bei der personellen Maßnahme angewandten Grundsätze und eine Versachlichung derselben zu erreichen[41].

Umstritten ist, ob das MBR das Verfahren zur Festlegung von Auswahlgesichtspunkten umfaßt, z. B. wenn es um die Feststellung bestimmter fachlicher Voraussetzungen geht, die als auswahlrelevante Merkmale in der Richtlinie genannt sind[42]. Das Auswahlverfahren selbst unterliegt dagegen unstreitig dem Zustimmungsrecht nach § 95 BetrVG[43].

Nicht zu den Auswahlrichtlinien – und damit auch nicht dem MBR des Betriebsrats unterliegend – gehört, wie die Personaldaten zu speichern sind[44].

b) *Reflexion*

Das vorgeschlagene Kündigungsauswahlsystem entspricht den Anforderungen an eine Kündigungsauswahlrichtlinie, die dem MBR des Betriebsrats unterliegt. Weigert sich der Betriebsrat dieser zuzustimmen, so kann der ArbGeb die Einigungsstelle anrufen und um eine Entscheidung bitten, die darauf mit verbindlicher Wirkung ergeht. Aufgrund der rechtlichen Zulässigkeit des Inhalts der hier vorgestellten Kündigungsrichtlinien steht den Arbeitsgerichten keine Überprüfungsmöglichkeit des Inhalts zu, es sei denn, der ArbGeb hat sich bei der Auswahl nicht an die Bestimmungen des Systems gehalten, sondern willkürlich Kündigungen ausgesprochen.

---

40 *Stoltenberg*, S. 128.

41 Begründung zum Regierungsentwurf in BT-Drucks. VI/1786, S. 50 (§ 95 BetrVG 1972); *Galperin / Löwisch*, § 95 BetrVG Rz. 1.

42 Bejahend: *Fitting / Auffarth / Kaiser*, § 95 BetrVG Rz. 10; *Galperin / Löwisch*, § 95 BetrVG Rz. 11; *Gnade / Kehrmann / Schneider / Blanke*, § 95 BetrVG Rz. 14; *Dietz / Richardi*, § 95 BetrVG Rz. 22; *Gola*, DuD 1978, S. 26; verneinend: *Zöllner*, Festschrift S. 681; *GK-Kraft*, § 95 BetrVG Rz. 14.

43 *Kammann / Hess / Schlochauer*, § 95 BetrVG Rz. 36; *GK-Kraft*, § 95 BetrVG Rz. 13.

44 *Zöllner*, Festschrift S. 682; *Dietz / Richardi*, § 95 BetrVG Rz. 10.

§ 10 Besonderheiten der elektronischen Personaldatenverarbeitung, insbesondere technische Durchführbarkeit sowie betriebsverfassungs- und datenschutzrechtliche Spezialitäten

I. Sozialauswahlentscheidung durch Personalinformationssystem?

Das Computerzeitalter bringt es mit sich, daß man die Frage nach der Datenverarbeitung, um die soziale Auswahl durchführen zu können, per Personalinformationssystem (PIS) erörtern muß[1]. Dabei interessiert in erster Linie, inwieweit eine Vorauswahlentscheidung überhaupt durch den Computer zuverlässig vorgenommen werden kann oder konkreter, ob es technisch möglich erscheint – unabhängig davon, ob das wünschenswert und erstrebenswert ist –, daß das PIS aufgrund der eingegebenen Informationen in der Lage ist, eine Entscheidung selbsttätig ohne menschliche Hilfe zu treffen[2], und dabei auch eine optimale Auswahl im Bereich des Möglichen liegt. Um dieser Frage nachzugehen, wurde zunächst ein Programm erstellt, daß nach Art und Inhalt den Frage-, Auswertungs- und Beurteilungsbogen entspricht. Der computermäßige Ausdruck ist umseitig wiedergegeben.

1. Die Geldwertberechnung i.e.S.

Nach Erfassung der Personalstammdaten ist es per Knopfdruck ohne weiteres möglich, Einnahmen und Ausgaben der ArbN-Haushalte gegenüberzustellen und das Defizit für den Fall der Arbeitslosigkeit zu berechnen. Insoweit übt der Computer nur Rechenfunktionen aus, die allerdings ein rationelleres Arbeiten mit diesen Faktoren erlauben. Es ist theoretisch nun auch denkbar, das Programm dahingehend zu perfektionieren, daß der Rechner selbsttätig feststellt, an welchen Aufwendungen der ArbN-Haushalt Einschränkungen vornehmen könnte und müßte. Um das zu erreichen, wäre der Programmierer gezwungen, die einzelnen Ausgabeposten mit Prioritätsstufen zu versehen, so daß z.B. diejenigen ArbN in dieser ersten Vorauswahlstufe als nicht sonderlich schutzbedürftig angesehen würden, die

---

[1] Definition nach *Domsch*, S. 392f.; s. auch *Hümmerich*, S. 42ff.; zum Systemaufbau elektronischer Datenverarbeitungssysteme *Olk*, S. 16ff.

[2] Zu den Anwendungsmöglichkeiten computergestützter Datenbanksysteme vgl. *Olk*, S. 26ff.

```
     AUSWERTUNGSBOGEN, UM DEN GELDWERT DER ARBEIT (I.E.S. UND I.W.S.)        DATUM: 86.06.10   SEITE:  1
       SOWIE DEN PERSÖNLICHKEITSWERT DER ARBEIT ERRECHNEN ZU KÖNNEN
     ==================================================================

   PERSONAL NR.                                                      3

 1. FAMILIENNAME:                                                    MAY
 2. VORNAME:                                                         MICHAEL
 3. GGF. GEBURTSNAME:
 4. GEBURTSDATUM:                                                    17.08.41
 5. WOHNORT:                                                         6600 SAARBRUCKEN
 6. FAMILIENSTAND (LED., VERH., VERW., GESCH.,
    GETR. LBD.):                                                     VERH.
 7. GRÖSSE UND ZUSAMMENSETZUNG DES FAMILIENHAUSHALTES (Z.B.
    4 PERSONEN: AN, EHEGATTE, 2 KINDER):                             6
 8. BETRIEBSANGEHÖRIGKEIT SEIT:                                      1975
 9. TÄTIGKEITSBEREICH:                                               ZIEHEREI
10. SEIT WANN IN DIESER FUNKTION:                                    1975
11. BEURTEILUNGSZEITRAUM:                                            1.85.-6.85
12. DATUM DER BEURTEILUNG:                                           15.7.85
13. NAME DES BEURTEILERS:                                            MAIER

I  DER GELDWERT I.E.S.
   1. MONATL. NETTOEINKOMMEN + EINNAHMEN DES GES. FAMILIENHAUSHALTES
      EINKOMMEN AUS :
      A) UNSELBSTÄNDIGER ARBEIT DES AN:                                 1.876,45
      B) AUS UNTERNEHMERTÄTIGKEIT DES AN:                                   0,00
      C) AUS VERMÖGEN DES AN:                                               0,00
      D) AUS GESELLSCHAFTSBETEILIGUNG DES AN:                               0,00
      E) AUS ÖFFENTL. KASSEN (Z.B. RENTEN, PENSIONEN USW.) DES AN:          0,00
      F) WOHNGELD:                                                          0,00
      G) KINDERGELD:                                                      150,00
      H) WERKSPENSION, WERKSRENTE, AUS FRÜHEREM ARBEITSVERH. DES AN:       50,00
      I) SONSTIGE EINNAHMEN DES AN:                                       170,00
      J) EINNAHMEN ANDERER IM HAUSH. LEBENDER PERSONEN:                   970,00
      K) DTO.:                                                              0,00
      L) DTO.:                                                              0,00
      M) DTO.:                                                              0,00
      N) DTO.:                                                              0,00
      O) DTO.:                                                              0,00
      P) DTO.:                                                              0,00
```

AUSWERTUNGSBOGEN, UM DEN GELDWERT DER ARBEIT (I.E.S. UND I.W.S.) DATUM: 86.06.10 SEITE: 2
SOWIE DEN PERSÖNLICHKEITSWERT DER ARBEIT ERRECHNEN ZU KÖNNEN

Q) DTO.:	0,00
R) DTO.:	0,00
S) UNSELBST.ARBEIT ANDERER IM HAUSH. LEBENDER FAMILIENMITGL.:	0,00
G E S A M T NETTOEINKOMMEN:	3.216,45
2. MONATLICHE AUSGABEN DES GESAMTEN FAMILIENHAUSHALTES:	
A) PAUSCHALBETRÄGE FÜR DEN PRIVATEN VERBRAUCH:	2.223,00
* NAHRUNGS- UND GENUSSMITTEL:	0,00
* KLEIDUNG UND SCHUHE:	0,00
* ELEKTRIZITÄT, GAS, BRENNSTOFFE U.Ä.:	0,00
* ÜBRIGE WAREN + DIENSTLEISTUNGEN FÜR DIE HAUSHALTSF.:	0,00
* WAREN + DIENSTL. FÜR DIE KÖRPER U. GESUNDHEITSPFLEGE:	0,00
* WAREN + DIENSTL. FÜR BILDUNGS- U. UNTERHALTUNGSZWECKE:	0,00
* PERSÖNLICHE AUSSTATTUNG U.Ä.:	0,00
B) SONSTIGE TATSÄCHLICHE AUFWENDUNGEN FÜR:	0,00
* FREIWILLIGE VERSORGUNGSBEITRÄGE:	0,00
* SONSTIGE PRIVATVERSICHERUNGEN:	0,00
* KFZ. (STEUERN, VERSICHERUNGEN):	52,00
* SONSTIGE STEUERN:	0,00
* BEITR. AN PRIVATE ORGANISATIONEN OHNE ERWERBSCHARAKTER:	15,00
* UNTERSTÜTZUNGS- UND UNTERHALTSZAHLUNGEN:	0,00
* VERMÖGENSBILDUNG:	406,00
* MIETE:	520,00
* KREDITRÜCKZAHLUNG:	0,00
* SONSTIGE AUSGABEN, Z.B. FÜR BEHINDERTE ANGEHÖRIGE:	0,00
* LUXUSAUSGABEN:	0,00
* SONSTIGE FINANZIELLEN AUFWENDUNGEN:	0,00
G E S A M T HAUSHALTSAUSGABEN:	3.216,00
3. SALDIERUNG DER EINNAHMEN MIT DEN AUSGABEN:	0,45
4. MONATLICHES FAMILIENEINKOMMEN IM FALL EINER KÜNDIGUNG DES AN	2.621,80
A. ARBEITSLOSENGELD:	1.281,80
B. SONSTIGES NETTOEINKOMMEN DES AN:	370,00
C. NETTOEINKOMMEN DER ÜBRIGEN FAMILIENMITGLIEDER:	970,00

```
          AUSWERTUNGSBOGEN, UM DEN GELDWERT DER ARBEIT (I.E.S. UND I.W.S.)        DATUM: 86.06.10    SEITE: 3
           SOWIE DEN PERSÖNLICHKEITSWERT DER ARBEIT ERRECHNEN ZU KÖNNEN
          ================================================================

      5. SALDIERUNG DES FAMILIENEINKOMMENS IM FALLE EINER KÜN -
         DIGUNG MIT DEN AUSGABEN:                                     -        594,20

II    DER GELDWERT I.W.S.
      1. VERMÖGEN DES AN
         A. WERT  DES DFM AN GEHÖRENDEN UND BERÜCKSICHTIGUNGS -
            FÄHIGEN VERMÖGENS:                                              10.000,00
            * WERT DES VERWERTBAREN BARVERMÖGENS:                            6.000,00
            * WERT DES VERWERTBAREN GRUNDVERMÖGENS:                              0,00
            * WERT DES SONSTIGEN VERWERTBAREN VERMÖGENS:                     4.000,00
         B. ZUSTANDEKOMMEN DES VERMÖGENS:
            * DURCH ERBSCHAFT, VERMÄCHTNIS ODER SONSTIGE UN -
              ENTGELTLICHE ZUWENDUNG DURCH DRITTE:
            * DURCH GEWINN, SPEKULATION U.Ä.:
            * DURCH ANSPAREN:                                         Y
              (1) NORMALES, UNREGELMÄSSIGES SPARVERHALTEN JE
                  NACH DEN GEGEBENHEITEN, OHNE DABEI DEN GE -
                  WOHNTEN LEBENSSTIL ZU ÄNDERN:                       N
              (2) EXTREMES SPARVERHALTEN, ERMÖGLICHT DURCH
                  STARKE EINSCHRÄNKUNG IN SONSTIGEN LEBENS -
                  BEREICHEN:                                          Y
              (3) AUFNAHME EINER NEBENTÄTIGKEIT, UM VERSTÄRKT
                  RÜCKLAGEN BILDEN ZU KÖNNEN:                         N
            * INSB. BEI GRUNDVERMÖGEN: DURCH AUFNAHME VON
              KREDITEN U.Ä.:
            * SONSTIGES:

      2. VERMÖGEN DER IM HAUSHALT LEBENDEN FAMILIENMITGLIEDER
         A. WERT  DES DIESEN PERSONEN GEHÖRENDEN UND BERÜCKSICH -
            TIGUNGSFÄHIGEN VERMÖGENS:                                       10.000,00
            * WERT DES VERWERTBAREN BARVERMÖGENS:                           10.000,00
            * WERT DES VERWERTBAREN GRUNDVERMÖGENS:                              0,00
            * WERT DES SONSTIGEN VERWERTBAREN VERMÖGENS:                         0,00
         B. ZUSTANDEKOMMEN DES VERMÖGENS
            * DURCH ERBSCHAFT, VERMÄCHTNIS ODER SONSTIGE UN -
              ENTGELTLICHE ZUWENDUNG DURCH DRITTE:
            * DURCH GEWINN, SPEKULATION U.Ä.:
```

```
AUSWERTUNGSBOGEN, UM DEN GELDWERT DER ARBEIT (I.E.S. UND I.W.S.)       DATUM: 86.06.10   SEITE: 4
  SOWIE DEN PERSÖNLICHKEITSWERT DER ARBEIT ERRECHNEN ZU KÖNNEN
=================================================================

 * DURCH ANSPAREN:                                               Y
   (1) NORMALES, UNREGELMÄSSIGES SPARVERHALTEN JE
       NACH DEN GEGEBENHEITEN, OHNE DABEI DEN GE -
       WOHNTEN LEBENSSTIL ZU ÄNDERN:                             N
   (2) EXTREMES SPARVERHALTEN, ERMÖGLICHT DURCH
       STARKE EINSCHRÄNKUNG IN SONSTIGEN LEBENS -
       BEREICHEN:                                                Y
   (3) AUFNAHME EINER NEBENTÄTIGKEIT, UM VERSTÄRKT
       RÜCKLAGEN BILDEN ZU KÖNNEN:                               N
 * INSB. BEI GRUNDVERMÖGEN: DURCH AUFNAHME VON
   KREDITEN U.Ä.:
 * SONSTIGES:

III    DER PERSÖNLICHKEITSWERT
          (1) KOMPENSATIONSFUNKTION DER ARBEIT:
          (2) ABLENKUNGSFUNKTION DER ARBEIT:
          (3) SELBSTVERWIRKLICHUNGSFUNKTION DER ARBEIT:
          (4) SONSTIGES:
              HAT DIE ARBEIT IN DIESEM BETRIEB FÜR DIE PERSÖNLICHKEIT
              DES AN AUSNAHMSWEISE EINE SO GROSSE BEDEUTUNG, DASS ES GE -
              RECHTFERTIGT ERSCHEINT, IHN OHNE RÜCKSICHT AUF FINANZIELLE
              UND SONSTIGE ASPEKTE AUS DEM KREIS DER AN HERAUSZUNEHMEN,
              UNTER DENEN DIE BETRIEBSBEDINGT ZU KÜNDIGENDEN AUSZU -
              WÄHLEN SIND?:                                           NEIN
```

```
         MUSTERBEURTEILUNGSBOGEN FÜR GEWERBLICHE AN IM          DATUM: 86.06.10   SEITE: 5
                STAHLVERARBEITENDEM BETRIEB
         ==============================================

IV.   BEURTEILUNGSMERKMALE                 Y

   1. ARBEITSGÜTE (MAX. 52 P.):                                          39
      A. RICHTIGKEIT UND VERWENDBARKEIT DER ARBEITS -
         ERGEBNISSE (MAX. 10 P.):                                         8
      B. FACHKENNTNISSE (MAX. 10 P.):                                     7
      C. EINHALTEN VON VORSCHRIFTEN UND ANWEISUNGEN (MAX. 6 P.):          5
      D. ORDNUNG AM ARBEITSPLATZ (MAX. 6 P.):                             6
      E. BERUFLICHE GESCHICKLICHKEIT (Z.B. HANDFERTIG -
         KEIT) (MAX. 10 P.):                                              6
      F. SORGFALT BEI DER ARBEIT (MAX. 10 P.):                            7

   2. ARBEITSMENGE (MAX. 30 P.):                                         20
      A. ZEITAUFWAND FÜR EINWANDFREIE ARBEITSERGEBNISSE,
         ARBEITSTEMPO (MAX. 10 P.):                                       7
      B. AUSDAUER, STETIGKEIT DER LEISTUNGEN (MAX. 10 P.):                6
      C. BELASTBARKEIT BEI BESONDEREN ANFORDERUNGEN (MAX. 10 P.):         7

   3. ARBEITSVERHALTEN (MAX. 88 P.):                                     63
      A. KOSTENBEWUSSTSEIN (MAX. 8 P.):                                   6
      B. SORGFÄLTIGE BEHANDLUNG VON BETRIEBSMITTELN (MAX. 6 P.):          5
      C. ZUVERLÄSSIGKEIT BEI DER ARBEIT (MAX. 8 P.):                      6
      D. PÜNKTLICHKEIT (MAX. 6 P.):                                       5
      E. ZUSAMMENARBEIT, TEAMGEIST, KOOPERATIONSFÄHIGKEIT -
         UND BEREITSCHAFT (MAX. 8 P.):                                    4
      F. INITIATIVE, VERBESSERUNGSVORSCHLÄGE, IDEENREICH -
         TUM (MAX. 4 P.):                                                 2
      G. EINSATZBARKEIT AN VERSCHIEDENEN ARBEITSPLÄTZEN, VIEL -
         SEITIGE VERWENDBARKEIT (MAX 8 P.):                               6
      H. VERANTWORTUNGSBEREITSCHAFT (MAX. 5 P.):                          4
      I. LEISTUNGSBEREITSCHAFT, ARBEITSBEREITSCHAFT, ARBEITS -
         ENERGIE, ARBEITSEINSTELLUNG (MAX. 10 P.):                        8
      J. FREIWILLIGE MITARBEIT AN BETRIEBLICHEN GEMEINSCHAFTS -
         EINRICHTUNGEN (MAX. 2 P.):                                       2
      K. SELBSTÄNDIGKEIT UND SICHERHEIT AM ARBEITS -
         PLATZ (MAX. 8 P.):                                               6
      L. GRUNDLOSE, UNKOLLEGIALE ABLEHNUNG ERFORDERLICHER
         MEHRARBEIT (MAX. 5 P.):                                          5
```

MUSTERBEURTEILUNGSBOGEN FÜR GEWERBLICHE AN IM STAHLVERARBEITENDEM BETRIEB

DATUM: 86.06.10 SEITE: 6

M. AUFMERKSAMKEIT, KONZENTRATION (MAX. 6 P.):	5
N. ENTSCHEIDUNGSVERHALTEN (MAX. 4 P.):	3
4. SONSTIGE, IM BETRIEBLICHEN INTERESSE LIEGENDE BEURTEILUNGS - MERKMALE (MAX. 80 P.):	57
A. AUS- UND WEITERBILDUNGSBEREITSCHAFT (MAX. 8 P.):	5
B. EINSATZBEREITSCHAFT (MAX. 10 P.):	6
C. KOLLEGIALITÄT (MAX. 6 P.):	5
D. AUSFALLZEITEN INFOLGE KRANKHEITSHÄUFIGKEIT (MAX. 10 P.):	8
E. RÜCKSICHTNAHME AUF KOLLEGEN UND FA. (MAX. 6 P.):	5
F. EINARBEITUNGSVERMÖGEN (MAX. 5 P.):	3
G. VERHALTEN GEGENÜBER VORGESETZTEN (MAX. 4 P.):	3
H. WENDIGKEIT (MAX. 4 P.):	4
I. VERSTÖSSE GEGEN DIE BETRIEBLICHE ORDNUNG (MAX. 7 P.):	6
J. ENTWICKLUNGSMÖGLICHKEITEN DES AN IM BETRIEB (AN EVTL. FÜR HÖHERE AUFGABEN BEFÄHIGT) (MAX. 10 P.):	5
K. IMPROVISATIONSFÄHIGKEIT (MAX. 5 P.):	3
L. LOYALITÄT (MAX. 5 P.):	4
G E S A M T P U N K T Z A H L (MAX. 250 P.) :	179

DURCHSCHNITTLICHE ARBEITSKRAFT

B E M E R K U N G E N :

ARBEITSLEISTUNG LÄSST ANSTEIGENDE TENDENZ ERKENNEN.

hohe Ausgaben für Luxusartikel, persönliche Ausstattung etc. tätigen. Auf diese Weise wäre eine automatische Selektierung möglich.

Es sind sicherlich auch noch andere Arten denkbar, die eine vollautomatische Auswahl ermöglichten. Doch sollte nach Meinung des Verfassers die Entscheidung darüber, welcher ArbN-Haushalt finanziell am wenigsten unter einer Arbeitslosigkeit zu leiden hätte, dem damit betrauten Menschen belassen werden. Auch wenn eine weitgehend perfekte Programmierung möglich ist, bliebe im Fall der Anwendung mehr als ein ungutes Gefühl. Denn der ArbGeb oder das von ihm dazu bestimmte Personal kann trotz aller Perfektion eine umfassendere und differenziertere Beurteilung verwirklichen. Diese Auswahlpraxis sollte auch deshalb bevorzugt werden, weil die Anzahl der relevanten Daten bei dem vorgestellten System vom Menschen noch problemlos überblickt werden können und der Zeitfaktor – insbesondere da der Rechner unterstützend tätig wird und die Informationen vorbereitet – keine allzu entscheidende Rolle spielt.

Als Quintessenz bleibt zu notieren, daß das PIS nur der Arbeitserleichterung dienen soll, der Vergleich der ArbN nach ihren finanziellen Gepflogenheiten aber dem damit betrauten „homo sapiens" überlassen bleibt.

2. Die Geldwertberechnung i.w.S.

Für die Berücksichtigung des verwertbaren Vermögens kann dem Grunde nach nichts anderes gelten. Die Sondierung und Aufbereitung der Daten vollzieht das elekronische System, den Vergleich und die Auswahl schließlich nimmt der Mensch vor.

3. Der Persönlichkeitswert

Eine perfektionierte Programmierung ist hinsichtlich dieses Wertes der Arbeit nicht durchführbar. Denkbar wäre allenfalls, die Frage nach dem Persönlichkeitswert ausschließlich mit „Ja" oder „Nein" zu beantworten, so daß beim Durchlauf des Programms diejenigen ausscheiden, bei denen ein „Ja" erscheint. Diese würden dann ohne weiteres Eingehen auf Details aus dem Kreis der Kündigungskandidaten herausfallen.

4. Die betrieblichen Interessen

Der Computer addiert die Punkte der zu vergleichenden Mitarbeiter und errechnet für jeden eine Gesamtpunktzahl. Sind in dieser 4. Vorauswahlstufe z.B. noch zwei ArbN aus dem Topf der zu Kündigenden herauszunehmen – die also im Betrieb verbleiben sollen – so werden das i. d. R. diejenigen mit der höchsten Punktsumme sein. Diese ArbN kann das PIS problemlos automatisch kenntlich machen.

5. Resümee

Eine elektronische Sozialauswahl mit größtmöglicher sozialer Gerechtigkeit ist in der Praxis nicht denkbar. Die elektronische Datenverarbeitung bringt zwar eine immense Arbeitserleichterung mit sich, kann aber den Menschen als denjenigen, der eine Entscheidung zu treffen hat, nicht ersetzen. Die technischen Möglichkeiten lägen zweifellos im Bereich des Machbaren, die praxisbezogene Umsetzung erscheint aber weder sinnvoll noch notwendig.

II. Betriebsverfassungsrechtliche Besonderheiten bei elektronischer Datenverarbeitung

Bei der Einführung von Personalfragebogen und der Aufstellung allgemeiner Beurteilungsgrundsätze hat der Betriebsrat gem. § 94 I, II BetrVG ein MBR; bei der Aufstellung von Auswahlrichtlinien ein solches nach § 95 BetrVG. Es ist nun zu prüfen, welche Mitbestimmungsrechte dem Betriebsrat bei der Einrichtung und Verwendung von „dispositiven PIS“[3] zustehen.

1. § 94 I BetrVG

Auch bei der Einführung eines automatischen Datenverarbeitungssystems werden größtenteils die benötigten Personalstammdaten mittels eines vom ArbN auszufüllenden Fragebogens erfaßt. Zumindest in dem hier vorgestellten Kündigungsauswahlrichtliniensystem sollen die Informationen auf diese Weise erhoben werden. Aus diesem Grunde besteht hinsichtlich der Betriebsrat-Mitbestimmung gegenüber dem bisher ausgeführten (s. S. 118) nach § 94 I BetrVG keine Besonderheit.

Auch dann, wenn die Daten nicht qua Personalfragebogen erhoben werden, sondern unter Verzicht auf vorherige Fixierung auf Papier unmittelbar (on-line) in die EDV-Anlage eingegeben oder auf sonstige Weise formalisiert erhoben werden, bleibt das MBR in der gleichen Weise bestehen[4].

---

[3] „Dispositive PIS“ sind im Gegensatz zu rein administrativen PIS in der Lage, aufgrund bestimmter Verarbeitungsprogramme gespeicherte Daten zu vergleichen und daraus Rückschlüsse über den Betroffenen zu ziehen. Vgl. *Gola,* BB 1980, S. 584f.; a.A.: *Kilian,* JZ 1977, S. 482, der ein PIS, mit dessen Hilfe Entlassungen vorbereitet werden, als administratives PIS bezeichnet.

[4] *Müllner,* BB 1984, S. 476; *Klebe / Schumann,* ArbuR 1983, S. 42; *Hanau,* BB 1972, S. 453; a.A.: *Hümmerich,* RdA 1979, S. 145ff., der zwar die Problematik nicht verkennt, aber der Legislative nicht vorgreifen will und diese in der Pflicht sieht.

2. § 94 II, 2. HS BetrVG

Der Mitbestimmungstatbestand des § 94 II, 2. HS BetrVG ist dann erfüllt, wenn der ArbGeb ein EDV-Programm direkt für die Beurteilung der ArbN einsetzt. Da zu dem vorliegenden Auswahlverfahren auch eine allgemeine Personal- und Leistungsbeurteilung gehört, muß das MBR bei der Aufstellung des Beurteilungsbogens berücksichtigt werden. Nicht dem Zustimmungsrecht unterliegt allerdings die Art und Weise der Speicherung der ermittelten Daten. Es spielt mitbestimmungsrechtlich keine Rolle, ob die Daten in einer Kartei oder aber in einem PIS aufbewahrt werden. Dabei ist aber noch nichts über die Frage gesagt, ob die Einführung des PIS selbst der Mitbestimmung des Betriebsrats unterliegt oder nicht (s. dazu unten). Der Betriebsrat kann aber wegen der Zustimmungsbedürftigkeit bei der Aufstellung allgemeiner Beurteilungsgrundsätze mittelbar Einfluß auf Art und Weise der Daten nehmen, die in das PIS eingespeist werden dürfen und kann somit indirekt auch das Programm – hier zur Sozialauswahl – mitbeeinflussen[5].

3. § 95 BetrVG

Die Grundsätze und das Verfahren zur Sozialauswahl sollen in einer Kündigungsauswahlrichtlinie gem. § 95 BetrVG festgelegt werden. Dazu ist die Zustimmung des Betriebsrats erforderlich. Im Falle automatischer Datenverarbeitung wird die Auswahlrichtlinie wesentlicher Bestandteil des PIS, denn aus ihrem Inhalt setzt sich die Software zusammen[6]. Besonderheiten zu Auswahlrichtlinien, die nicht Grundlagen eines PIS sind, sondern nur schriftlich fixiert werden, liegen nicht vor.

4. § 87 I Nr. 6 BetrVG

Nach § 87 I Nr. 6 BetrVG hat der Betriebsrat ein Mitbestimmungsrecht bei der Einführung und Anwendung von technischen Einrichtungen, die dazu bestimmt sind, das Verhalten oder die Leistung der ArbN zu überwachen. Mit diesem Beteiligungsrecht wird der Schutz der Persönlichkeitssphäre der ArbN vor den „besonderen Gefahren“ technischer Überwachungseinrichtungen bezweckt[7]. Inwieweit nun ein so begründetes MBR bei der Einführung und Anwendung eines dispositiven PIS besteht, ist in

---

[5] *Zöllner*, DB 1984, S. 241 f.; *Ehmann*, RdA 1983, S. 98.

[6] *Zöllner*, DB 1984, S. 242.

[7] So *Ehmann*, PIS, S. 55; *ders.*, Arbeitsschutz, S. 103; BAG v. 14. 9. 1984, DB 1984, S. 2514 f.; *Wohlgemuth*, ArbuR 1984, S. 258; zum Zweck des § 87 I Nr. 6 BetrVG s. ferner: *Ehmann*, Festschrift, S. 133 ff.; s. auch Begründung zum § 87 I Nr. 6 BetrVG in: BT-Drucks. VI/1786, S. 48 f.

Judikatur und Publizistik umstritten und Gegenstand vielfältiger Erörterungen. Es würde den Rahmen dieser Arbeit sprengen, die unterschiedlichen Auffassungen darzustellen und auszuwerten[8].

Entscheidend ist nur die Tatsache, daß der Betriebsrat der Erhebung und Verarbeitung der zur beabsichtigten Sozialauswahl erforderlichen Daten nicht unter Berufung auf § 87 I Nr. 6 BetrVG widersprechen kann, wenn die elektronische Datenverarbeitung datenschutzrechtlich nach den Bestimmungen des BDSG, insbesondere der §§ 23 ff., zulässig ist. *Ehmann* faßt dies folgendermaßen zusammen: Was datenschutzrechtlich zulässig ist, kann auch nicht kraft Mitbestimmungsrechten für unzulässig erklärt werden[9].

In dem vorliegenden Auswahlsystem ist die Erhebung der benötigten Daten zulässig, was wiederum die Unbedenklichkeit der Speicherung und Verarbeitung nach dem BDSG zur Folge hat. Daraus ergibt sich die Pflicht des Betriebsrats – falls man ihm ein MBR nach § 87 I Nr. 6 BetrVG einräumt – seine Zustimmung zur Einführung und Ingebrauchnahme eines PIS zu erteilen.

III. Datenschutzrechtliche Besonderheiten bei elektronischer Datenverarbeitung

Es wurde bereits mehrfach erwähnt, daß die Speicherung und Verarbeitung der ArbN-Daten den rechtlichen Anforderungen entspricht, soweit sie in einer Kartei o. ä. nicht automatisierten Datenverarbeitungsanlage zu den vorgegebenen Zwecken gesammelt werden. Nichts anderes kann gelten, wenn die Informationen auf einem computergestützten Datenträger Aufnahme finden, denn die Zulässigkeit der Speicherung und Verarbeitung richtet sich nach der rechtlichen Unbedenklichkeit bei der Datenerhebung, die bei diesem System gegeben ist. Es stehen der Unterstützung der sozialen Auswahl durch ein PIS somit keine datenschutzrechtlichen Bedenken entgegen.

---

[8] Insofern wird auf nachfolgende Rspr. und Lit. verwiesen: BAG v. 6. 12. 1983, DB 1984, S. 775ff. insb. S. 780ff.; BAG v. 14. 9. 1984, DB 1984, S. 2513ff.; *Weng*, DB 1985, S. 1341ff.; ArbG München v. 19. 12. 1980, BB 1981, S. 1522; *Wohlgemuth*, ArbuR 1981, S. 277; *ders.*, ArbuR 1984, S. 257ff.; *Zimmermann*, DB 1983, S. 1364; *Ehmann*, PIS, S. 55ff.; *ders.*, Festschrift, S. 127ff.; *Müllner*, DB 1984, S. 476ff.; *Jobs*, DB 1983, S. 2307ff.; *Zöllner*, DB 1984, S. 243ff.: *Linnenkohl*, ArbuR 1984, S. 134ff. *Klebe / Schumann*, ArbuR 1983, S. 43ff.; *Matysiak*, S. 94ff.; BAG v. 23. 4. 1983, SAE 1985, S. 273 mit Anm. *Ehmann*.

[9] *Ehmann*, PIS, S. 59.

§ 11 Schlußbetrachtung und Ausblick

Die vorliegende Arbeit wird sicherlich nicht die Problematik der Sozialauswahl ad hoc lösen können. Das war auch gar nicht die Intention des Verfassers, denn es ist nicht verkannt worden, daß in der Praxis das vorgestellte Sozialauswahlsystem auf vielerlei Bedenken und Widerstände stoßen würde. Sinn und Zweck war es demgegenüber – inspiriert durch den Gedanken *Ehmann's*[1] – aufzuzeigen, daß es nicht unabänderlich bei dem unbefriedigenden jetzigen Rechtszustand, der in der Tat als unerträglich bezeichnet werden kann, bleiben muß. Vielleicht erreicht die Arbeit mit der Ausführung der Gedanken, wie eine soziale Auswahl mit Gewißheit gerechter durchgeführt werden könnte – wobei nicht eine absolute soziale Gerechtigkeit in Anspruch genommen wird, die es nicht gibt und aufgrund der ungewissen zukünftigen Entwicklung der einzelnen ArbN und ihrer Haushalte auch niemals geben kann – doch ein Überdenken der mittlerweile recht starren Gedankengänge der Judikatur und der Publizistik.

Da wir nun mal in einer Zeit leben, in der die technologischen Entwicklungen – insbesondere auch im Bereich der elektronischen Datenverarbeitung – die Menschen vielfach überfordern, soll auch nicht die datenschutzrechtliche Problematik als geringfügig abgetan werden. Das Ausmaß der Entwicklung auf diesem Gebiet muß tatsächlich diejenigen, die damit leben müssen – und größtenteils auch wollen – Ängste einflößen. Trotzdem kann es nicht sinnvoll sein, eine totale Abwehrhaltung einzunehmen und sich auf Standpunkte zurückzuziehen, die in keiner Weise mehr den gewachsenen Anforderungen entsprechen. Der Mensch muß bereit sein, die Chance, die der technische Fortschritt – in diesem Fall die perfekte computermäßige Verarbeitung einer Vielzahl von Daten – ihm letztendlich bietet, am Schopfe zu greifen. Es geht nicht an, daß man alle Neuerungen verteufelt und nur das „Böse" in ihnen sieht. EDV-Anlagen in Form von PIS haben unbestritten große Vorteile, so u.a. auch die Möglichkeit, eine im Vergleich zu früher wesentlich gerechtere Sozialauswahl zu gewährleisten. Warum also sollte man sich diese Möglichkeiten nicht zunutze machen? *Ehmann*[2] ist insofern vollauf beizupflichten, wenn er die Mißstände schonungslos aufdeckt, die durch hochsensible Datenschutzexperten zu verantworten sind. Ist es denn wirklich schlimmer, zweckgebunden vom ArbN auch private und persönliche Daten zu erfahren, als bei in der heutigen Zeit so einschneidenden Ent-

[1] BlStSozArbR 1984, S. 209ff.

[2] PIS, S. 54.

scheidungen wie Kündigungen eine mangelhafte und undifferenzierte Auswahl zu treffen, die keiner Seite gerecht wird? Oder sollte man nicht doch das relativ kleine notwendige Übel der Mitteilung solcher privater Verhältnisse hintenanstellen, um größere und wichtigere Aufgaben befriedigend lösen zu können? Die Beantwortung dieser Fragen bleibt dem Leser dieser Zeilen überlassen.

Trotz der zweifellos bestehenden Probleme war es aber ein Bedürfnis zu zeigen, daß man auch zu zufriedenstellenden Ergebnissen gelangen kann. Der Zielkonflikt zwischen den Interessen der ArbN an umfassendem Schutz ihrer persönlichen und privaten Daten einerseits und einer weitgehenden sozialen Gerechtigkeit bei der Sozialauswahl nach § 1 III KSchG andererseits muß dazu aber zugunsten des letzteren entschieden werden. Denn es ist unumgänglich, um diese doch sehr erstrebenswerte Gerechtigkeit zu erreichen, daß die Stelle im Betrieb, die mit betrieblichen Kündigungen befaßt ist, einen aussagekräftigen Einblick in die privaten Lebensverhältnisse der ArbN und ihrer Haushalte erhält.

Es wäre nun schon als Teilerfolg zu verbuchen, wenn zumindest eine größere Anzahl persönlicher Daten und insbesondere die Miteinbeziehung von Leistungsgesichtspunkten in Zukunft das Gerüst einer solchen Auswahl bilden würden, wobei dazu allerdings das BAG, das in seinen diesbezüglichen Urteilssprüchen nicht an Praxisferne zu überbieten ist, seine Rspr. ändern müßte. Da in der Vergangenheit das BAG in den Entscheidungen zur Sozialauswahl gem. § 1 III KSchG sehr unterschiedliche Auffassungen vertreten hat und von einer Kontinuität der Rspr. keine Rede sein kann, muß es nicht als vollkommen abwegig angesehen werden, daß das BAG in Zukunft sich intensiver mit diesem in der Praxis bestehenden Mißstand auseinandersetzt und demzufolge seine Rspr. dahingehend ändert, daß sie den Bedürfnissen der im Arbeitsleben beteiligten Parteien gerecht wird. *Ein* Weg zur Behebung dieses Mißstandes wurde mit der vorliegenden Arbeit aufgezeigt.

Zusammenfassung

§ 1 Die schlechte Arbeitsmarktlage seit Anfang der 80er Jahre hat zu einer starken Zunahme der betriebsbedingten Kündigungen geführt. Dadurch hat das Problem der sozialen Auswahl nach § 1 III KSchG eine große Bedeutung erlangt. Es würde den Rahmen der Arbeit sprengen, alle mit dieser sozialen Auswahl im Zusammenhang stehenden Streitpunkte zu behandeln, so daß eine Reduzierung auf folgende Probleme vorgenommen wurde:

- der Frage nach dem auswahlrelevanten Personenkreis
- der Frage nach den relevanten Sozialdaten und deren Wertigkeit
- der Frage nach der Berücksichtigung und dem Stellenwert der betrieblichen Gesichtspunkte
- der Frage nach einem Ermessensspielraum für den ArbGeb.

§ 2 Die Grundsätze und Kriterien der bisherigen Praxis bei der Frage der Sozialauswahl werden dargestellt. Auch ohne ausdrückliche Vorschrift bestand schon immer das Gebot der sozialen Auswahl. Diese kann allerdings nur unter vergleichbaren, d.h. austauschbaren ArbN vorgenommen werden, die im selben Betrieb beschäftigt sind.

Welche Auswahlkriterien von Bedeutung sein sollen und insb. welche Wertigkeit ihnen zugemessen werden soll, ist ein nicht gelöstes Hauptproblem. Die Rspr. operiert im wesentlichen mit den Merkmalen Lebensalter, Dauer der Betriebszugehörigkeit und Zahl der Unterhaltsberechtigten, wobei aber nie deutlich wird, wie diese Sozialdaten für sich selbst und im Verhältnis zu den jeweilig anderen zu gewichten sind. Ebenso bleibt unklar, ob und inwieweit und mit welchem Gewicht zusätzliche Kriterien (Vermögen, Arbeitsmarktchancen, Nebenverdienst etc.) Berücksichtigung finden können. Auch die Lit. trägt zur Lösung der anstehenden Probleme nicht viel bei, da die Berücksichtigungsfähigkeit der relevanten Sozialdaten und deren Wertigkeit nicht eindeutig veranschaulicht wird.

Ob und inwieweit betriebliche Interessen, insb. Leistungsgesichtspunkte bei der sozialen Auswahl gem. § 1 III 1 KSchG Beachtung finden sollen, ist ein nach wie vor in Rspr. und Lit. heftig umstrittener Problempunkt.

Aus der Unzufriedenheit mit den bestehenden Ungereimtheiten heraus hat die Praxis versucht, die unerträgliche Rechtsunsicherheit zu beseitigen, in dem sie mit Hilfe von Punktesystemen die Auswahl vornehmen wollte. Das BAG hat diese Versuche jedoch nicht in uneingeschränktem Maße akzeptiert.

Für Massenkündigungen, Massenänderungskündigungen und Änderungskündigungen gilt im Grundsatz hinsichtlich der sozialen Auswahlproblematik nichts Neues.

Ob und inwieweit dem ArbGeb ein Ermessensspielraum beim Sozialvergleich zusteht oder seine Entscheidung vom Arbeitsgericht überprüft und verworfen werden kann, ist in Rspr. und Lit. ebenfalls stark umstritten.

§ 3 Da die bisherige Praxis einen unbefriedigenden Rechtszustand festschreibt und die Auswirkungen der entstandenen Rechtsunsicherheit für alle Beteiligten negativ zu Buche schlagen, wird eine Idee *Ehmann's* aufgegriffen, modifiziert und umfassend erläutert. Danach wird die Sozialauswahl nach dem sog. Geldwert der Arbeit i.e.S., dem sog. Geldwert der Arbeit i.w.S., dem sog. Persönlichkeitswert der Arbeit, den betrieblichen Interessen und letztlich einer Einzelfallüberprüfung durchgeführt.

§ 4 Unter dem Terminus Geldwert der Arbeit i.e.S. versteht man die durch den Wegfall des Arbeitsplatzes verursachte finanzielle Einbuße des ArbN, die regelmäßig in der Differenz zwischen dem Lohn und dem Arbeitslosengeld gem. § 111 AFG besteht und die in Bezug gesetzt werden muß zum privaten Haushalt des ArbN; wobei unter Berücksichtigung der Einkünfte der im Familienhaushalt lebenden Angehörigen alle laufenden, regelmäßigen (Nahrung, Miete, Kleidung etc.) und außergewöhnlichen (z.B. Schuldentilgung) Ausgaben mit den Einnahmen vor und nach der Kündigung saldiert werden müssen.

§ 5 Der Geldwert der Arbeit i.w.S. will die dem Haushalt gehörenden Vermögenswerte berücksichtigen, die keinen Einfluß bei der Geldwertberechnung i.e.S. erlangen. Dabei können nicht alle Vermögensgegenstände sich zum Nachteil des ArbN auswirken, da z.B. Mobiliarvermögen, ein Bausparvertrag oder Lebensversicherungsvertrag ebenso wie eine Anwartschaft auf eine betriebliche Altersversorgung aus den verschiedensten Gründen nicht dazu geeignet sind. Dagegen sollen das Barvermögen und das Grundvermögen unter gewissen Umständen Berücksichtigung finden, wobei in bestimmten Fällen auch auf die Art der Erlangung abgestellt wird.

§ 6 Der Persönlichkeitswert der Arbeit ist der im Beschäftigungsanspruch liegende Wert der Arbeitsleistung für die Persönlichkeit des ArbN unabhängig vom Lohnanspruch. Er ist grundsätzlich für alle vergleichbaren ArbN gleich zu bewerten und kann nur in seltenen Ausnahmefällen die Sozialauswahl beeinflussen. Dies kann in engen Grenzen dann der Fall sein, wenn die Arbeit für die ArbN „Kompensationsfunktion“ oder „Selbstverwirklichungsfunktion“ hat.

§ 7 Entgegen der jüngsten Rspr. des BAG werden auch die betrieblichen Interessen in den Abwägungsprozeß der Sozialauswahl gem. § 1 III 1 KSchG miteinbezogen. Dafür sprechen der Wortlaut des § 1 III 1 KSchG, rechtssystematische und rechtspolitische Aspekte. Zu diesen betrieblichen Belangen sind Leistungsgesichtspunkte einerseits und Fehlzeiten andererseits zu zählen.

§ 8 Um die zur Ermittlung und Verarbeitung für den Sozialvergleich erforderlichen Daten zu erhalten, muß von den ArbN ein Fragebogen turnusgemäß und nach Bedarf ausgefüllt werden. Desweiteren sind die ArbN regelmäßig mittels eines Beurteilungsbogens zu beurteilen, der den Grundsätzen der analytischen Beurteilungsmethode entsprechen muß.

Im Zusammenhang mit der Erhebung und Verarbeitung der Daten muß geprüft werden, inwieweit das Fragerecht des ArbGeb beschränkt ist. Stehen die zu ermittelnden Daten in einem Zweckzusammenhang mit dem Arbeitsverhältnis, so bestehen gegen eine Erhebung und Verarbeitung der Daten keine Bedenken. Allerdings ist das MBR des Betriebsrats nach § 94 I, II BetrVG zu beachten.

Auch datenschutzrechtliche Normen stehen einer Erhebung und Verarbeitung der Daten per Fragebogen nicht entgegen, wobei das BDSG über die Erhebung von personenbezogenen Daten keine Regelung trifft.

§ 9 Die dargestellten Auswahlgrundsätze allein lassen noch nicht hinreichend deutlich erkennen, wie die soziale Auswahl in praxi durchgeführt werden soll. Dazu bedarf es eines speziellen Auswahlverfahrens in Form eines Stufenmodells, in welchem die für die Kündigung nicht in Betracht kommenden ArbN stufenweise aus dem „Topf der vergleichbaren ArbN“ herausgenommen werden:

- In der ersten Stufe werden die ArbN nach dem Geldwert der Arbeit i.e.S. verglichen und diejenigen herausgenommen, die den höchsten Negativsaldo aufweisen.
- In der zweiten Stufe wird der Persönlichkeitswert in Betracht gezogen und ohne Rücksicht auf den Geldwert fallen diejenigen heraus, die durch die Kündigung extrem hart betroffen würden.
- In der dritten Stufe wird der Geldwert der Arbeit i.w.S. (das Vermögen) berücksichtigt, und es scheiden die ArbN aus dem Kündigungskreis aus, die nach dem hier vorgeschlagenen Modell am schutzwürdigsten sind.

- In der vierten Stufe gewinnen die betrieblichen Aspekte Einfluß auf den Sozialvergleich, d.h. es werden diejenigen von der Kündigung verschont, die für den Betrieb besonders wichtig sind.
- Bevor den verbliebenen ArbN die betriebsbedingte Kündigung ausgesprochen wird, ist eine Einzelfallüberprüfung dergestalt vorzunehmen, daß den Betroffenen Gelegenheit zu geben ist, sich zu äußern und Umstände vorzubringen, die eine Entlassung als unbillige Härte darstellen würden.

Das Auswahlverfahren wird am zweckmäßigsten in Form einer Kündigungsauswahlrichtlinie zwischen ArbGeb und Betriebsrat vereinbart. Dabei ist das MBR des Betriebsrats gem. § 95 BetrVG zu beachten.

In der Lit. ist der Begriff der Auswahlrichtlinie heftig umstritten, so daß fraglich erscheint, ob hier überhaupt ex definitione eine Auswahlrichtlinie vorliegt. Letztendlich muß dies aber sowohl nach dem einschränkenden als auch nach dem umfassenderen Auswahlrichtlinienbegriff bejaht werden.

Ein besonderes Problem stellt noch das Verhältnis von § 1 III KSchG zu den Kündigungsauswahlrichtlinien dar, insb. ob diese Richtlinien hinsichtlich der Sozialauswahl andere Wertungen beinhalten dürfen als die Rspr. des BAG zu § 1 III 1 KSchG vorgegeben hat. Dem ArbGeb muß aber bei der Gestaltung der Richtlinien ein Ermessensspielraum zugestanden werden, und der Inhalt dieser Kündigungsauswahlrichtlinien muß von den Grundsätzen des BAG abweichen dürfen, soweit nur der Grundwertung des Gesetzes in § 1 III KSchG, daß „soziale Gesichtspunkte ausreichend zu berücksichtigen sind“, Rechnung getragen wird.

§ 10 Rechtliche Besonderheiten bei der Auswahl mittels elektronischer Personaldatenverarbeitung sind nicht ersichtlich, wenn man von dem umstrittenen Punkt absieht, ob dem Betriebsrat ein MBR gem. § 87 I Nr. 6 BetrVG bei der Einführung und Anwendung von technischen Einrichtungen, die dazu bestimmt sind, das Verhalten oder die Leistung der ArbN zu überwachen, zusteht. Aber auch wenn man das bejahen sollte, ergibt sich die Pflicht des Betriebsrats, seine Zustimmung zur Einführung und Ingebrauchnahme eines PIS zu erteilen. Im tatsächlichen Bereich bringt die vollautomatisierte Sozialauswahl aber Schwierigkeiten mit sich, so daß der Computer nur zur Arbeitserleichterung eingesetzt werden sollte.

Anhang

Musterbeispiel

Bisher wurden Auswahlgrundsätze und -verfahren nur theoretisch dargestellt. Das nachfolgende praxisnah gebildete Musterbeispiel soll die konkreten Auswirkungen und Folgerungen dieses Systems für die soziale Auswahl verdeutlichen:

In einem stahlverarbeitenden Betrieb sind in der Zieherei zehn ArbN beschäftigt. Aufgrund anhaltender Absatzflaute und damit verbundenem Umsatzrückgang sowie dauerhafter erheblicher Verluste muß aus betriebsbedingten Gründen drei ArbN dieser Abteilung gekündigt werden. Daß tatsächlich dringende Erfordernisse gem. § 1 II KSchG vorliegen, ist unstreitig. Der ArbGeb muß nach § 1 III KSchG weiterhin soziale Gesichtspunkte berücksichtigen, bevor er die Kündigung den drei ausgewählten ArbN gegenüber ausspricht. Da alle zehn ArbN die gleiche Tätigkeit ausüben, wenn auch an verschiedenen Maschinen, sind sie austauschbar und daher miteinander vergleichbar.

Mit Hilfe der Frage- und Beurteilungsbogen sind die entscheidungserheblichen Daten der zehn ArbN gesammelt und anhand der Auswertungs- und Beurteilungsbogen ausgewertet worden. Dabei sind die Pauschalwerte für den Privaten Verbrauch in der 1. Vorauswahlstufe niedriger angesetzt, als nach Tabelle 1 auf S. 88 die statistischen Durchschnittswerte für diesen Ausgabeposten ermittelt haben. Diejenigen, die nach dem Geldwertprinzip die größten wirtschaftlichen Einbußen erleiden, sind in der 1. Stufe von der Kündigung auszunehmen. Die verbleibenden ArbN werden mittels der weiteren Auswahlmerkmale in den sich anschließenden Stufen erneut unter den dort bestimmten Aspekten miteinander verglichen, bis sich die drei zu kündigenden ArbN herausschälen.

Nachstehend sind die zehn Auswertungs- und Beurteilungsbogen abgedruckt, aus denen sich die getroffene Entscheidung nachvollziehen läßt. Eine kurze Analyse des Ergebnisses der Kündigungsauswahl beschließt die Arbeit.

Auswertungsbogen, um den Geldwert der Arbeit (i. e. S. und i. w. S.) sowie den Persönlichkeitswert der Arbeit errechnen zu können

Name des ArbN: *A*

§ 1 Der Geldwert i. e. S.

1. Zahl der im Haushalt lebenden und zu versorgenden Personen: *6*
2. Monatliches Nettoeinkommen und -einnahmen des gesamten Familienhaushaltes: *DM 3216,45*
   a) Bruttolohn des ArbN: *DM 2690,—*
      aa) Steuerklasse: *III*
      bb) Lohnsteuer: *DM 310,80*
      cc) Kirchensteuer: *DM 27,97*
      dd) ArbN-Anteil RV: *DM 251,51*
      ee) ArbN-Anteil KV: *DM 164,18*
      ff) ArbN-Anteil AV: *DM 59,18*
   b) Nettolohn des ArbN: *DM 1876,45*
   c) Sonstiges Nettoeinkommen des ArbN: *DM 370,—*
   d) Nettoeinkommen der übrigen Familienmitglieder (incl. Arbeitslohn): *DM 970,—*
3. Monatliche Ausgaben des gesamten Familienhaushaltes: ≈ *DM 3206,—*
   a) Pauschalbeträge für den Privaten Verbrauch (insg.): ≈ *DM 2223,—*
   b) Sonstige tatsächliche Aufwendungen für:
      aa) Freiwillige Versorgungsbeiträge:
      bb) Sonstige Privatversicherungen:
      cc) Kfz. (Steuern, Versicherungen): *DM 52,—*
      dd) Sonstige Steuern:
      ee) Beiträge an private Organisationen ohne Erwerbscharakter: *DM 15,—*
      ff) Unterstützungs- und Unterhaltszahlungen:
      gg) Vermögensbildung: *DM 406,—*
      hh) Miete: *DM 520,—*
      ii) Kreditrückzahlung:
      jj) Sonstige Ausgaben, z. B. für behinderte Angehörige:
      kk) Luxusausgaben:
      ll) Sonstige finanziellen Aufwendungen:
4. Saldierung der Einnahmen mit den Ausgaben: ≈ + *DM 10,—*
5. Monatliches Familieneinkommen im Falle einer Kündigung des ArbN: *DM 2621,80*
   a) Arbeitslosengeld: *DM 1281,80*

b) Sonstiges Nettoeinkommen des ArbN:· *DM 370,—*

c) Nettoeinkommen der übrigen Familienmitglieder: *DM 970,—*

6. Saldierung des Familieneinkommens im Falle einer Kündigung mit den Ausgaben: ≈ *– DM 584,—*

§ 2 Der Geldwert i. w. S.

1. Vermögen des ArbN

a) Wert des dem ArbN gehörenden und berücksichtigungsfähigen Vermögens: *DM 10 000,—*

aa) Wert des verwertbaren Barvermögens: *6000,—*

bb) Wert des verwertbaren Grundvermögens:

cc) Wert des sonstigen verwertbaren Vermögens: *DM 4000,—*

b) Zustandekommen des Vermögens

aa) durch Erbschaft, Vermächtnis oder sonstige unentgeltlichen Zuwendung durch Dritte:

bb) durch Gewinn, Spekulation u. ä.:

cc) durch Ansparen: x

(1) normales, unregelmäßiges Sparverhalten je nach den Gegebenheiten, ohne dabei den gewohnten Lebensstil zu ändern:

(2) extremes Sparverhalten, ermöglicht durch starke Einschränkung in sonstigen Lebensbereichen: x

(3) Aufnahme einer Nebentätigkeit, um verstärkt Rücklagen bilden zu können:

dd) insb. bei Grundvermögen: durch Aufnahme von Krediten u. ä.:

ee) Sonstiges:

2. Vermögen der im Haushalt lebenden Familienmitglieder

a) Wert des diesen Personen gehörenden und berücksichtigungsfähigen Vermögens: *DM 10 000,—*

aa) Wert des verwertbaren Barvermögens: *DM 10 000,—*

bb) Wert des verwertbaren Grundvermögens:

cc) Wert des sonstigen verwertbaren Vermögens:

b) Zustandekommen des Vermögens

aa) durch Erbschaft, Vermächtnis oder sonstige unentgeltliche Zuwendung durch Dritte:

bb) durch Gewinn, Spekulation u. ä.:

cc) durch Ansparen: x

(1) normales, unregelmäßiges Sparverhalten je nach den Gegebenheiten, ohne dabei den gewohnten Lebensstil zu ändern:

(2) extremes Sparverhalten, ermöglicht durch starke Einschränkung in sonstigen Lebensbereichen: x

(3) Aufnahme einer Nebentätigkeit, um verstärkt Rücklagen bilden zu können:

dd) insb. bei Grundvermögen: durch Aufnahme von Krediten u. ä.:

ee) Sonstiges:

§ 3 Der Persönlichkeitswert

Hat die Arbeit in diesem Betrieb für die Persönlichkeit des ArbN ausnahmsweise eine so große Bedeutung, daß es gerechtfertigt erscheint, ihn ohne Rücksicht auf finanzielle und sonstige Aspekte aus dem Kreis der ArbN herauszunehmen, unter denen die betriebsbedingt zu kündigenden auszuwählen sind?: ./.

Musterbeurteilungsbogen für gewerbliche ArbN
im stahlverarbeitendem Betrieb

I. Allgemeine Daten

1. Name und Vorname des Beurteilten: *A*
2. Geburtsdatum: *1941*
3. Betriebsangehörigkeit seit: *1975*
4. Tätigkeitsbereich: *Zieherei*
5. Seit wann in dieser Funktion: *1975*
6. Beurteilungszeitraum: *1. 85 - 6. 85*
7. Datum der Beurteilung: *15. 7. 85*
8. Name des Beurteilers: *X*

II. Beurteilungsmerkmale

1. Arbeitsgüte (max. 52 P.)
   a) Richtigkeit und Verwendbarkeit der Arbeitsergebnisse (max. 10 P.): *8*
   b) Fachkenntnisse (max. 10 P.): 7
   c) Einhalten von Vorschriften und Anweisungen (max. 6 P.): *5*
   d) Ordnung am Arbeitsplatz (max. 6 P.): *6*
   e) Berufliche Geschicklichkeit (z.B. Handfertigkeit) (max. 10 P.): *6*
   f) Sorgfalt bei der Arbeit (max. 10 P.): 7

2. Arbeitsmenge (max. 30 P.)
   a) Zeitaufwand für einwandfreie Arbeitsergebnisse, Arbeitstempo (max. 10 P.): 7
   b) Ausdauer, Stetigkeit der Leistungen (max. 10 P.): *6*
   c) Belastbarkeit bei besonderen Anforderungen (max. 10 P.): 7

3. Arbeitsverhalten (max. 88 P.):
   a) Kostenbewußtsein (max. 8 P.): *6*
   b) Sorgfältige Behandlung von Betriebsmitteln (max. 6 P.): *5*
   c) Zuverlässigkeit bei der Arbeit (max. 8 P.): *6*
   d) Pünktlichkeit (max. 6 P.): *5*
   e) Zusammenarbeit, Teamgeist, Kooperationsfähigkeit und -bereitschaft (max. 8 P.): *4*
   f) Initiative, Verbesserungsvorschläge, Ideenreichtum (max. 4 P.): *2*
   g) Einsatzbarkeit an verschiedenen Arbeitsplätzen, vielseitige Verwendbarkeit (max. 8 P.): *6*
   h) Verantwortungsbereitschaft (max. 5 P.): *4*
   i) Leistungsbereitschaft, Arbeitsbereitschaft, Arbeitsenergie, Arbeitseinstellung (max. 10 P.): *8*
   j) Freiwillige Mitarbeit an betrieblichen Gemeinschaftseinrichtungen (max. 2 P.): *2*
   k) Selbständigkeit und Sicherheit am Arbeitsplatz (max. 8 P.): *6*
   l) Grundlose, unkollegiale Ablehnung erforderlicher Mehrarbeit (max. 5 P.): *5*
   m) Aufmerksamkeit, Konzentration (max. 6 P.): *5*
   n) Entscheidungsverhalten (max. 4 P.): *3*

4. Sonstige, im betrieblichen Interesse liegende Beurteilungsmerkmale (max. 80 P.)
   a) Aus- und Weiterbildungsbereitschaft (max. 8 P.): *5*
   b) Einsatzbereitschaft (max. 10 P.): *6*
   c) Kollegialität (max. 6 P.): *5*
   d) Ausfallzeiten infolge Krankheitshäufigkeit (max. 10 P.): *8*
   e) Rücksichtnahme auf Kollegen und Fa. (max. 6 P.): *5*
   f) Einarbeitungsvermögen (max. 5 P.): *3*
   g) Verhalten gegenüber Vorgesetzten (max. 4 P.): *3*
   h) Wendigkeit (max. 4 P.): *4*
   i) Einhaltung der betrieblichen Ordnung (max. 7 P.): *6*
   j) Entwicklungsmöglichkeiten des ArbN im Betrieb (ArbN evtl. für höhere Aufgaben befähigt) (max. 10 P.): *5*
   k) Improvisationsfähigkeit (max. 5 P.): *3*
   l) Loyalität (max. 5 P.): *4*

III. Gesamtpunktzahl (max. 250 P.) *182 P.*
gute Arbeitskraft

IV. Bemerkungen:
./.

Unterschrift des Beurteilers	Unterschrift des Beurteilten
x	*a*

Auswertungsbogen, um den Geldwert der Arbeit (i. e. S. und i. w. S.) sowie den Persönlichkeitswert der Arbeit errechnen zu können

Name des ArbN: *B*

§ 1 Der Geldwert i. e. S.

1. Zahl der im Haushalt lebenden und zu versorgenden Personen: *3*

2. Monatliches Nettoeinkommen und -einnahmen des gesamten Familienhaushalts: *DM 3043,12*
   a) Bruttolohn des ArbN: *DM 2740,—*
      aa) Steuerklasse: *IV*
      bb) Lohnsteuer: *DM 488,90*
      cc) Kirchensteuer: *DM 44,—*
      dd) ArbN-Anteil RV: *DM 256,19*
      ee) ArbN-Anteil KV: *DM 168,51*
      ff) ArbN-Anteil AV: *DM 60,28*
   b) Nettolohn des ArbN: *DM 1722,12*
   c) Sonstiges Nettoeinkommen des ArbN: *DM 50,—*
   d) Nettoeinkommen der übrigen Familienmitglieder (incl. Arbeitslohn): *DM 1271,—*

3. Monatliche Ausgaben des gesamten Familienhaushaltes: ≈ *DM 3010,—*
   a) Pauschalbeträge für den Privaten Verbrauch (insg.): ≈ *DM 2189,—*
   b) Sonstige tatsächliche Aufwendungen für:
      aa) Freiwillige Versorgungsbeiträge:
      bb) Sonstige Privatversicherungen:
      cc) Kfz. (Steuern, Versicherungen): *DM 45,50*
      dd) Sonstige Steuern: *DM 7,—*
      ee) Beiträge an private Organisationen ohne Erwerbscharakter: *DM 28,—*
      ff) Unterstützungs- und Unterhaltszahlungen:
      gg) Vermögensbildung: *DM 100,—*
      hh) Miete: *DM 390,—*
      ii) Kreditrückzahlung:
      jj) Sonstige Ausgaben, z. B. für behinderte Angehörige:
      kk) Luxusausgaben: *DM 250,—*
      ll) Sonstige finanziellen Aufwendungen:

4. Saldierung der Einnahmen mit den Ausgaben: ≈ *DM 33,—*

5. Monatliches Familieneinkommen im Falle einer Kündigung des ArbN: *DM 2501,40*
   a) Arbeitslosengeld: *DM 1180,40*
   b) Sonstiges Nettoeinkommen des ArbN: *DM 50,—*
   c) Nettoeinkommen der übrigen Familienmitglieder: *DM 1271,—*

6. Saldierung des Familieneinkommens im Falle einer Kündigung mit den Ausgaben: ≈ – *DM 508,—*

§ 2 Der Geldwert i. w. S.

1. Vermögen des ArbN
   a) Wert des dem ArbN gehörenden und berücksichtigungsfähigen Vermögens: *DM 5000,—*

aa) Wert des verwertbaren Barvermögens: *DM 5000,—*
bb) Wert des verwertbaren Grundvermögens:
cc) Wert des sonstigen verwertbaren Vermögens:
b) Zustandekommen des Vermögens
aa) durch Erbschaft, Vermächtnis oder sonstige unentgeltliche Zuwendung durch Dritte:
bb) durch Gewinn, Spekulation u. ä.:
cc) durch Ansparen: *x*
(1) normales, unregelmäßiges Sparverhalten je nach den Gegebenheiten, ohne dabei den gewohnten Lebensstil zu ändern: *x*
(2) extremes Sparverhalten, ermöglicht durch starke Einschränkung in sonstigen Lebensbereichen:
(3) Aufnahme einer Nebentätigkeit, um verstärkt Rücklagen bilden zu können:
dd) insb. bei Grundvermögen: durch Aufnahme von Krediten u. ä.:
ee) Sonstiges:

2. Vermögen der im Haushalt lebenden Familienmitglieder
a) Wert des diesen Personen gehörenden und berücksichtigungsfähigen Vermögens: ./.
aa) Wert des verwertbaren Barvermögens:
bb) Wert des verwertbaren Grundvermögens:
cc) Wert des sonstigen verwertbaren Vermögens:
b) Zustandekommen des Vermögens
aa) durch Erbschaft, Vermächtnis oder sonstige unentgeltliche Zuwendung durch Dritte:
bb) durch Gewinn, Spekulation u. ä.:
cc) durch Ansparen:
(1) normales, unregelmäßiges Sparverhalten je nach den Gegebenheiten, ohne dabei den gewohnten Lebensstil zu ändern:
(2) extremes Sparverhalten, ermöglicht durch starke Einschränkungen in sonstigen Lebensbereichen:
(3) Aufnahme einer Nebentätigkeit, um verstärkt Rücklagen bilden zu können:
dd) insb. bei Grundvermögen: durch Aufnahme von Krediten u. ä.:
ee) Sonstiges:

§ 3 Der Persönlichkeitswert

Hat die Arbeit in diesem Betrieb für die Persönlichkeit des ArbN ausnahmsweise eine so große Bedeutung, daß es gerechtfertigt erscheint, ihn ohne Rücksicht auf finanzielle und sonstige Aspekte aus dem Kreis der ArbN herauszunehmen, unter denen die betriebsbedingt zu kündigenden auszuwählen sind?: ./.

Musterbeurteilungsbogen für gewerbliche ArbN im stahlverarbeitendem Betrieb

I. Allgemeine Daten

1. Name und Vorname des Beurteilten: *B*
2. Geburtsdatum: *1950*
3. Betriebsangehörigkeit seit: *1970*
4. Tätigkeitsbereich: *Zieherei*
5. Seit wann in dieser Funktion: *1970*
6. Beurteilungszeitraum: *1. 85 - 6. 85*
7. Datum der Beurteilung: *15. 7. 85*
8. Name des Beurteilers: *x*

II. Beurteilungsmerkmale

1. Arbeitsgüte (max. 52 P.)
   a) Richtigkeit und Verwendbarkeit der Arbeitsergebnisse (max. 10 P.): 7
   b) Fachkenntnisse (max. 10 P.): *6*
   c) Einhalten von Vorschriften und Anweisungen (max. 6 P.): *4*
   d) Ordnung am Arbeitsplatz (max. 6 P.): *3*
   e) Berufliche Geschicklichkeit (z.B. Handfertigkeit) (max. 10 P.): *6*
   f) Sorgfalt bei der Arbeit (max. 10 P.): *6*

2. Arbeitsmenge (max. 30 P.)
   a) Zeitaufwand für einwandfreie Arbeitsergebnisse, Arbeitstempo (max. 10 P.): *6*
   b) Ausdauer, Stetigkeit der Leistungen (max. 10 P.): *6*
   c) Belastbarkeit bei besonderen Anforderungen (max. 10 P.): *5*

3. Arbeitsverhalten (max. 88 P.):
   a) Kostenbewußtsein (max. 8 P.): *2*
   b) Sorgfältige Behandlung von Betriebsmitteln (max. 6 P.): *4*
   c) Zuverlässigkeit bei der Arbeit (max. 8 P.): *5*
   d) Pünktlichkeit (max. 6 P.): *2*
   e) Zusammenarbeit, Teamgeist, Kooperationsfähigkeit und -bereitschaft (max. 8 P.): *0*
   f) Initiative, Verbesserungsvorschläge, Ideenreichtum (max. 4 P.): *0*
   g) Einsatzbarkeit an verschiedenen Arbeitsplätzen, vielseitige Verwendbarkeit (max. 8 P.): *2*
   h) Verantwortungsbereitschaft (max. 5 P.): *2*
   i) Leistungsbereitschaft, Arbeitsbereitschaft, Arbeitsenergie, Arbeitseinstellung (max. 10 P.): *5*
   j) Freiwillige Mitarbeit an betrieblichen Gemeinschaftseinrichtungen (max. 2 P.): *0*
   k) Selbständigkeit und Sicherheit am Arbeitsplatz (max. 8 P.): *5*
   l) Grundlose, unkollegiale Ablehnung erforderlicher Mehrarbeit (max. 5 P.): *2*
   m) Aufmerksamkeit, Konzentration (max. 6 P.): *3*
   n) Entscheidungsverhalten (max. 4 P.): *3*

4. Sonstige, im betrieblichen Interesse liegende Beurteilungsmerkmale (max. 80 P.)
   a) Aus- und Weiterbildungsbereitschaft (max. 8 P.): *1*
   b) Einsatzbereitschaft (max. 10 P.): *5*
   c) Kollegialität (max. 6 P.): *2*
   d) Ausfallzeiten infolge Krankheitshäufigkeit (max. 10 P.): *5*
   e) Rücksichtnahme auf Kollegen und Fa. (max. 6 P.): *2*
   f) Einarbeitungsvermögen (max. 5 P.): *4*
   g) Verhalten gegenüber Vorgesetzten (max. 4 P.): *3*
   h) Wendigkeit (max. 4 P.): *4*
   i) Einhaltung der betrieblichen Ordnung (max. 7 P.): *6*
   j) Entwicklungsmöglichkeiten des ArbN im Betrieb (ArbN evtl. für höhere Aufgaben befähigt) (max. 10 P.): *1*
   k) Improvisationsfähigkeit (max. 5 P.): *1*
   l) Loyalität (max. 5 P.): *1*

III. Gesamtpunktzahl (max. 250 P.) *119 P.*
unterdurchschnittliche Arbeitskraft

IV. Bemerkungen:
Schwieriger Mitarbeiter; an der Maschine befriedigend; lehnt ansonsten eher alles und jeden ab

Unterschrift des Beurteilers	Unterschrift des Beurteilten
x	*b*

Auswertungsbogen, um den Geldwert der Arbeit (i. e. S. und i. w. S.) sowie den Persönlichkeitswert der Arbeit errechnen zu können

Name des ArbN: *C*

§ 1 Der Geldwert i. e. S.

1. Zahl der im Haushalt lebenden und zu versorgenden Personen: *1*
2. Monatliches Nettoeinkommen und -einnahmen des gesamten Familienhaushalts: *DM 1649,89*
   a) Bruttolohn des ArbN: *DM 2380,—*
      aa) Steuerklasse: *I*
      bb) Lohnsteuer: *DM 375,10*
      cc) Kirchensteuer: *DM 33,75*
      dd) ArbN-Anteil RV: *DM 222,53*
      ee) ArbN-Anteil KV: *DM 146,37*
      ff) ArbN-Anteil AV: *DM 52,36*
   b) Nettolohn des ArbN: *DM 1549,89*
   c) Sonstiges Nettoeinkommen des ArbN: *DM 100,—*
   d) Nettoeinkommen der übrigen Familienmitglieder (incl. Arbeitslohn):
3. Monatliche Ausgaben des gesamten Familienhaushaltes: ≈ *DM 1645,—*
   a) Pauschalbeträge für den Privaten Verbrauch (insg.): ≈ *DM 968,—*
   b) Sonstige tatsächliche Aufwendungen für:
      aa) Freiwillige Versorgungsbeiträge: *DM 40,—*
      bb) Sonstige Privatversicherungen:
      cc) Kfz. (Steuern, Versicherungen): *DM 60,83*
      dd) Sonstige Steuern:
      ee) Beiträge an private Organisationen ohne Erwerbscharakter: *DM 60,—*
      ff) Unterstützungs- und Unterhaltszahlungen: *DM 100,—*
      gg) Vermögensbildung: *DM 416,—*
      hh) Miete:
      ii) Kreditrückzahlung:
      jj) Sonstige Ausgaben, z. B. für behinderte Angehörige:
      kk) Luxusausgaben:
      ll) Sonstige finanziellen Aufwendungen:
4. Saldierung der Einnahmen mit den Ausgaben: ≈ + *DM 4,—*
5. Monatliches Familieneinkommen im Falle einer Kündigung des ArbN: *DM 1085,40*
   a) Arbeitslosengeld: *DM 985,40*
   b) Sonstiges Nettoeinkommen des ArbN: *DM 100,—*
   c) Nettoeinkommen der übrigen Familienmitglieder:
6. Saldierung des Familieneinkommens im Falle einer Kündigung mit den Ausgaben: ≈ − *DM 560,—*

§ 2 Der Geldwert i. w. S.

1. Vermögen des ArbN
   a) Wert des dem ArbN gehörenden und berücksichtigungsfähigen Vermögens: *DM 15 000,—*
      aa) Wert des verwertbaren Barvermögens: *DM 10 000,—*

bb) Wert des verwertbaren Grundvermögens:
cc) Wert des sonstigen verwertbaren Vermögens: *DM 5000,—*
b) Zustandekommen des Vermögens
aa) durch Erbschaft, Vermächtnis oder sonstige unentgeltliche Zuwendung durch Dritte:
bb) durch Gewinn, Spekulation u. ä.:
cc) durch Ansparen: *x*
(1) normales, unregelmäßiges Sparverhalten je nach den Gegebenheiten, ohne dabei den gewohnten Lebensstil zu ändern: *x*
(2) extremes Sparverhalten, ermöglicht durch starke Einschränkung in sonstigen Lebensbereichen:
(3) Aufnahme einer Nebentätigkeit, um verstärkt Rücklagen bilden zu können:
dd) insb. bei Grundvermögen: durch Aufnahme von Krediten u. ä.:
ee) Sonstiges:

2. Vermögen der im Haushalt lebenden Familienmitglieder
a) Wert des diesen Personen gehörenden und berücksichtigungsfähigen Vermögens: ./.
aa) Wert des verwertbaren Barvermögens:
bb) Wert des verwertbaren Grundvermögens:
cc) Wert des sonstigen verwertbaren Vermögens:
b) Zustandekommen des Vermögens
aa) durch Erbschaft, Vermächtnis oder sonstige unentgeltliche Zuwendung durch Dritte:
bb) durch Gewinn, Spekulation u. ä.:
cc) durch Ansparen:
(1) normales, unregelmäßiges Sparverhalten je nach den Gegebenheiten, ohne dabei den gewohnten Lebensstil zu ändern:
(2) extremes Sparverhalten, ermöglicht durch starke Einschränkungen in sonstigen Lebensbereichen:
(3) Aufnahme einer Nebentätigkeit, um verstärkt Rücklagen bilden zu können:
dd) insb. bei Grundvermögen: durch Aufnahme von Krediten u. ä.:
ee) Sonstiges:

§ 3 Der Persönlichkeitswert

Hat die Arbeit in diesem Betrieb für die Persönlichkeit des ArbN ausnahmsweise eine so große Bedeutung, daß es gerechtfertigt erscheint, ihn ohne Rücksicht auf finanzielle und sonstige Aspekte aus dem Kreis der ArbN herauszunehmen, unter denen die betriebsbedingt zu kündigenden auszuwählen sind?: ./.

Musterbeurteilungsbogen für gewerbliche ArbN im stahlverarbeitendem Betrieb

I. Allgemeine Daten

1. Name und Vorname des Beurteilten: *C*
2. Geburtsdatum: *1958*
3. Betriebsangehörigkeit seit: *1984*
4. Tätigkeitsbereich: *Zieherei*
5. Seit wann in dieser Funktion: *1984*
6. Beurteilungszeitraum: *1. 85 - 6. 85*
7. Datum der Beurteilung: *15. 7. 85*
8. Name des Beurteilers: *x*

II. Beurteilungsmerkmale

1. Arbeitsgüte (max. 52 P.)
   a) Richtigkeit und Verwendbarkeit der Arbeitsergebnisse (max. 10 P.): *8*
   b) Fachkenntnisse (max. 10 P.): *5*
   c) Einhalten von Vorschriften und Anweisungen (max. 6 P.): *5*
   d) Ordnung am Arbeitsplatz (max. 6 P.): *3*
   e) Berufliche Geschicklichkeit (z.B. Handfertigkeit) (max. 10 P.): 7
   f) Sorgfalt bei der Arbeit (max. 10 P.): *6*

2. Arbeitsmenge (max. 30 P.)
   a) Zeitaufwand für einwandfreie Arbeitsergebnisse, Arbeitstempo (max. 10 P.): *6*
   b) Ausdauer, Stetigkeit der Leistungen (max. 10 P.): *6*
   c) Belastbarkeit bei besonderen Anforderungen (max. 10 P.): *10*

3. Arbeitsverhalten (max. 88 P.):
   a) Kostenbewußtsein (max. 8 P.): *5*
   b) Sorgfältige Behandlung von Betriebsmitteln (max. 6 P.): *3*
   c) Zuverlässigkeit bei der Arbeit (max. 8 P.): *5*
   d) Pünktlichkeit (max. 6 P.): *4*
   e) Zusammenarbeit, Teamgeist, Kooperationsfähigkeit und -bereitschaft (max. 8 P.): *5*
   f) Initiative, Verbesserungsvorschläge, Ideenreichtum (max. 4 P.): *3*
   g) Einsatzbarkeit an verschiedenen Arbeitsplätzen, vielseitige Verwendbarkeit (max. 8 P.): *2*
   h) Verantwortungsbereitschaft (max. 5 P.): *2*
   i) Leistungsbereitschaft, Arbeitsbereitschaft, Arbeitsenergie, Arbeitseinstellung (max. 10 P.): 7
   j) Freiwillige Mitarbeit an betrieblichen Gemeinschaftseinrichtungen (max. 2 P.): *1*
   k) Selbständigkeit und Sicherheit am Arbeitsplatz (max. 8 P.): *4*
   l) Grundlose, unkollegiale Ablehnung erforderlicher Mehrarbeit (max. 5 P.): *5*
   m) Aufmerksamkeit, Konzentration (max. 6 P.): *3*
   n) Entscheidungsverhalten (max. 4 P.): *2*

4. Sonstige, im betrieblichen Interesse liegende Beurteilungsmerkmale (max. 80 P.)
   a) Aus- und Weiterbildungsbereitschaft (max. 8 P.): *4*
   b) Einsatzbereitschaft (max. 10 P.): *9*
   c) Kollegialität (max. 6 P.): *2*
   d) Ausfallzeiten infolge Krankheitshäufigkeit (max. 10 P.): *8*
   e) Rücksichtnahme auf Kollegen und Fa. (max. 6 P.): *3*
   f) Einarbeitungsvermögen (max. 5 P.): *2*
   g) Verhalten gegenüber Vorgesetzten (max. 4 P.): *2*
   h) Wendigkeit (max. 4 P.): *3*
   i) Einhaltung der betrieblichen Ordnung (max. 7 P.): *5*
   j) Entwicklungsmöglichkeiten des ArbN im Betrieb (ArbN evtl. für höhere Aufgaben befähigt) (max. 10 P.): *4*
   k) Improvisationsfähigkeit (max. 5 P.): *2*
   l) Loyalität (max. 5 P.): *2*

III. Gesamtpunktzahl (max. 250 P.) *153 P.*
durchschnittliche Arbeitskraft

IV. Bemerkungen:

Unterschrift des Beurteilers — Unterschrift des Beurteilten

x — *c*

Auswertungsbogen, um den Geldwert der Arbeit (i. e. S. und i. w. S.) sowie den Persönlichkeitswert der Arbeit errechnen zu können

Name des ArbN: *D*

§ 1 Der Geldwert i. e. S.

1. Zahl der im Haushalt lebenden und zu versorgenden Personen: *4*
2. Monatliches Nettoeinkommen und -einnahmen des gesamten Familienhaushalts: *DM 2153,93*
   a) Bruttolohn des ArbN: *DM 2900,—*
      aa) Steuerklasse: *III*
      bb) Lohnsteuer: *DM 352,50*
      cc) Kirchensteuer: *DM 31,72*
      dd) ArbN-Anteil RV: *DM 271,15*
      ee) ArbN-Anteil KV: *DM 176,90*
      ff) ArbN-Anteil AV: *DM 63,93*
   b) Nettolohn des ArbN: *DM 2003,93*
   c) Sonstiges Nettoeinkommen des ArbN: *DM 150,—*
   d) Nettoeinkommen der übrigen Familienmitglieder (incl. Arbeitslohn):
3. Monatliche Ausgaben des gesamten Familienhaushaltes: ≈ *DM 2152,—*
   a) Pauschalbeträge für den Privaten Verbrauch (insg.): ≈ *DM 1422,—*
   b) Sonstige tatsächliche Aufwendungen für:
      aa) Freiwillige Versorgungsbeiträge:
      bb) Sonstige Privatversicherungen:
      cc) Kfz. (Steuern, Versicherungen): *DM 50,—*
      dd) Sonstige Steuern:
      ee) Beiträge an private Organisationen ohne Erwerbscharakter:
      ff) Unterstützungs- und Unterhaltszahlungen:
      gg) Vermögensbildung:
      hh) Miete:
      ii) Kreditrückzahlung: *DM 480,—*
      jj) Sonstige Ausgaben, z. B. für behinderte Angehörige: *DM 200,—*
      kk) Luxusausgaben:
      ll) Sonstige finanziellen Aufwendungen:
4. Saldierung der Einnahmen mit den Ausgaben: ≈ + *DM 2,—*
5. Monatliches Familieneinkommen im Falle einer Kündigung des ArbN: *DM 1520,20*
   a) Arbeitslosengeld: *DM 1370,20*
   b) Sonstiges Nettoeinkommen des ArbN: *DM 150,—*
   c) Nettoeinkommen der übrigen Familienmitglieder:
6. Saldierung des Familieneinkommens im Falle einer Kündigung mit den Ausgaben: ≈ – *DM 632,—*

§ 2 Der Geldwert i. w. S.

1. Vermögen des ArbN
   a) Wert des dem ArbN gehörenden und berücksichtigungsfähigen Vermögens: *DM 20 000,—*
      aa) Wert des verwertbaren Barvermögens: *DM 20 000,—*

bb) Wert des verwertbaren Grundvermögens:
cc) Wert des sonstigen verwertbaren Vermögens:
b) Zustandekommen des Vermögens
aa) durch Erbschaft, Vermächtnis oder sonstige unentgeltliche Zuwendung durch Dritte: x
bb) durch Gewinn, Spekulation u. ä.:
cc) durch Ansparen:
(1) normales, unregelmäßiges Sparverhalten je nach den Gegebenheiten, ohne dabei den gewohnten Lebensstil zu ändern:
(2) extremes Sparverhalten, ermöglicht durch starke Einschränkung in sonstigen Lebensbereichen:
(3) Aufnahme einer Nebentätigkeit, um verstärkt Rücklagen bilden zu können:
dd) insb. bei Grundvermögen: durch Aufnahme von Krediten u. ä.:
ee) Sonstiges:

2. Vermögen der im Haushalt lebenden Familienmitglieder
a) Wert des diesen Personen gehörenden und berücksichtigungsfähigen Vermögens: ⁒
aa) Wert des verwertbaren Barvermögens:
bb) Wert des verwertbaren Grundvermögens:
cc) Wert des sonstigen verwertbaren Vermögens:
b) Zustandekommen des Vermögens
aa) durch Erbschaft, Vermächtnis oder sonstige unentgeltliche Zuwendung durch Dritte:
bb) durch Gewinn, Spekulation u. ä.:
cc) durch Ansparen:
(1) normales, unregelmäßiges Sparverhalten je nach den Gegebenheiten, ohne dabei den gewohnten Lebensstil zu ändern:
(2) extremes Sparverhalten, ermöglicht durch starke Einschränkungen in sonstigen Lebensbereichen:
(3) Aufnahme einer Nebentätigkeit, um verstärkt Rücklagen bilden zu können:
dd) insb. bei Grundvermögen: durch Aufnahme von Krediten u. ä.:
ee) Sonstiges:

§ 3 Der Persönlichkeitswert

Hat die Arbeit in diesem Betrieb für die Persönlichkeit des ArbN ausnahmsweise eine so große Bedeutung, daß es gerechtfertigt erscheint, ihn ohne Rücksicht auf finanzielle und sonstige Aspekte aus dem Kreis der ArbN herauszunehmen, unter denen die betriebsbedingt zu kündigenden auszuwählen sind?: ⁒

Musterbeurteilungsbogen für gewerbliche ArbN
im stahlverarbeitendem Betrieb

I. Allgemeine Daten

1. Name und Vorname des Beurteilten: *D*
2. Geburtsdatum: *1951*
3. Betriebsangehörigkeit seit: *1977*
4. Tätigkeitsbereich: *Zieherei*
5. Seit wann in dieser Funktion: *1977*
6. Beurteilungszeitraum: *1. 85 - 6. 85*
7. Datum der Beurteilung: *15. 7. 85*
8. Name des Beurteilers: *x*

II. Beurteilungsmerkmale

1. Arbeitsgüte (max. 52 P.)
   a) Richtigkeit und Verwendbarkeit der Arbeitsergebnisse (max. 10 P.): *8*
   b) Fachkenntnisse (max. 10 P.): *9*
   c) Einhalten von Vorschriften und Anweisungen (max. 6 P.): *6*
   d) Ordnung am Arbeitsplatz (max. 6 P.): *6*
   e) Berufliche Geschicklichkeit (z.B. Handfertigkeit) (max. 10 P.): *8*
   f) Sorgfalt bei der Arbeit (max. 10 P.): *8*

2. Arbeitsmenge (max. 30 P.)
   a) Zeitaufwand für einwandfreie Arbeitsergebnisse, Arbeitstempo (max. 10 P.): *9*
   b) Ausdauer, Stetigkeit der Leistungen (max. 10 P.): *9*
   c) Belastbarkeit bei besonderen Anforderungen (max. 10 P.): *8*

3. Arbeitsverhalten (max. 88 P.):
   a) Kostenbewußtsein (max. 8 P.): *6*
   b) Sorgfältige Behandlung von Betriebsmitteln (max. 6 P.): *6*
   c) Zuverlässigkeit bei der Arbeit (max. 8 P.): *6*
   d) Pünktlichkeit (max. 6 P.): *6*
   e) Zusammenarbeit, Teamgeist, Kooperationsfähigkeit und -bereitschaft (max. 8 P.): *5*
   f) Initiative, Verbesserungsvorschläge, Ideenreichtum (max. 4 P.): *2*
   g) Einsatzbarkeit an verschiedenen Arbeitsplätzen, vielseitige Verwendbarkeit (max. 8 P.): *6*
   h) Verantwortungsbereitschaft (max. 5 P.): *3*
   i) Leistungsbereitschaft, Arbeitsbereitschaft, Arbeitsenergie, Arbeitseinstellung (max. 10 P.): 7
   j) Freiwillige Mitarbeit an betrieblichen Gemeinschaftseinrichtungen (max. 2 P.): *0*
   k) Selbständigkeit und Sicherheit am Arbeitsplatz (max. 8 P.): *5*
   l) Grundlose, unkollegiale Ablehnung erforderlicher Mehrarbeit (max. 5 P.): *5*
   m) Aufmerksamkeit, Konzentration (max. 6 P.): *5*
   n) Entscheidungsverhalten (max. 4 P.): *2*

4. Sonstige, im betrieblichen Interesse liegende Beurteilungsmerkmale (max. 80 P.)
   a) Aus- und Weiterbildungsbereitschaft (max. 8 P.): *4*
   b) Einsatzbereitschaft (max. 10 P.): 7
   c) Kollegialität (max. 6 P.): *4*
   d) Ausfallzeiten infolge Krankheitshäufigkeit (max. 10 P.): *8*
   e) Rücksichtnahme auf Kollegen und Fa. (max. 6 P.): *5*
   f) Einarbeitungsvermögen (max. 5 P.): *4*
   g) Verhalten gegenüber Vorgesetzten (max. 4 P.): *4*
   h) Wendigkeit (max. 4 P.): *4*
   i) Einhaltung der betrieblichen Ordnung (max. 7 P.): *6*
   j) Entwicklungsmöglichkeiten des ArbN im Betrieb (ArbN evtl. für höhere Aufgaben befähigt) (max. 10 P.): *6*
   k) Improvisationsfähigkeit (max. 5 P.): *3*
   l) Loyalität (max. 5 P.): *3*

III. Gesamtpunktzahl (max. 250 P.) *193 P.*
gute Arbeitskraft

IV. Bemerkungen:
Leistungen und Verhalten entsprechen den Erwartungen

Unterschrift des Beurteilers — Unterschrift des Beurteilten

x — *d*

Auswertungsbogen, um den Geldwert der Arbeit (i.e.S. und i.w.S.) sowie den Persönlichkeitswert der Arbeit errechnen zu können

Name des ArbN: *E*

§ 1 Der Geldwert i.e.S.

1. Zahl der im Haushalt lebenden und zu versorgenden Personen: *6*
2. Monatliches Nettoeinkommen und -einnahmen des gesamten Familienhaushalts: *DM 5396,68*
   a) Bruttolohn des ArbN: *DM 2760,—*
      aa) Steuerklasse: *IV*
      bb) Lohnsteuer: *DM 496,50*
      cc) Kirchensteuer: *DM 44,68*
      dd) ArbN-Anteil RV: *DM 258,06*
      ee) ArbN-Anteil KV: *DM 168,36*
      ff) ArbN-Anteil AV: *DM 60,72*
   b) Nettolohn des ArbN: *DM 1731,68*
   c) Sonstiges Nettoeinkommen des ArbN: *DM 560,—*
   d) Nettoeinkommen der übrigen Familienmitglieder (incl. Arbeitslohn): *DM 3105,—*
3. Monatliche Ausgaben des gesamten Familienhaushaltes: ≈ *DM 5385,—*
   a) Pauschalbeträge für den Privaten Verbrauch (insg.): ≈ *DM 3635,—*
   b) Sonstige tatsächliche Aufwendungen für:
      aa) Freiwillige Versorgungsbeiträge:
      bb) Sonstige Privatversicherungen:
      cc) Kfz. (Steuern, Versicherungen): *DM 110,—*
      dd) Sonstige Steuern: *DM 20,—*
      ee) Beiträge an private Organisationen ohne Erwerbscharakter: *DM 100,—*
      ff) Unterstützungs- und Unterhaltszahlungen:
      gg) Vermögensbildung: *DM 450,—*
      hh) Miete:
      ii) Kreditrückzahlung: *DM 500,—*
      jj) Sonstige Ausgaben, z.B. für behinderte Angehörige:
      kk) Luxusausgaben: *DM 370,—*
      ll) Sonstige finanziellen Aufwendungen: *DM 200,— für Unterhaltung Eigenheim*
4. Saldierung der Einnahmen mit den Ausgaben: ≈ + *DM 12,—*
5. Monatliches Familieneinkommen im Falle einer Kündigung des ArbN: *DM 4850,60*
   a) Arbeitslosengeld: *DM 1185,60*
   b) Sonstiges Nettoeinkommen des ArbN: *DM 560,—*
   c) Nettoeinkommen der übrigen Familienmitglieder: *DM 3105,—*
6. Saldierung des Familieneinkommens im Falle einer Kündigung mit den Ausgaben: ≈ – *DM 534,—*

§ 2 Der Geldwert i.w.S.

1. Vermögen des ArbN
   a) Wert des dem ArbN gehörenden und berücksichtigungsfähigen Vermögens: *DM 10000,—*

aa) Wert des verwertbaren Barvermögens: *DM 10 000,—*
bb) Wert des verwertbaren Grundvermögens:
cc) Wert des sonstigen verwertbaren Vermögens:
b) Zustandekommen des Vermögens
aa) durch Erbschaft, Vermächtnis oder sonstige unentgeltliche Zuwendung durch Dritte:
bb) durch Gewinn, Spekulation u. ä.:
cc) durch Ansparen: *x*
(1) normales, unregelmäßiges Sparverhalten je nach den Gegebenheiten, ohne dabei den gewohnten Lebensstil zu ändern: *x*
(2) extremes Sparverhalten, ermöglicht durch starke Einschränkung in sonstigen Lebensbereichen:
(3) Aufnahme einer Nebentätigkeit, um verstärkt Rücklagen bilden zu können:
dd) insb. bei Grundvermögen: durch Aufnahme von Krediten u. ä.:
ee) Sonstiges:

2. Vermögen der im Haushalt lebenden Familienmitglieder
a) Wert des diesen Personen gehörenden und berücksichtigungsfähigen Vermögens: *DM 15 000,—*
aa) Wert des verwertbaren Barvermögens: *DM 10 000,—*
bb) Wert des verwertbaren Grundvermögens:
cc) Wert des sonstigen verwertbaren Vermögens: *DM 5000,—*
b) Zustandekommen des Vermögens
aa) durch Erbschaft, Vermächtnis oder sonstige unentgeltliche Zuwendung durch Dritte: *DM 5000,—*
bb) durch Gewinn, Spekulation u. ä.:
cc) durch Ansparen: *x*
(1) normales, unregelmäßiges Sparverhalten je nach den Gegebenheiten, ohne dabei den gewohnten Lebensstil zu ändern:*x*
(2) extremes Sparverhalten, ermöglicht durch starke Einschränkungen in sonstigen Lebensbereichen:
(3) Aufnahme einer Nebentätigkeit, um verstärkt Rücklagen bilden zu können:
dd) insb. bei Grundvermögen: durch Aufnahme von Krediten u. ä.:
ee) Sonstiges:

§ 3 Der Persönlichkeitswert

Hat die Arbeit in diesem Betrieb für die Persönlichkeit des ArbN ausnahmsweise eine so große Bedeutung, daß es gerechtfertigt erscheint, ihn ohne Rücksicht auf finanzielle und sonstige Aspekte aus dem Kreis der ArbN herauszunehmen, unter denen die betriebsbedingt zu kündigenden auszuwählen sind?: ./.

Musterbeurteilungsbogen für gewerbliche ArbN im stahlverarbeitendem Betrieb

I. Allgemeine Daten

1. Name und Vorname des Beurteilten: *E*
2. Geburtsdatum: *1931*
3. Betriebsangehörigkeit seit: *1962*
4. Tätigkeitsbereich: *Zieherei*
5. Seit wann in dieser Funktion: *1975*
6. Beurteilungszeitraum: *1. 85 - 6. 85*
7. Datum der Beurteilung: *15. 7. 85*
8. Name des Beurteilers: *x*

II. Beurteilungsmerkmale

1. Arbeitsgüte (max. 52 P.)
   a) Richtigkeit und Verwendbarkeit der Arbeitsergebnisse (max. 10 P.): *6*
   b) Fachkenntnisse (max. 10 P.): *6*
   c) Einhalten von Vorschriften und Anweisungen (max. 6 P.): *6*
   d) Ordnung am Arbeitsplatz (max. 6 P.): *6*
   e) Berufliche Geschicklichkeit (z. B. Handfertigkeit) (max. 10 P.): *5*
   f) Sorgfalt bei der Arbeit (max. 10 P.): 7

2. Arbeitsmenge (max. 30 P.)
   a) Zeitaufwand für einwandfreie Arbeitsergebnisse, Arbeitstempo (max. 10 P.): *4*
   b) Ausdauer, Stetigkeit der Leistungen (max. 10 P.): *4*
   c) Belastbarkeit bei besonderen Anforderungen (max. 10 P.): *2*

3. Arbeitsverhalten (max. 88 P.):
   a) Kostenbewußtsein (max. 8 P.): *5*
   b) Sorgfältige Behandlung von Betriebsmitteln (max. 6 P.): *6*
   c) Zuverlässigkeit bei der Arbeit (max. 8 P.): *4*
   d) Pünktlichkeit (max. 6 P.): *6*
   e) Zusammenarbeit, Teamgeist, Kooperationsfähigkeit und -bereitschaft (max. 8 P.): *8*
   f) Initiative, Verbesserungsvorschläge, Ideenreichtum (max. 4 P.): *1*
   g) Einsatzbarkeit an verschiedenen Arbeitsplätzen, vielseitige Verwendbarkeit (max. 8 P.): *3*
   h) Verantwortungsbereitschaft (max. 5 P.): *2*
   i) Leistungsbereitschaft, Arbeitsbereitschaft, Arbeitsenergie, Arbeitseinstellung (max. 10 P.): *8*
   j) Freiwillige Mitarbeit an betrieblichen Gemeinschaftseinrichtungen (max. 2 P.): *2*
   k) Selbständigkeit und Sicherheit am Arbeitsplatz (max. 8 P.): *5*
   l) Grundlose, unkollegiale Ablehnung erforderlicher Mehrarbeit (max. 5 P.): *3*
   m) Aufmerksamkeit, Konzentration (max. 6 P.): *4*
   n) Entscheidungsverhalten (max. 4 P.): *1*

4. Sonstige, im betrieblichen Interesse liegende Beurteilungsmerkmale (max. 80 P.)
   a) Aus- und Weiterbildungsbereitschaft (max. 8 P.): *2*
   b) Einsatzbereitschaft (max. 10 P.): *7*
   c) Kollegialität (max. 6 P.): *6*
   d) Ausfallzeiten infolge Krankheitshäufigkeit (max. 10 P.): *6*
   e) Rücksichtnahme auf Kollegen und Fa. (max. 6 P.): *6*
   f) Einarbeitungsvermögen (max. 5 P.): *1*
   g) Verhalten gegenüber Vorgesetzten (max. 4 P.): *4*
   h) Wendigkeit (max. 4 P.): *1*
   i) Einhaltung der betrieblichen Ordnung (max. 7 P.): *7*
   j) Entwicklungsmöglichkeiten des ArbN im Betrieb (ArbN evtl. für höhere Aufgaben befähigt) (max. 10 P.): *0*
   k) Improvisationsfähigkeit (max. 5 P.): *1*
   l) Loyalität (max. 5 P.): *5*

III. Gesamtpunktzahl (max. 250 P.) *150 P.*
durchschnittliche Arbeitskraft

IV. Bemerkungen:
Das Bemühen des ArbN ist unverkennbar, jedoch sind die Leistungen nicht den Anforderungen entsprechend.

Unterschrift des Beurteilers — Unterschrift des Beurteilten

x — *e*

Auswertungsbogen, um den Geldwert der Arbeit (i. e. S. und i. w. S.) sowie den Persönlichkeitswert der Arbeit errechnen zu können

Name des ArbN: *F*

§ 1 Der Geldwert i. e. S.

1. Zahl der im Haushalt lebenden und zu versorgenden Personen: *1*

2. Monatliches Nettoeinkommen und -einnahmen des gesamten Familienhaushalts: *DM 2505,06*
   a) Bruttolohn des ArbN: *DM 3050,—*
      aa) Steuerklasse: *II*
      bb) Lohnsteuer: *DM 440,—*
      cc) Kirchensteuer: *DM 35,10*
      dd) ArbN-Anteil RV: *DM 285,17*
      ee) ArbN-Anteil KV: *DM 187,57*
      ff) ArbN-Anteil AV: *DM 67,10*
   b) Nettolohn des ArbN: *DM 2035,06*
   c) Sonstiges Nettoeinkommen des ArbN: *DM 470,—*
   d) Nettoeinkommen der übrigen Familienmitglieder (incl. Arbeitslohn):

3. Monatliche Ausgaben des gesamten Familienhaushaltes: ≈ *DM 2503,—*
   a) Pauschalbeträge für den Privaten Verbrauch (insg.): ≈ *DM 1333,—*
   b) Sonstige tatsächliche Aufwendungen für:
      aa) Freiwillige Versorgungsbeiträge:
      bb) Sonstige Privatversicherungen: *DM 50,—*
      cc) Kfz. (Steuern, Versicherungen): *DM 50,—*
      dd) Sonstige Steuern: *DM 20,—*
      ee) Beiträge an private Organisationen ohne Erwerbscharakter:
      ff) Unterstützungs- und Unterhaltszahlungen: *DM 620,—*
      gg) Vermögensbildung:
      hh) Miete: *DM 430,—*
      ii) Kreditrückzahlung:
      jj) Sonstige Ausgaben, z. B. für behinderte Angehörige:
      kk) Luxusausgaben:
      ll) Sonstige finanziellen Aufwendungen:

4. Saldierung der Einnahmen mit den Ausgaben: ≈ + *DM 2,—*

5. Monatliches Familieneinkommen im Falle einer Kündigung des ArbN: *DM 1837,60*
   a) Arbeitslosengeld: *DM 1367,60*
   b) Sonstiges Nettoeinkommen des ArbN: *DM 470,—*
   c) Nettoeinkommen der übrigen Familienmitglieder:

6. Saldierung des Familieneinkommens im Falle einer Kündigung mit den Ausgaben: ≈ – *DM 615,—*

§ 2 Der Geldwert i. w. S.

1. Vermögen des ArbN
   a) Wert des dem ArbN gehörenden und berücksichtigungsfähigen Vermögens: ./.
      aa) Wert des verwertbaren Barvermögens:
      bb) Wert des verwertbaren Grundvermögens:
      cc) Wert des sonstigen verwertbaren Vermögens:

b) Zustandekommen des Vermögens
  aa) durch Erbschaft, Vermächtnis oder sonstige unentgeltliche Zuwendung durch Dritte:
  bb) durch Gewinn, Spekulation u. ä.:
  cc) durch Ansparen:
    (1) normales, unregelmäßiges Sparverhalten je nach den Gegebenheiten, ohne dabei den gewohnten Lebensstil zu ändern:
    (2) extremes Sparverhalten, ermöglicht durch starke Einschränkung in sonstigen Lebensbereichen:
    (3) Aufnahme einer Nebentätigkeit, um verstärkt Rücklagen bilden zu können:
  dd) insb. bei Grundvermögen: durch Aufnahme von Krediten u. ä.:
  ee) Sonstiges:

2. Vermögen der im Haushalt lebenden Familienmitglieder
  a) Wert des diesen Personen gehörenden und berücksichtigungsfähigen Vermögens: x
    aa) Wert des verwertbaren Barvermögens:
    bb) Wert des verwertbaren Grundvermögens:
    cc) Wert des sonstigen verwertbaren Vermögens:
  b) Zustandekommen des Vermögens
    aa) durch Erbschaft, Vermächtnis oder sonstige unentgeltliche Zuwendung durch Dritte:
    bb) durch Gewinn, Spekulation u. ä.:
    cc) durch Ansparen:
      (1) normales, unregelmäßiges Sparverhalten je nach den Gegebenheiten, ohne dabei den gewohnten Lebensstil zu ändern:
      (2) extremes Sparverhalten, ermöglicht durch starke Einschränkungen in sonstigen Lebensbereichen:
      (3) Aufnahme einer Nebentätigkeit, um verstärkt Rücklagen bilden zu können:
    dd) insb. bei Grundvermögen: durch Aufnahme von Krediten u. ä.:
    ee) Sonstiges:

§ 3 Der Persönlichkeitswert

Hat die Arbeit in diesem Betrieb für die Persönlichkeit des ArbN ausnahmsweise eine so große Bedeutung, daß es gerechtfertigt erscheint, ihn ohne Rücksicht auf finanzielle und sonstige Aspekte aus dem Kreis der ArbN herauszunehmen, unter denen die betriebsbedingt zu kündigenden auszuwählen sind?: ./.

Musterbeurteilungsbogen für gewerbliche ArbN im stahlverarbeitendem Betrieb

I. Allgemeine Daten

1. Name und Vorname des Beurteilten: *F*
2. Geburtsdatum: *1930*
3. Betriebsangehörigkeit seit: *1967*
4. Tätigkeitsbereich: *Zieherei*
5. Seit wann in dieser Funktion: *1978*
6. Beurteilungszeitraum: *1. 85 - 6. 85*
7. Datum der Beurteilung: *15. 7. 85*
8. Name des Beurteilers: *X*

II. Beurteilungsmerkmale

1. Arbeitsgüte (max. 52 P.)
   a) Richtigkeit und Verwendbarkeit der Arbeitsergebnisse (max. 10 P.): *6*
   b) Fachkenntnisse (max. 10 P.): 7
   c) Einhalten von Vorschriften und Anweisungen (max. 6 P.): *5*
   d) Ordnung am Arbeitsplatz (max. 6 P.): *3*
   e) Berufliche Geschicklichkeit (z.B. Handfertigkeit) (max. 10 P.): *5*
   f) Sorgfalt bei der Arbeit (max. 10 P.): *6*

2. Arbeitsmenge (max. 30 P.)
   a) Zeitaufwand für einwandfreie Arbeitsergebnisse, Arbeitstempo (max. 10 P.): 7
   b) Ausdauer, Stetigkeit der Leistungen (max. 10 P.): *6*
   c) Belastbarkeit bei besonderen Anforderungen (max. 10 P.): *4*

3. Arbeitsverhalten (max. 88 P.):
   a) Kostenbewußtsein (max. 8 P.): *6*
   b) Sorgfältige Behandlung von Betriebsmitteln (max. 6 P.): *4*
   c) Zuverlässigkeit bei der Arbeit (max. 8 P.): *5*
   d) Pünktlichkeit (max. 6 P.): *5*
   e) Zusammenarbeit, Teamgeist, Kooperationsfähigkeit und -bereitschaft (max. 8 P.): *6*
   f) Initiative, Verbesserungsvorschläge, Ideenreichtum (max. 4 P.): *2*
   g) Einsatzbarkeit an verschiedenen Arbeitsplätzen, vielseitige Verwendbarkeit (max. 8 P.): *4*
   h) Verantwortungsbereitschaft (max. 5 P.): *2*
   i) Leistungsbereitschaft, Arbeitsbereitschaft, Arbeitsenergie, Arbeitseinstellung (max. 10 P.): 7
   j) Freiwillige Mitarbeit an betrieblichen Gemeinschaftseinrichtungen (max. 2 P.): *1*
   k) Selbständigkeit und Sicherheit am Arbeitsplatz (max. 8 P.): *4*
   l) Grundlose, unkollegiale Ablehnung erforderlicher Mehrarbeit (max. 5 P.): *3*
   m) Aufmerksamkeit, Konzentration (max. 6 P.): *4*
   n) Entscheidungsverhalten (max. 4 P.): *2*

4. Sonstige, im betrieblichen Interesse liegende Beurteilungsmerkmale (max. 80 P.)
   a) Aus- und Weiterbildungsbereitschaft (max. 8 P.): *2*
   b) Einsatzbereitschaft (max. 10 P.): *6*
   c) Kollegialität (max. 6 P.): *6*
   d) Ausfallzeiten infolge Krankheitshäufigkeit (max. 10 P.): *4*
   e) Rücksichtnahme auf Kollegen und Fa. (max. 6 P.): *4*
   f) Einarbeitungsvermögen (max. 5 P.): *1*
   g) Verhalten gegenüber Vorgesetzten (max. 4 P.): *3*
   h) Wendigkeit (max. 4 P.): *3*
   i) Einhaltung der betrieblichen Ordnung (max. 7 P.): *6*
   j) Entwicklungsmöglichkeiten des ArbN im Betrieb (ArbN evtl. für höhere Aufgaben befähigt) (max. 10 P.): *2*
   k) Improvisationsfähigkeit (max. 5 P.): *2*
   l) Loyalität (max. 5 P.): *5*

III. Gesamtpunktzahl (max. 250 P.) *149 P.*
ganz leicht unter dem Durchschnitt liegende Arbeitskraft

IV. Bemerkungen:
Leistungen haben im Laufe der Jahre abgenommen, bedingt durch fortschreitendes Alter

Unterschrift des Beurteilers — Unterschrift des Beurteilten

x — *f*

Auswertungsbogen, um den Geldwert der Arbeit (i. e. S. und i. w. S.) sowie den Persönlichkeitswert der Arbeit errechnen zu können

Name des ArbN: *G*

§ 1 Der Geldwert i. e. S.

1. Zahl der im Haushalt lebenden und zu versorgenden Personen: *8*

2. Monatliches Nettoeinkommen und -einnahmen des gesamten Familienhaushalts: *DM 6440,35*
   a) Bruttolohn des ArbN: *DM 3100,—*
      aa) Steuerklasse: *III*
      bb) Lohnsteuer: *DM 332,50*
      cc) Kirchensteuer: ⁒
      dd) ArbN-Anteil RV: *DM 289,85*
      ee) ArbN-Anteil KV: *DM 189,10*
      ff) ArbN-Anteil AV: *DM 68,20*
   b) Nettolohn des ArbN: *DM 2220,35*
   c) Sonstiges Nettoeinkommen des ArbN: *DM 1810,—*
   d) Nettoeinkommen der übrigen Familienmitglieder (incl. Arbeitslohn): *DM 2410,—*

3. Monatliche Ausgaben des gesamten Familienhaushaltes: ≈ *DM 6435,—*
   a) Pauschalbeträge für den Privaten Verbrauch (insg.): ≈ *DM 5000,—*
   b) Sonstige tatsächliche Aufwendungen für:
      aa) Freiwillige Versorgungsbeiträge:
      bb) Sonstige Privatversicherungen:
      cc) Kfz. (Steuern, Versicherungen): *DM 145,—*
      dd) Sonstige Steuern: *DM 30,—*
      ee) Beiträge an private Organisationen ohne Erwerbscharakter: *DM 60,—*
      ff) Unterstützungs- und Unterhaltszahlungen:
      gg) Vermögensbildung:
      hh) Miete:
      ii) Kreditrückzahlung:
      jj) Sonstige Ausgaben, z. B. für behinderte Angehörige: *DM 150,—*
      kk) Luxusausgaben: *DM 850,—*
      ll) Sonstige finanziellen Aufwendungen: *DM 200,— für Unterhaltung Eigenheim*

4. Saldierung der Einnahmen mit den Ausgaben: ≈ + *DM 5,—*

5. Monatliches Familieneinkommen im Falle einer Kündigung des ArbN: *DM 5673,40*
   a) Arbeitslosengeld: *DM 1453,40*
   b) Sonstiges Nettoeinkommen des ArbN: *DM 1810,—*
   c) Nettoeinkommen der übrigen Familienmitglieder: *DM 2410,—*

6. Saldierung des Familieneinkommens im Falle einer Kündigung mit den Ausgaben: ≈ − *DM 762,—*

§ 2 Der Geldwert i. w. S.

1. Vermögen des ArbN
   a) Wert des dem ArbN gehörenden und berücksichtigungsfähigen Vermögens: ⁒

aa) Wert des verwertbaren Barvermögens:
bb) Wert des verwertbaren Grundvermögens:
cc) Wert des sonstigen verwertbaren Vermögens:

b) Zustandekommen des Vermögens
aa) durch Erbschaft, Vermächtnis oder sonstige unentgeltliche Zuwendung durch Dritte:
bb) durch Gewinn, Spekulation u. ä.:
cc) durch Ansparen:
(1) normales, unregelmäßiges Sparverhalten je nach den Gegebenheiten, ohne dabei den gewohnten Lebensstil zu ändern:
(2) extremes Sparverhalten, ermöglicht durch starke Einschränkung in sonstigen Lebensbereichen:
(3) Aufnahme einer Nebentätigkeit, um verstärkt Rücklagen bilden zu können:
dd) insb. bei Grundvermögen: durch Aufnahme von Krediten u. ä.:
ee) Sonstiges:

2. Vermögen der im Haushalt lebenden Familienmitglieder
a) Wert des diesen Personen gehörenden und berücksichtigungsfähigen Vermögens: *DM 5000,—*
aa) Wert des verwertbaren Barvermögens: *DM 5000,—*
bb) Wert des verwertbaren Grundvermögens:
cc) Wert des sonstigen verwertbaren Vermögens:

b) Zustandekommen des Vermögens
aa) durch Erbschaft, Vermächtnis oder sonstige unentgeltliche Zuwendung durch Dritte:
bb) durch Gewinn, Spekulation u. ä.:
cc) durch Ansparen: *x*
(1) normales, unregelmäßiges Sparverhalten je nach den Gegebenheiten, ohne dabei den gewohnten Lebensstil zu ändern: *x*
(2) extremes Sparverhalten, ermöglicht durch starke Einschränkungen in sonstigen Lebensbereichen:
(3) Aufnahme einer Nebentätigkeit, um verstärkt Rücklagen bilden zu können: *x*
dd) insb. bei Grundvermögen: durch Aufnahme von Krediten u. ä.:
ee) Sonstiges:

§ 3 Der Persönlichkeitswert

Hat die Arbeit in diesem Betrieb für die Persönlichkeit des ArbN ausnahmsweise eine so große Bedeutung, daß es gerechtfertigt erscheint, ihn ohne Rücksicht auf finanzielle und sonstige Aspekte aus dem Kreis der ArbN herauszunehmen, unter denen die betriebsbedingt zu kündigenden auszuwählen sind?: ./.

Musterbeurteilungsbogen für gewerbliche ArbN im stahlverarbeitendem Betrieb

I. Allgemeine Daten

1. Name und Vorname des Beurteilten: *G*
2. Geburtsdatum: *1937*
3. Betriebsangehörigkeit seit: *1980*
4. Tätigkeitsbereich: *Zieherei*
5. Seit wann in dieser Funktion: *1983*
6. Beurteilungszeitraum: *1. 85 - 6. 85*
7. Datum der Beurteilung: *15. 7. 85*
8. Name des Beurteilers: *X*

II. Beurteilungsmerkmale

1. Arbeitsgüte (max. 52 P.)
   a) Richtigkeit und Verwendbarkeit der Arbeitsergebnisse (max. 10 P.): *10*
   b) Fachkenntnisse (max. 10 P.): *10*
   c) Einhalten von Vorschriften und Anweisungen (max. 6 P.): *6*
   d) Ordnung am Arbeitsplatz (max. 6 P.): *6*
   e) Berufliche Geschicklichkeit (z.B. Handfertigkeit) (max. 10 P.): *9*
   f) Sorgfalt bei der Arbeit (max. 10 P.): *10*

2. Arbeitsmenge (max. 30 P.)
   a) Zeitaufwand für einwandfreie Arbeitsergebnisse, Arbeitstempo (max. 10 P.): *10*
   b) Ausdauer, Stetigkeit der Leistungen (max. 10 P.): *9*
   c) Belastbarkeit bei besonderen Anforderungen (max. 10 P.): *10*

3. Arbeitsverhalten (max. 88 P.):
   a) Kostenbewußtsein (max. 8 P.): *8*
   b) Sorgfältige Behandlung von Betriebsmitteln (max. 6 P.): *6*
   c) Zuverlässigkeit bei der Arbeit (max. 8 P.): *8*
   d) Pünktlichkeit (max. 6 P.): *6*
   e) Zusammenarbeit, Teamgeist, Kooperationsfähigkeit und -bereitschaft (max. 8 P.): *7*
   f) Initiative, Verbesserungsvorschläge, Ideenreichtum (max. 4 P.): *3*
   g) Einsatzbarkeit an verschiedenen Arbeitsplätzen, vielseitige Verwendbarkeit (max. 8 P.): *7*
   h) Verantwortungsbereitschaft (max. 5 P.): *5*
   i) Leistungsbereitschaft, Arbeitsbereitschaft, Arbeitsenergie, Arbeitseinstellung (max. 10 P.): *10*
   j) Freiwillige Mitarbeit an betrieblichen Gemeinschaftseinrichtungen (max. 2 P.): *1*
   k) Selbständigkeit und Sicherheit am Arbeitsplatz (max. 8 P.): *8*
   l) Grundlose, unkollegiale Ablehnung erforderlicher Mehrarbeit (max. 5 P.): *5*
   m) Aufmerksamkeit, Konzentration (max. 6 P.): *6*
   n) Entscheidungsverhalten (max. 4 P.): *4*

4. Sonstige, im betrieblichen Interesse liegende Beurteilungsmerkmale (max. 80 P.)
   a) Aus- und Weiterbildungsbereitschaft (max. 8 P.): *6*
   b) Einsatzbereitschaft (max. 10 P.): *10*
   c) Kollegialität (max. 6 P.): *5*
   d) Ausfallzeiten infolge Krankheitshäufigkeit (max. 10 P.): *10*
   e) Rücksichtnahme auf Kollegen und Fa. (max. 6 P.): *5*
   f) Einarbeitungsvermögen (max. 5 P.): *5*
   g) Verhalten gegenüber Vorgesetzten (max. 4 P.): *4*
   h) Wendigkeit (max. 4 P.): *4*
   i) Einhaltung der betrieblichen Ordnung (max. 7 P.): *7*
   j) Entwicklungsmöglichkeiten des ArbN im Betrieb (ArbN evtl. für höhere Aufgaben befähigt) (max. 10 P.): *10*
   k) Improvisationsfähigkeit (max. 5 P.): *5*
   l) Loyalität (max. 5 P.): *5*

III. Gesamtpunktzahl (max. 250 P.) *240 P.*
Spitzenkraft

IV. Bemerkungen:
Leistung und Bereitschaft im höchstem Maße vorhanden; unbedingt 1. Wahl für den im November frei werdenden Posten des Schichtführers

Unterschrift des Beurteilers — Unterschrift des Beurteilten

x — *g*

Auswertungsbogen, um den Geldwert der Arbeit (i.e.S. und i.w.S.) sowie den Persönlichkeitswert der Arbeit errechnen zu können

Name des ArbN: *H*

§ 1 Der Geldwert i.e.S.

1. Zahl der im Haushalt lebenden und zu versorgenden Personen: *2*
2. Monatliches Nettoeinkommen und -einnahmen des gesamten Familienhaushalts: *DM 2416,04*
   a) Bruttolohn des ArbN: *DM 2420,—*
      aa) Steuerklasse: *IV*
      bb) Lohnsteuer: *DM 387,—*
      cc) Kirchensteuer: *DM 34,83*
      dd) ArbN-Anteil RV: *DM 226,27*
      ee) ArbN-Anteil KV: *DM 147,62*
      ff) ArbN-Anteil AV: *DM 53,24*
   b) Nettolohn des ArbN: *DM 1571,04*
   c) Sonstiges Nettoeinkommen des ArbN:
   d) Nettoeinkommen der übrigen Familienmitglieder (incl. Arbeitslohn): *DM 845,—*
3. Monatliche Ausgaben des gesamten Familienhaushaltes: ≈ *DM 2356,—*
   a) Pauschalbeträge für den Privaten Verbrauch (insg.): ≈ *DM 1486,—*
   b) Sonstige tatsächliche Aufwendungen für:
      aa) Freiwillige Versorgungsbeiträge:
      bb) Sonstige Privatversicherungen:
      cc) Kfz. (Steuern, Versicherungen): *DM 60,—*
      dd) Sonstige Steuern:
      ee) Beiträge an private Organisationen ohne Erwerbscharakter: *DM 50,—*
      ff) Unterstützungs- und Unterhaltszahlungen:
      gg) Vermögensbildung: *DM 250,—*
      hh) Miete: *DM 510,—*
      ii) Kreditrückzahlung:
      jj) Sonstige Ausgaben, z.B. für behinderte Angehörige:
      kk) Luxusausgaben:
      ll) Sonstige finanziellen Aufwendungen:
4. Saldierung der Einnahmen mit den Ausgaben: ≈ + *DM 60,—*
5. Monatliches Familieneinkommen im Falle einer Kündigung des ArbN: *DM 1924,—*
   a) Arbeitslosengeld: *DM 1079,—*
   b) Sonstiges Nettoeinkommen des ArbN:
   c) Nettoeinkommen der übrigen Familienmitglieder: *DM 845,—*
6. Saldierung des Familieneinkommens im Falle einer Kündigung mit den Ausgaben: ≈ – *DM 492,—*

§ 2 Der Geldwert i.w.S.

1. Vermögen des ArbN
   a) Wert des dem ArbN gehörenden und berücksichtigungsfähigen Vermögens: *DM 8000,—*

aa) Wert des verwertbaren Barvermögens:
bb) Wert des verwertbaren Grundvermögens:
cc) Wert des sonstigen verwertbaren Vermögens: *DM 8000,—*

b) Zustandekommen des Vermögens
aa) durch Erbschaft, Vermächtnis oder sonstige unentgeltliche Zuwendung durch Dritte:
bb) durch Gewinn, Spekulation u. ä.:
cc) durch Ansparen: *x*
(1) normales, unregelmäßiges Sparverhalten je nach den Gegebenheiten, ohne dabei den gewohnten Lebensstil zu ändern:
(2) extremes Sparverhalten, ermöglicht durch starke Einschränkung in sonstigen Lebensbereichen: *x*
(3) Aufnahme einer Nebentätigkeit, um verstärkt Rücklagen bilden zu können:
dd) insb. bei Grundvermögen: durch Aufnahme von Krediten u. ä.:
ee) Sonstiges:

2. Vermögen der im Haushalt lebenden Familienmitglieder
a) Wert des diesen Personen gehörenden und berücksichtigungsfähigen Vermögens: ./.
aa) Wert des verwertbaren Barvermögens:
bb) Wert des verwertbaren Grundvermögens:
cc) Wert des sonstigen verwertbaren Vermögens:

b) Zustandekommen des Vermögens
aa) durch Erbschaft, Vermächtnis oder sonstige unentgeltliche Zuwendung durch Dritte:
bb) durch Gewinn, Spekulation u. ä.:
cc) durch Ansparen:
(1) normales, unregelmäßiges Sparverhalten je nach den Gegebenheiten, ohne dabei den gewohnten Lebensstil zu ändern:
(2) extremes Sparverhalten, ermöglicht durch starke Einschränkungen in sonstigen Lebensbereichen:
(3) Aufnahme einer Nebentätigkeit, um verstärkt Rücklagen bilden zu können:
dd) insb. bei Grundvermögen: durch Aufnahme von Krediten u. ä.:
ee) Sonstiges:

§ 3 Der Persönlichkeitswert

Hat die Arbeit in diesem Betrieb für die Persönlichkeit des ArbN ausnahmsweise eine so große Bedeutung, daß es gerechtfertigt erscheint, ihn ohne Rücksicht auf finanzielle und sonstige Aspekte aus dem Kreis der ArbN herauszunehmen, unter denen die betriebsbedingt zu kündigenden auszuwählen sind?: ./.

Musterbeurteilungsbogen für gewerbliche ArbN im stahlverarbeitendem Betrieb

I. Allgemeine Daten

1. Name und Vorname des Beurteilten: *H*
2. Geburtsdatum: *1950*
3. Betriebsangehörigkeit seit: *1970*
4. Tätigkeitsbereich: *Zieherei*
5. Seit wann in dieser Funktion: *1970*
6. Beurteilungszeitraum: *1. 85 - 6. 85*
7. Datum der Beurteilung: *15. 7. 85*
8. Name des Beurteilers: *X*

II. Beurteilungsmerkmale

1. Arbeitsgüte (max. 52 P.)
   a) Richtigkeit und Verwendbarkeit der Arbeitsergebnisse (max. 10 P.): *10*
   b) Fachkenntnisse (max. 10 P.): *8*
   c) Einhalten von Vorschriften und Anweisungen (max. 6 P.): *6*
   d) Ordnung am Arbeitsplatz (max. 6 P.): *6*
   e) Berufliche Geschicklichkeit (z.B. Handfertigkeit) (max. 10 P.): *9*
   f) Sorgfalt bei der Arbeit (max. 10 P.): *9*

2. Arbeitsmenge (max. 30 P.)
   a) Zeitaufwand für einwandfreie Arbeitsergebnisse, Arbeitstempo (max. 10 P.): *10*
   b) Ausdauer, Stetigkeit der Leistungen (max. 10 P.): *10*
   c) Belastbarkeit bei besonderen Anforderungen (max. 10 P.): *8*

3. Arbeitsverhalten (max. 88 P.):
   a) Kostenbewußtsein (max. 8 P.): *6*
   b) Sorgfältige Behandlung von Betriebsmitteln (max. 6 P.): *6*
   c) Zuverlässigkeit bei der Arbeit (max. 8 P.): *8*
   d) Pünktlichkeit (max. 6 P.): *6*
   e) Zusammenarbeit, Teamgeist, Kooperationsfähigkeit und -bereitschaft (max. 8 P.): *6*
   f) Initiative, Verbesserungsvorschläge, Ideenreichtum (max. 4 P.): *3*
   g) Einsatzbarkeit an verschiedenen Arbeitsplätzen, vielseitige Verwendbarkeit (max. 8 P.): *8*
   h) Verantwortungsbereitschaft (max. 5 P.): *5*
   i) Leistungsbereitschaft, Arbeitsbereitschaft, Arbeitsenergie, Arbeitseinstellung (max. 10 P.): *8*
   j) Freiwillige Mitarbeit an betrieblichen Gemeinschaftseinrichtungen (max. 2 P.): *1*
   k) Selbständigkeit und Sicherheit am Arbeitsplatz (max. 8 P.): *8*
   l) Grundlose, unkollegiale Ablehnung erforderlicher Mehrarbeit (max. 5 P.): *5*
   m) Aufmerksamkeit, Konzentration (max. 6 P.): *6*
   n) Entscheidungsverhalten (max. 4 P.): *4*

4. Sonstige, im betrieblichen Interesse liegende Beurteilungsmerkmale (max. 80 P.)
   a) Aus- und Weiterbildungsbereitschaft (max. 8 P.): *7*
   b) Einsatzbereitschaft (max. 10 P.): *9*
   c) Kollegialität (max. 6 P.): *6*
   d) Ausfallzeiten infolge Krankheitshäufigkeit (max. 10 P.): *10*
   e) Rücksichtnahme auf Kollegen und Fa. (max. 6 P.): *6*
   f) Einarbeitungsvermögen (max. 5 P.): *4*
   g) Verhalten gegenüber Vorgesetzten (max. 4 P.): *4*
   h) Wendigkeit (max. 4 P.): *4*
   i) Einhaltung der betrieblichen Ordnung (max. 7 P.): *6*
   j) Entwicklungsmöglichkeiten des ArbN im Betrieb (ArbN evtl. für höhere Aufgaben befähigt) (max. 10 P.): *7*
   k) Improvisationsfähigkeit (max. 5 P.): *4*
   l) Loyalität (max. 5 P.): *3*

III. Gesamtpunktzahl (max. 250 P.) *226 P.*
überdurchschnittlich gute Arbeitskraft

IV. Bemerkungen:
hoffnungsvoller Mitarbeiter für die Zukunft; bei Stabilisierung sind Aufstiegschancen vorhanden

Unterschrift des Beurteilers — Unterschrift des Beurteilten

x — *h*

Auswertungsbogen, um den Geldwert der Arbeit (i. e. S. und i. w. S.) sowie den Persönlichkeitswert der Arbeit errechnen zu können

Name des ArbN: *I*

§ 1 Der Geldwert i. e. S.

1. Zahl der im Haushalt lebenden und zu versorgenden Personen: *1*
2. Monatliches Nettoeinkommen und -einnahmen des gesamten Familienhaushalts: *DM 1947,77*
   a) Bruttolohn des ArbN: *DM 2820,—*
      aa) Steuerklasse: *I*
      bb) Lohnsteuer: *DM 516,60*
      cc) Kirchensteuer: *DM 46,49*
      dd) ArbN-Anteil RV: *DM 263,67*
      ee) ArbN-Anteil KV: *DM 173,43*
      ff) ArbN-Anteil AV: *DM 62,04*
   b) Nettolohn des ArbN: *DM 1757,77*
   c) Sonstiges Nettoeinkommen des ArbN: *DM 190,—*
   d) Nettoeinkommen der übrigen Familienmitglieder (incl. Arbeitslohn):
3. Monatliche Ausgaben des gesamten Familienhaushaltes: ≈ *DM 2235,—*
   a) Pauschalbeträge für den Privaten Verbrauch (insg.): ≈ *DM 940,—*
   b) Sonstige tatsächliche Aufwendungen für:
      aa) Freiwillige Versorgungsbeiträge:
      bb) Sonstige Privatversicherungen: *DM 60,—*
      cc) Kfz. (Steuern, Versicherungen): *DM 55,—*
      dd) Sonstige Steuern:
      ee) Beiträge an private Organisationen ohne Erwerbscharakter:
      ff) Unterstützungs- und Unterhaltszahlungen: *DM 560,—*
      gg) Vermögensbildung:
      hh) Miete: *DM 320,—*
      ii) Kreditrückzahlung: *DM 300,—*
      jj) Sonstige Ausgaben, z. B. für behinderte Angehörige:
      kk) Luxusausgaben:
      ll) Sonstige finanziellen Aufwendungen:
4. Saldierung der Einnahmen mit den Ausgaben: ≈ – *DM 287,—*
5. Monatliches Familieneinkommen im Falle einer Kündigung des ArbN: *DM 1396,40*
   a) Arbeitslosengeld: *DM 1206,40*
   b) Sonstiges Nettoeinkommen des ArbN: *DM 190,—*
   c) Nettoeinkommen der übrigen Familienmitglieder:
6. Saldierung des Familieneinkommens im Falle einer Kündigung mit den Ausgaben: ≈ – *DM 839,—*

§ 2 Der Geldwert i. w. S.

1. Vermögen des ArbN
   a) Wert des dem ArbN gehörenden und berücksichtigungsfähigen Vermögens: ./.
      aa) Wert des verwertbaren Barvermögens:

bb) Wert des verwertbaren Grundvermögens:
cc) Wert des sonstigen verwertbaren Vermögens:

b) Zustandekommen des Vermögens
aa) durch Erbschaft, Vermächtnis oder sonstige unentgeltliche Zuwendung durch Dritte:
bb) durch Gewinn, Spekulation u. ä.:
cc) durch Ansparen:
(1) normales, unregelmäßiges Sparverhalten je nach den Gegebenheiten, ohne dabei den gewohnten Lebensstil zu ändern:
(2) extremes Sparverhalten, ermöglicht durch starke Einschränkung in sonstigen Lebensbereichen:
(3) Aufnahme einer Nebentätigkeit, um verstärkt Rücklagen bilden zu können:
dd) insb. bei Grundvermögen: durch Aufnahme von Krediten u. ä.:
ee) Sonstiges:

2. Vermögen der im Haushalt lebenden Familienmitglieder
a) Wert des diesen Personen gehörenden und berücksichtigungsfähigen Vermögens: x
aa) Wert des verwertbaren Barvermögens:
bb) Wert des verwertbaren Grundvermögens:
cc) Wert des sonstigen verwertbaren Vermögens:

b) Zustandekommen des Vermögens
aa) durch Erbschaft, Vermächtnis oder sonstige unentgeltliche Zuwendung durch Dritte:
bb) durch Gewinn, Spekulation u. ä.:
cc) durch Ansparen:
(1) normales, unregelmäßiges Sparverhalten je nach den Gegebenheiten, ohne dabei den gewohnten Lebensstil zu ändern:
(2) extremes Sparverhalten, ermöglicht durch starke Einschränkungen in sonstigen Lebensbereichen:
(3) Aufnahme einer Nebentätigkeit, um verstärkt Rücklagen bilden zu können:
dd) insb. bei Grundvermögen: durch Aufnahme von Krediten u. ä.:
ee) Sonstiges:

§ 3 Der Persönlichkeitswert

Hat die Arbeit in diesem Betrieb für die Persönlichkeit des ArbN ausnahmsweise eine so große Bedeutung, daß es gerechtfertigt erscheint, ihn ohne Rücksicht auf finanzielle und sonstige Aspekte aus dem Kreis der ArbN herauszunehmen, unter denen die betriebsbedingt zu kündigenden auszuwählen sind?: ./.

**Musterbeurteilungsbogen für gewerbliche ArbN
im stahlverarbeitendem Betrieb**

I. Allgemeine Daten

1. Name und Vorname des Beurteilten: *I*
2. Geburtsdatum: *1954*
3. Betriebsangehörigkeit seit: *1981*
4. Tätigkeitsbereich: *Zieherei*
5. Seit wann in dieser Funktion: *1981*
6. Beurteilungszeitraum: *1. 85 - 6. 85*
7. Datum der Beurteilung: *15. 7. 85*
8. Name des Beurteilers: *X*

II. Beurteilungsmerkmale

1. Arbeitsgüte (max. 52 P.)
   a) Richtigkeit und Verwendbarkeit der Arbeitsergebnisse (max. 10 P.): 7
   b) Fachkenntnisse (max. 10 P.): *6*
   c) Einhalten von Vorschriften und Anweisungen (max. 6 P.): *4*
   d) Ordnung am Arbeitsplatz (max. 6 P.): *5*
   e) Berufliche Geschicklichkeit (z.B. Handfertigkeit) (max. 10 P.): 7
   f) Sorgfalt bei der Arbeit (max. 10 P.): 7

2. Arbeitsmenge (max. 30 P.)
   a) Zeitaufwand für einwandfreie Arbeitsergebnisse, Arbeitstempo (max. 10 P.): 7
   b) Ausdauer, Stetigkeit der Leistungen (max. 10 P.): *6*
   c) Belastbarkeit bei besonderen Anforderungen (max. 10 P.): *6*

3. Arbeitsverhalten (max. 88 P.):
   a) Kostenbewußtsein (max. 8 P.): *5*
   b) Sorgfältige Behandlung von Betriebsmitteln (max. 6 P.): 5
   c) Zuverlässigkeit bei der Arbeit (max. 8 P.): *6*
   d) Pünktlichkeit (max. 6 P.): *4*
   e) Zusammenarbeit, Teamgeist, Kooperationsfähigkeit und -bereitschaft (max. 8 P.): *5*
   f) Initiative, Verbesserungsvorschläge, Ideenreichtum (max. 4 P.): *2*
   g) Einsatzbarkeit an verschiedenen Arbeitsplätzen, vielseitige Verwendbarkeit (max. 8 P.): *6*
   h) Verantwortungsbereitschaft (max. 5 P.): *2*
   i) Leistungsbereitschaft, Arbeitsbereitschaft, Arbeitsenergie, Arbeitseinstellung (max. 10 P.): 7
   j) Freiwillige Mitarbeit an betrieblichen Gemeinschaftseinrichtungen (max. 2 P.): *2*
   k) Selbständigkeit und Sicherheit am Arbeitsplatz (max. 8 P.): *6*
   l) Grundlose, unkollegiale Ablehnung erforderlicher Mehrarbeit (max. 5 P.): *5*
   m) Aufmerksamkeit, Konzentration (max. 6 P.): *3*
   n) Entscheidungsverhalten (max. 4 P.): *3*

4. Sonstige, im betrieblichen Interesse liegende Beurteilungsmerkmale (max. 80 P.)
   a) Aus- und Weiterbildungsbereitschaft (max. 8 P.): *4*
   b) Einsatzbereitschaft (max. 10 P.): 7
   c) Kollegialität (max. 6 P.): *6*
   d) Ausfallzeiten infolge Krankheitshäufigkeit (max. 10 P.): *5*
   e) Rücksichtnahme auf Kollegen und Fa. (max. 6 P.): *4*
   f) Einarbeitungsvermögen (max. 5 P.): *4*
   g) Verhalten gegenüber Vorgesetzten (max. 4 P.): *2*
   h) Wendigkeit (max. 4 P.): *4*
   i) Einhaltung der betrieblichen Ordnung (max. 7 P.): *5*
   j) Entwicklungsmöglichkeiten des ArbN im Betrieb (ArbN evtl. für höhere Aufgaben befähigt) (max. 10 P.): *3*
   k) Improvisationsfähigkeit (max. 5 P.): *3*
   l) Loyalität (max. 5 P.): *2*

III. Gesamtpunktzahl (max. 250 P.) *165 P.*
durchschnittliche Arbeitskraft

IV. Bemerkungen:
./.

Unterschrift des Beurteilers — Unterschrift des Beurteilten
x — *i*

Auswertungsbogen, um den Geldwert der Arbeit (i. e. S. und i. w. S.) sowie den Persönlichkeitswert der Arbeit errechnen zu können

Name des ArbN: *K*

§ 1 Der Geldwert i. e. S.

1. Zahl der im Haushalt lebenden und zu versorgenden Personen: *6*
2. Monatliches Nettoeinkommen und -einnahmen des gesamten Familienhaushalts: *DM 3620,72*
   a) Bruttolohn des ArbN: *DM 2950,—*
      aa) Steuerklasse: *III*
      bb) Lohnsteuer: *DM 324,60*
      cc) Kirchensteuer: *DM 4,01*
      dd) ArbN-Anteil RV: *DM 275,82*
      ee) ArbN-Anteil KV: *DM 179,95*
      ff) ArbN-Anteil AV: *DM 64,90*
   b) Nettolohn des ArbN: *DM 2100,72*
   c) Sonstiges Nettoeinkommen des ArbN: *DM 370,—*
   d) Nettoeinkommen der übrigen Familienmitglieder (incl. Arbeitslohn): *DM 1520,—*
3. Monatliche Ausgaben des gesamten Familienhaushaltes: ≈ *DM 3610,—*
   a) Pauschalbeträge für den Privaten Verbrauch (insg.): ≈ *DM 2750,—*
   b) Sonstige tatsächliche Aufwendungen für:
      aa) Freiwillige Versorgungsbeiträge:
      bb) Sonstige Privatversicherungen:
      cc) Kfz. (Steuern, Versicherungen):
      dd) Sonstige Steuern:
      ee) Beiträge an private Organisationen ohne Erwerbscharakter:
      ff) Unterstützungs- und Unterhaltszahlungen:
      gg) Vermögensbildung:
      hh) Miete: *DM 460,—*
      ii) Kreditrückzahlung:
      jj) Sonstige Ausgaben, z. B. für behinderte Angehörige: *DM 200,—*
      kk) Luxusausgaben: *DM 200,—*
      ll) Sonstige finanziellen Aufwendungen: ≈ + *DM 10,—*
4. Saldierung der Einnahmen mit den Ausgaben:
5. Monatliches Familieneinkommen im Falle einer Kündigung des ArbN: *DM 3276,67*
   a) Arbeitslosengeld: *DM 1386,67*
   b) Sonstiges Nettoeinkommen des ArbN: *DM 370,—*
   c) Nettoeinkommen der übrigen Familienmitglieder: *DM 1520,—*
6. Saldierung des Familieneinkommens im Falle einer Kündigung mit den Ausgaben: ≈ – *DM 333,—*

§ 2 Der Geldwert i. w. S.

1. Vermögen des ArbN
   a) Wert des dem ArbN gehörenden und berücksichtigungsfähigen Vermögens: ./.
      aa) Wert des verwertbaren Barvermögens:

bb) Wert des verwertbaren Grundvermögens:
cc) Wert des sonstigen verwertbaren Vermögens:

b) Zustandekommen des Vermögens
aa) durch Erbschaft, Vermächtnis oder sonstige unentgeltliche Zuwendung durch Dritte:
bb) durch Gewinn, Spekulation u. ä.:
cc) durch Ansparen:
(1) normales, unregelmäßiges Sparverhalten je nach den Gegebenheiten, ohne dabei den gewohnten Lebensstil zu ändern:
(2) extremes Sparverhalten, ermöglicht durch starke Einschränkung in sonstigen Lebensbereichen:
(3) Aufnahme einer Nebentätigkeit, um verstärkt Rücklagen bilden zu können:
dd) insb. bei Grundvermögen: durch Aufnahme von Krediten u. ä.:
ee) Sonstiges:

2. Vermögen der im Haushalt lebenden Familienmitglieder
a) Wert des diesen Personen gehörenden und berücksichtigungsfähigen Vermögens: ./.
aa) Wert des verwertbaren Barvermögens:
bb) Wert des verwertbaren Grundvermögens:
cc) Wert des sonstigen verwertbaren Vermögens:
b) Zustandekommen des Vermögens
aa) durch Erbschaft, Vermächtnis oder sonstige unentgeltliche Zuwendung durch Dritte:
bb) durch Gewinn, Spekulation u. ä.:
cc) durch Ansparen:
(1) normales, unregelmäßiges Sparverhalten je nach den Gegebenheiten, ohne dabei den gewohnten Lebensstil zu ändern:
(2) extremes Sparverhalten, ermöglicht durch starke Einschränkungen in sonstigen Lebensbereichen:
(3) Aufnahme einer Nebentätigkeit, um verstärkt Rücklagen bilden zu können:
dd) insb. bei Grundvermögen: durch Aufnahme von Krediten u. ä.:
ee) Sonstiges:

§ 3 Der Persönlichkeitswert

Hat die Arbeit in diesem Betrieb für die Persönlichkeit des ArbN ausnahmsweise eine so große Bedeutung, daß es gerechtfertigt erscheint, ihn ohne Rücksicht auf finanzielle und sonstige Aspekte aus dem Kreis der ArbN herauszunehmen, unter denen die betriebsbedingt zu kündigenden auszuwählen sind?: *ja!*

Eines der Kinder leidet an MS im fortgeschrittenen Stadium; ferner hat der ArbN erst kürzlich einen nicht im Haushalt lebenden Sohn durch eine heimtückische Krankheit verloren.

Arbeit lenkt ihn von diesen Problemen ab und hilft ihm damit besser fertig zu werden.

Musterbeurteilungsbogen für gewerbliche ArbN im stahlverarbeitendem Betrieb

I. Allgemeine Daten

1. Name und Vorname des Beurteilten: *K*
2. Geburtsdatum: *1938*
3. Betriebsangehörigkeit seit: *1966*
4. Tätigkeitsbereich: *Zieherei*
5. Seit wann in dieser Funktion: *1975*
6. Beurteilungszeitraum: *1. 85 - 6. 85*
7. Datum der Beurteilung: *15. 7. 85*
8. Name des Beurteilers: *X*

II. Beurteilungsmerkmale

1. Arbeitsgüte (max. 52 P.)
   a) Richtigkeit und Verwendbarkeit der Arbeitsergebnisse (max. 10 P.): *6*
   b) Fachkenntnisse (max. 10 P.): *8*
   c) Einhalten von Vorschriften und Anweisungen (max. 6 P.): *5*
   d) Ordnung am Arbeitsplatz (max. 6 P.): *4*
   e) Berufliche Geschicklichkeit (z. B. Handfertigkeit) (max. 10 P.): 7
   f) Sorgfalt bei der Arbeit (max. 10 P.): *6*

2. Arbeitsmenge (max. 30 P.)
   a) Zeitaufwand für einwandfreie Arbeitsergebnisse, Arbeitstempo (max. 10 P.): 7
   b) Ausdauer, Stetigkeit der Leistungen (max. 10 P.): *6*
   c) Belastbarkeit bei besonderen Anforderungen (max. 10 P.): *5*

3. Arbeitsverhalten (max. 88 P.):
   a) Kostenbewußtsein (max. 8 P.): *6*
   b) Sorgfältige Behandlung von Betriebsmitteln (max. 6 P.): *6*
   c) Zuverlässigkeit bei der Arbeit (max. 8 P.): *5*
   d) Pünktlichkeit (max. 6 P.): *6*
   e) Zusammenarbeit, Teamgeist, Kooperationsfähigkeit und -bereitschaft (max. 8 P.): *5*
   f) Initiative, Verbesserungsvorschläge, Ideenreichtum (max. 4 P.): *0*
   g) Einsatzbarkeit an verschiedenen Arbeitsplätzen, vielseitige Verwendbarkeit (max. 8 P.): *8*
   h) Verantwortungsbereitschaft (max. 5 P.): *3*
   i) Leistungsbereitschaft, Arbeitsbereitschaft, Arbeitsenergie, Arbeitseinstellung (max. 10 P.): 7
   j) Freiwillige Mitarbeit an betrieblichen Gemeinschaftseinrichtungen (max. 2 P.): *0*
   k) Selbständigkeit und Sicherheit am Arbeitsplatz (max. 8 P.): *6*
   l) Grundlose, unkollegiale Ablehnung erforderlicher Mehrarbeit (max. 5 P.): *4*
   m) Aufmerksamkeit, Konzentration (max. 6 P.): *4*
   n) Entscheidungsverhalten (max. 4 P.): *1*

4. Sonstige, im betrieblichen Interesse liegende Beurteilungsmerkmale (max. 80 P.)
   a) Aus- und Weiterbildungsbereitschaft (max. 8 P.): *4*
   b) Einsatzbereitschaft (max. 10 P.): 7
   c) Kollegialität (max. 6 P.): *5*
   d) Ausfallzeiten infolge Krankheitshäufigkeit (max. 10 P.): *6*
   e) Rücksichtnahme auf Kollegen und Fa. (max. 6 P.): *3*
   f) Einarbeitungsvermögen (max. 5 P.): *4*
   g) Verhalten gegenüber Vorgesetzten (max. 4 P.): *4*
   h) Wendigkeit (max. 4 P.): *2*
   i) Einhaltung der betrieblichen Ordnung (max. 7 P.): 7
   j) Entwicklungsmöglichkeiten des ArbN im Betrieb (ArbN evtl. für höhere Aufgaben befähigt) (max. 10 P.): *3*
   k) Improvisationsfähigkeit (max. 5 P.): *3*
   l) Loyalität (max. 5 P.): *4*

III. Gesamtpunktzahl (max. 250 P.) *167 P.*
durchschnittliche Arbeitskraft

IV. Bemerkungen:

Unterschrift des Beurteilers	Unterschrift des Beurteilten
x	*k*

Analyse

1. Auswahl nach dem Geldwert i.e.S.

Der Haushalt des ArbN A hat ein zur Verfügung stehendes Einkommen von ca. 3210,— monatlich, im Falle der Kündigung von ca. 2620,—. Die Ausgaben belaufen sich auf ca. 3200,—, davon über 450,— für Vermögensbildung und Luxusausgaben. Bei einer Kündigung des A fehlen dem Haushalt ca. 480,—, die größtenteils bei den zuletzt genannten Posten eingespart werden können. An Ausgaben für den Privaten Verbrauch, insb. Nahrungsmitteln, muß keinesfalls gespart werden. Folge: ArbN A scheidet nicht in der 1. Auswahlstufe aus dem Kreis der zur Kündigung Anstehenden aus.

ArbN B: Bei seinem Haushalt ergibt sich ein Negativsaldo von ca. 510,— im Falle der Entlassung. Da er fast 400,— für Luxusausgaben und die Vermögensbildung ausgibt, kann man davon ausgehen, daß er im Falle der Kündigung sich nicht beim Privaten Verbrauch einschränken muß. Daher bleibt auch er im Topf der Auszuwählenden.

ArbN C: C ist alleinstehend. Ihn trifft die Kündigung auch nicht so hart, daß er sich beim Verbrauch von Lebensmitteln einschränken müßte. Er scheidet nicht aus.

ArbN D muß monatlich Kredite i.H.v. 400,— zurückbezahlen, außerdem lebt ein behindertes Kind im Haushalt. Ihm würden durch den Stellenverlust über 630,— fehlen. Da er weder die nötigen Mittel für Luxusausgaben noch für Vermögensbildung zur Verfügung hat, würde er bei Wegfall des Arbeitsplatzes genötigt, in starkem Maße bei den Ausgaben für den Privaten Verbrauch und somit auch an Kleidung und Nahrung zu sparen. Er scheidet als sozial besonders schutzbedürftig bereits in der 1. Auswahlstufe aus und kann nicht gekündigt werden.

ArbN E hat zwar noch 5 Personen zu versorgen, aber da sein im Haushalt lebender Vater und seine Frau mitverdienen (zusammen über 3100,— netto), stehen dem Haushalt monatlich ca. 5400,— zur Verfügung. Aus diesem Grunde kann die Familie im Monat über 800,— sparen bzw. für Luxusausgaben aufwenden. Im Falle einer Kündigung entstünde ein Defizit von ca. 530,—, das durch Einsparungen im Bereich der Luxusausgaben kompensiert werden könnte. Folge: E ist im 1. Auswahlverfahren nicht sonderlich schutzwürdig.

ArbN F lebt zwar allein, ist aber geschieden und hat vier erwachsene Kinder. Da er 620,— Unterhalt seiner nicht im Haushalt lebenden Familie zahlen muß, bleiben ihm keine Mittel zur Vermögensbildung oder für Luxusaufwendungen, insbesondere auch deshalb, weil er ausschließlich auf den Arbeitslohn angewiesen ist. Würde er arbeitslos, müßte er erheblich beim Privaten Verbrauch sich einschränken, so daß er unzumutbar belastet würde. Er verbleibt daher im Betrieb.

ArbN G hat insgesamt 8 Personen zu versorgen. Da er nicht Alleinverdiener ist, stehen dem Haushalt genügend Mittel zur Verfügung, so daß monatliche Luxusausgaben i.H.v. 800,— ermöglicht werden. Die Arbeitslosigkeit des G würde nur Einschränkungen in diesem Bereich nach sich ziehen. Fazit: G scheidet nicht aus dem Kreis der Kündigungskandidaten aus.

Auch ArbN H würde durch die Entlassung nicht gezwungen, an Kleidung und Lebensmitteln zu sparen; daher kann er in dieser Stufe nicht ausgeschlossen werden.

ArbN I lebt zwar alleine, hat aber ein nichteheliches Kind, für dessen Unterhalt er monatlich 500,— aufbringen muß und ist ferner mit der Rückführung eines Warenkredits von mtl. 300,— belastet. Er lebt über seine Verhältnisse. Die 300,—, die er mtl.

zur Tilgung aufwenden muß, können nicht als sozialer Schutzgrund angesehen werden, da kein anerkennenswertes Bedürfnis für die Aufnahme des Kredits bestand. Aber auch wenn man diese 300,— nicht als Ausgaben berücksichtigt, ist I deshalb besonders schützenswert, weil er bei Verlust seiner Arbeitsstelle nicht mehr seinen Unterhaltspflichten nachkommen könnte. Die Unterhaltsberechtigten würden unverschuldet die Leidtragenden der Kündigung sein. Es erscheint daher gerechtfertigt, trotz der selbst verschuldeten Bedürftigkeit, der Arbeit des I einen hohen Geldwert zuzubilligen und ihn bereits in der 1. Auswahlstufe von der Kündigung auszuschließen.

ArbN K schließlich müßte im Falle der Arbeitslosigkeit sich nur bei den Luxusausgaben und in geringem Umfange beim Privaten Verbrauch zurückhalten, da er nicht alleiniger Bestreiter des Familienunterhalts ist, sondern auch auf die Sozialversicherungsleistungen des kranken Bruders zurückgreifen kann. Er bleibt für die Kündigung vorerst relevant.

Fazit: In dieser 1. Auswahlstufe scheiden die ArbN D, F und I aus dem Kreis der zu Kündigenden aus, da der Geldwert der Arbeit i.e.S. für sie und ihre Familien von überragender Bedeutung ist.

2. Die Auswahl nach dem Persönlichkeitswert

In der 2. Vorauswahlstufe werden die verbliebenen ArbN nach dem Persönlichkeitswert der Arbeit miteinander verglichen. Dabei soll grundsätzlich dieser für alle vergleichbaren Mitarbeiter auch gleich hoch angesetzt werden. Nur in den im Text (S. 99ff.) geschilderten Ausnahmefällen kann ein ArbN aus diesem Gesichtspunkt seine besondere Schutzbedürftigkeit ableiten und aus dem Topf der zu Kündigenden herausfallen.

In dem Musterbeispiel kann nur der ArbN K Nutznießer dieses Wertes sein. Denn durch den Tod seines Sohnes und die schwere unheilbare Erkrankung eines weiteren Kindes ist er vom Schicksal heftig getroffen worden. Der hier benutzten Terminologie folgend hat die Arbeit für ihn eine „Ablenkungsfunktion", so daß er auf den Arbeitsplatz überproportional stark angewiesen ist. Die Arbeit hat für K einen so großen Persönlichkeitswert, daß er ohne Rücksicht auf andere Aspekte in dieser 2. Stufe aus dem Kreis der zu Kündigenden ausscheidet.

3. Die Auswahl nach dem Geldwert i.w.S.

Bei der Berücksichtigung des Geldwertes i.w.S. für die Sozialauswahlentscheidung kommt es einmal auf die Frage an, ob ArbN unter den zur Kündigung anstehenden sind, die im Falle der Arbeitslosigkeit Ansprüche auf Sozialleistungen des Staates hätten, da sie die Summe der ihnen zustehenden Hilfeleistungen nicht erreichen, und zum anderen auf das Zustandekommen der Vermögenswerte, wenn die Auswahl nur unter ArbN stattfindet, die im Besitz von die Freibetragsgrenzen übersteigendem Vermögen sind. Daraus folgt hier:

ArbN A und seine Familie können zwar insgesamt ein Vermögen von 20000,— ihr eigen nennen, das sie sich aber durch extreme Einschränkungen in anderen Lebensbereichen hart erarbeitet haben. Da unter den Auszuwählenden keiner ist, der als Unvermögender auf Sozialhilfeleistungen angewiesen ist, muß die Art und Weise der Anschaffung berücksichtigt werden. A fällt daher in dieser 3. Vorauswahlstufe aus dem Topf der zu Kündigenden heraus.

ArbN B hat sich im Laufe der Jahre ein verwertbares Vermögen von 5000,— angespart. Da er dazu keine übermäßigen Anstrengungen unternommen hat, ergibt sich aus diesem Umstand keine übermäßige Schutzbedürftigkeit.

ArbN C, der im Besitz von immerhin 15 000,— ist, befindet sich in einer dem ArbN B vergleichbaren Lage. Er verbleibt daher bei den Kollegen, unter denen die zu Kündigenden ausfindig zu machen sind.

Für den ArbN E, dessen Haushalt ein Guthaben von 25 000,— aufweist, gilt das gleiche wie für B und C.

Auch ArbN G kann bei dem Sozialvergleich in der 3. Auswahlstufe nicht mit dem Herausfallen aus dem Kreis der ArbN rechnen, unter denen drei der Kündigung entgegensehen.

ArbN H hat sich ähnlich dem Kollegen A die 8000,— durch starke Einschränkungen angespart. Aus diesem Grunde erscheint er schützenswert und fällt aus den Kündigungskandidaten heraus.

Fazit: In der 3. Vorauswahlstufe fallen die ArbN A und H aus dem Topf der zu Kündigenden heraus, da sie sich ihr Vermögen durch radikale Einschränkungen angesammelt haben. Sie sind gegenüber denjenigen zu bevorteilen, die nur peu à peu ohne besondere Systematik sich Ersparnisse angeschafft haben oder denjenigen, die dies überhaupt nicht für opportun gehalten haben (allerdings in dem letzten Fall nur dann, wenn diese ArbN keine Ansprüche auf sozialstaatliche Unterstützungsleistungen beanspruchen können).

4. Die Auswahl nach den betrieblichen Interessen

In dieser 4. Vorauswahlstufe befinden sich noch die ArbN B, C, E und G, von denen drei entlassen werden müssen.

Nach Auswertung der Beurteilungsbogen schneidet G mit Abstand am besten ab. Man könnte vielleicht sogar seine Weiterbeschäftigung nach § 1 III 2 KSchG für den geordneten Betriebsablauf für erforderlich halten. Aber auch wenn man dies nicht annimmt, so liegt es doch unbestreitbar im betrieblichen Interesse, das ja auch im Rahmen des S. 1 des § 1 III KSchG zu berücksichtigen ist, den ArbN G zu behalten. Er fällt daher aus dem Topf heraus.

5. Die zu kündigenden ArbN

Nach dieser 4. Stufe bleiben B, C und E übrig. Da drei betriebsbedingte Kündigungen auszusprechen sind, müssen diese mit der Entlassung rechnen.

Bevor man aber endgültig den Betriebsrat informiert und anschließend die Kündigung ausspricht, ist allen dreien die Gelegenheit zu geben, Umstände vorzutragen, die die Entlassung als unbillige Härte erscheinen läßt. Da in dem Musterbeispiel keine der Einwendungen eine alternative Auswahl zu begründen vermag, sind B, C und E als die sozial am wenigsten schützenswerten zu entlassen.

Literaturverzeichnis

Adomeit, Klaus: Rechtsquellenfragen im Arbeitsrecht, München 1969

Arbeitsgemeinschaft für betriebliche Altersversorgung e. V.: Handbuch der betrieblichen Altersversorgung, Loseblattsammlung, 6. Auflage, Wiesbaden 1977

Arbeitskammer des Saarlandes: Untersuchung des Referats Sozialforschung ältere Arbeitnehmer, Saarbrücken 1968

Arbeits- und Sozialstatistik, Der Bundesminister für Arbeit und Sozialordnung: Tätigkeit der Arbeitsgerichte 1983, in: BArbBl. 6/1984, S. 136

Auernhammer, Herbert: Bundesdatenschutzgesetz, 2. Auflage, Köln, Berlin, Bonn, München 1981

Auffarth, Fritz: Anm. zu LAG Freiburg v. 10. 11. 1955, in: AP Nr. 16 zu § 1 KSchG 1951

Auffarth, Fritz / *Müller,* Gerhard: Kündigungsschutzgesetz, Kommentar, Berlin, Frankfurt a. M. 1960

Bauer, Jobst-Hubertus: Beendigung von Arbeitsverhältnissen beim Betriebsübergang, in: DB 1983, S. 713 ff.

Becker, Friedrich / *Etzel,* Gerhard / *Friedrich,* Hans-Wolf / *Gröninger,* Karl / *Hillebrecht,* Wilfried / *Rost,* Friedhelm / *Weigand,* Horst / *Wolf,* Manfred / *Wolff,* Ingeborg: Gemeinschaftskommentar zum Kündigungsschutzgesetz und sonstigen kündigungsschutzrechtlichen Vorschriften, 2. Auflage, Neuwied, Darmstadt 1984 (zit.: KR-Bearbeiter, § Rz.)

Becker, Friedrich / *Rommelspacher,* Peter: Ansatzpunkte für eine Reform des Kündigungsrechts, in: ZRP 1976, S. 40 ff.

Becker-Schaffner, Reinhard: Die betriebsbedingte Kündigung in Rechtsprechung und Literatur, in: BlStSozArbR 1975, S. 97 ff.

— Sind Leistungsgesichtspunkte bei der sozialen Auswahl (§ 1 Abs. 3 KSchG) zu berücksichtigen?, in: BlStSozArb 1978, S. 49 f.

Begemann, Sylvia / *Heldrich,* Andreas: Die rechtliche Regelung der Arbeitslosigkeit und ihre sozialen Folgen, in: Arbeitslosigkeit als Problem der Rechts- und Sozialwissenschaften, S. 303 ff., Baden-Baden 1980

Berkowsky, Wilfried: Die betriebsbedingte Kündigung, 2. Auflage, München 1985

— Aktuelle Probleme im Recht der betriebsbedingten Kündigung, in: NJW 1983, S. 1292 ff.

— Betriebsbedingte Kündigung und soziale Auswahl, Eine Anmerkung zum Urteil des BAG vom 24. 3. 1983, in: BB 1983, S. 2057 ff.

Betriebskrankenkassen: Repräsentativ-Krankenstand, in: BKK 1973, S. 56 und 240, BKK 1983, S. 96 und 360, BKK 1984, S. 448

Beyss, Bernd: Akzeptanz neuer Personalbeurteilungssysteme, Einflußfaktoren der Akzeptanz bei der Implementierung neuer Personalbeurteilungssysteme – Versuch einer Wirkungsanalyse –, Mannheim 1983

Bichler, Hubert / *Bader,* Peter: Allgemeiner und besonderer Kündigungsschutz der Arbeitnehmer in der neueren Rechtsprechung des BAG, in: DB 1983, S. 337ff.

Biedenkopf, Kurt: Grenzen der Tarifautonomie, Karlsruhe 1964

Billerbeck, Gerhard: Die Kündigung und Entlassung von Arbeitern und Angestellten, Berlin 1922

Birkner-Kuschyk, Monika / *Tschöpe,* Ulrich: Neue Aspekte zur krankheitsbedingten Kündigung, in: DB 1981, S. 264ff.

Blank, Manfred: Widerspruch des Betriebsrats bei der Verhaltenskündigung, in: BB 1972, S. 536

Bleistein, Franzjosef: Kündigung und Kündigungsschutz im Arbeitsverhältnis, 2. Auflage, Berlin 1978

— Die ordentliche Kündigung aus dringenden betrieblichen Erfordernissen, in: b + p 1975, S. 134ff.

— Schema zur Berücksichtigung der sozialen Gesichtspunkte bei betriebsbedingten Kündigungen, in: b + p 1978, S. 186f.

— Betriebsbedingte Kündigung: Grundsatzfragen sozialer Auswahl und Schemata, in: b + p 1983, S. 6ff.

Bley, Helmar: Sozialrecht, 4. Auflage, Frankfurt a.M. 1982

Bobrowski, Paul / *Gaul,* Dieter: Das Arbeitsrecht im Betrieb, Band II, 7. Auflage, Heidelberg 1979

Bohn, Hans: Anm. zu BAG vom 6. 7. 1955, in: SAE 1955, S. 246

Bopp, Peter: Kündigung und Kündigungsprozeß im Arbeitsrecht, Stuttgart, Berlin, Köln, Mainz 1980

Brecht, Hans-Theo: Kommentar zum Betriebsverfassungsgesetz nebst Wahlordnung, Herne, Berlin 1972

Brede, Günter: Die Beendigung des Arbeitsverhältnisses im Lichte des neuen Betriebsverfassungsgesetzes, in: BlStSozArbR 1973, S. 17ff.

Brill, Werner: Betriebsrat und Datenschutz, in: BlStSozArbR 1978, S. 163ff.

— Arbeitsrecht-Blattei, Handbuch für die Praxis, D Kündigungsschutz, Loseblattsammlung, Stuttgart

Brückner, O. / *Clauss,* Fr. / *Glaser,* H. / *Kerl,* U. / *Lohmar,* H. / *Peter,* K. / *Walter,* H. / *Worm,* W.: Grundstücks- und Gebäudewert in der Rechts-, Bau- und Wirtschaftspraxis, 3. Auflage, Herne, Berlin 1974
(zit.: Brückner, S.)

Buchholtz, Dirk: Betriebsbedingte Kündigung, 6. Auflage, Bergisch Gladbach 1982

Buchner, Herbert: Berücksichtigung leistungsbezogener oder verhaltensbedingter Gesichtspunkte bei der sozialen Auswahl im Rahmen der betriebsbedingten Kündigung, in: DB 1983, S. 388ff.

— Die Rechtslage zur betriebsbedingten Kündigung, in: DB 1984, S. 504ff.

Bührig, Erich / *Wittholz,* Joachim / *Paulsen,* Bruno: Kündigungsschutzgesetz, Kommentar, Köln 1952

Bültmann, Bernhard: Die besondere Prozeßförderungspflicht für Bestandsstreitigkeiten im arbeitsgerichtlichen Verfahren, jur. Dissertation, Bielefeld 1983

Bürger, Karlheinz / *Oehmann,* Werner / *Stübing,* Herbert / *Matthes,* Hans-Christoph: Handwörterbuch des Arbeitsrechts, 5. Auflage, Stuttgart, Wiesbaden 1979

Burger, Werner: Die Rente wegen verminderter Erwerbsfähigkeit in der gesetzlichen Rentenversicherung im Lichte des Gesetzes und Richterrechts, in: Hundert Jahre sozialgerichtliche Rechtsprechung, S. 93 ff., Schriftenreihe des deutschen Sozialrechtsverbandes, Band XXVI, Wiesbaden 1985

Coen, Martin: Das Recht auf Arbeit und der Bestandsschutz des gekündigten Arbeitsverhältnisses, Köln 1979

Corts, Jochen: Kündigung im Arbeitsverhältnis, in: BlStSozArbR 1982, S. 1 ff.

Degener, Udo: Das Fragerecht des Arbeitgebers gegenüber Bewerbern, Berlin 1975

Denck, Johannes: Kündigung des Arbeitnehmers wegen häufiger Kurzerkrankungen, in: JuS 1978, S. 156 ff.

Derschke, Peter: Leichtes Spiel für Simulanten, in: Manager Magazin 1981, Heft 6, S. 124 ff.

Dietz, Rolf: Das neue Kündigungsschutzgesetz, in: NJW 1951, S. 941 ff.

Dietz, Rolf / *Richardi,* Reinhard: Betriebsverfassungsgesetz mit Wahlordnung, Band 2, 6. Auflage, München 1982

Dobinsky, Walter: Über den Kündigungsschutz, insbesondere den Einspruchsgrund des § 84 I Ziff. 4 des Betriebsrätegesetzes und die Regelung des Kündigungsschutzgesetzes im Entwurf eines allgemeinen Arbeitsvertragsgesetzes, jur. Dissertation, Königsberg 1928

Döse-Digenopoulos, Annegret: Arbeitsgerichte und betriebsbedingte Kündigung, Köln 1982

Domsch, Michael: Probleme der Kosten-Nutzen Analyse bei Personalinformationssystemen, in: Gerhard Reber (Hrsg.), Personalinformationssysteme S. 392 ff.

Dreher, Gernot: Die Anpassung an die Pensionierung als psychologisches Problem – Eine Untersuchung bei Arbeitern der Stahlindustrie, phil. Dissertation, Bonn 1970

Dudenbostel, Karl: Vergleichbarkeit und Leistungsbeurteilung bei der sozialen Auswahl nach § 1 Abs. 3 KSchG, in: DB 1984, S. 826 ff.

Eckert, Klaus: Soziale Sicherung bei Arbeitslosigkeit, in: BlStSozArbR 1975, S. 105 ff.

Egly, Hans: Der allgemeine Kündigungsschutz nach §§ 56 ff. des Gesetzes zur Ordnung der nationalen Arbeit unter Berücksichtigung der §§ 84 ff. des Betriebsrätegesetzes und des Entwurfs eines allgemeinen Arbeitsvertragsgesetzes, jur. Dissertation, Gießen 1934

Ehmann, Horst: Arbeitsschutz und Mitbestimmung bei neuen Technologien – Eine Darstellung der Mitbestimmungsrechte des Betriebsrats am Beispiel der Einrichtung von Arbeitsplätzen mit Bildschirmterminals, Berlin 1981
(zit.: Ehmann, Arbeitsschutz, S.)

— Anm. zu BAG v. 23. 4. 1983, in: SAE 1985, S. 273

— Personalinformationssysteme und Mitbestimmung, in: Datenschutz-Management und Kostendruck, S. 51 ff. Tagungsband: Referate und Ergebnisse/7. DAFTA, Köln 1984
(zit.: Ehmann, PIS, S.)

— Daten- und Informationsschutz im Arbeitsverhältnis, in: RdA 1983, S. 95 ff.

— Zur Sozialauswahl bei betriebsbedingter Kündigung, in: BlStSozArbR 1984, S. 209 ff.

— Technische Arbeitnehmer-Überwachung und Datensicherung – Zum Mitbestimmungs- und Mitbeurteilungsrecht des Betriebsrats bei der Eingabe- und Benutzerkontrolle gem. § 6 BDSG, in: Festschrift für Marie Luise Hilger und Hermann Stumpf, S. 125 ff., München 1983
(zit.: Ehmann, Festschrift, S.)

Eich, Rolf-Achim: Anm. zu ArbG Kassel v. 5. 8. 1976, in: DB 1976, S. 1677 f.

Engriser, Rolf: Mitarbeiterbeurteilung, in: Industrielle Organisation 1974, S. 223 ff.

Erdmann, Ernst-Gerhard / *Jürging,* Claus / *Kammann,* Karl-Udo: Betriebsverfassungsgesetz, Kommentar für die Praxis, Neuwied, Berlin 1972

Erman, Walter: BGB-Handkommentar, 2. Band, 7. Auflage, Münster/Westf. 1981

Ernst, Werner / *Zinkahn,* Willy / *Bielenberg,* Walter: Bundesbaugesetz, Kommentar, 4. Auflage, München 1984

Etzel, Gerhard: Betriebsverfassungsrecht, 2. Auflage, Neuwied, Darmstadt 1982

— Die Mitwirkung des Betriebsrats bei Kündigungen, in: JA 1977, S. 289 ff.

— Der besondere Kündigungsschutz für Betriebsratsmitglieder und andere Arbeitnehmer, die Aufgaben der Betriebsverfassung wahrnehmen, in: BlStSozArbR 1972, S. 86 ff.

Fabricius, Fritz / *Kraft,* Alfons / *Thiele,* Wolfgang / *Wiese,* Günther: Betriebsverfassungsgesetz, Gemeinschaftskommentar, Band 2, Loseblattsammlung, Neuwied, Berlin
(zit.: GK-Bearbeiter, § Rz.)

Färber, Peter: Die horizontale und vertikale Vergleichbarkeit von Arbeitnehmern im Rahmen der Sozialauswahl, in: NZA 1985, S. 175 ff.

Falke, Josef / *Höland,* Armin / *Rhode,* Barbara / *Zimmermann,* Gabriele: Kündigungspraxis und Kündigungsschutz in der Bundesrepublik Deutschland – Repräsentativuntersuchung der Sozialwissenschaftlichen Forschungsgruppe für ausländisches und internationales Privatrecht, Hamburg, Hrsg.: Der Bundesminister für Arbeit und Sozialordnung

Falkenberg, Rolf-Dieter: Die Darlegungs- und Beweislast in Kündigungsschutzprozessen um betriebsbedingte Kündigungen, in: DB 1984, S. 1984 ff.

Feichtinger, Peter: Krankheit im Arbeitsverhältnis, Stuttgart, München, Hannover 1981

Fischer, Robert: Gefahren bei der Personalbeurteilung, in: Personal 1975, S. 8 ff.

Fitting, Karl / *Auffarth,* Fritz / *Kaiser,* Heinrich: Betriebsverfassungsgesetz, Handkommentar, 14. Auflage, München 1984

Foltyn, Ralf-Udo: Die Kündigung des Arbeitsverhältnisses im Krankheitsfall unter besonderer Berücksichtigung der Gesetzesänderungen von 1969, jur. Dissertation, Würzburg 1972

Franke, Dietmar: Kranksein oder Krankfeiern? – Zu den Erklärungsversuchen des Krankenstandes und den Möglichkeiten seiner Beeinflussung, in: BlStSozArbR 1982, S. 113 ff.

Frauenkron, Karl-Peter: Betriebsverfassungsgesetz mit Wahlordnung, Stuttgart, Berlin, Köln, Mainz 1972

Frey, Erich: Der Abkehrwille beim Kündigungsschutz, in: ArbuR 1956, S. 101 ff.

Fritz, Hans Rolf: Die Auswahlrichtlinien bei der Kündigung gem. § 95 BetrVG, jur. Dissertation, Gießen 1978

Frohner, Siegfried: Zum Verhältnis von tariflichen Alterssicherungsbestimmungen und gesetzlichen Kündigungsschutznormen, in: BlStSozArbR 1977, S. 353 f.

Fürstenberg, Friedrich: Einführung in die Arbeitssoziologie, Darmstadt 1977

Gallwas, Hans-Ullrich / *Schneider,* Jochen / *Schwappach,* Jürgen / *Schweinoch,* Joachim / *Steinbrinck,* Tilo: Datenschutzrecht, Kommentar und Vorschriftensammlung, Loseblattsammlung, Stuttgart, Berlin, Köln, Mainz 1981
(zit.: Gallwas, § Rz.)

Galperin, Hans / *Löwisch,* Manfred: Kommentar zum BetrVG, Band II, 6. Auflage, Heidelberg 1982

Gamillscheg, Franz: Anm. zu BAG v. 11. 3. 1976, in: EzA zu § 95 BetrVG 1972 Nr. 1 (S. 9 ff.)

Gaugler, Eduard (Hrsg.): Handwörterbuch des Personalwesens, Stuttgart 1975
(zit.: Bearbeiter in Gaugler u. a. HwP, Sp.)

Gaugler, Eduard / *Kolvenbach,* Horst / *Lay,* Gunter / *Ripke,* Michael / *Schilling,* Walter: Leistungsbeurteilung in der Wirtschaft – Studie im Auftrag des Bundesministers des Innern / erstellt durch einen Forschungsverbund aus Arbeitsgemeinschaft Planungsforschung, Heidelberg, Forschungsgruppe Mannheim, Baden-Baden 1978

Gemählich, Rainer: Auswahlrichtlinien nach § 95 Betriebsverfassungsgesetz, jur. Dissertation, Erlangen, Nürnberg 1983

Gester, Heinz / *Zachert,* Ulrich: Betriebsverfassungsrechtliche Elemente des allgemeinen Kündigungsschutzes, in: Das Arbeitsrecht der Gegenwart 1974, S. 87 ff.

Geyer, Karl Heinrich / *Blum,* Hans Jürgen: Das neue Kündigungsschutzgesetz, Kissingen 1978

Gieffers, Fritz / *Pohen,* Josef: Fehlzeiten im Betrieb, Zusammenhänge – Ursachen – Maßnahmen, Heidelberg 1983

Gift, Emil: Vertragliche Kündigungsbeschränkungen, in: RdA 1969, S. 72 ff.

— Mitbestimmung und soziale Auswahl zu Entlassender, in: ZfA 1974, S. 123 ff.

Gnade, Albert / *Kehrmann,* Karl / *Schneider,* Wolfgang / *Blanke,* Hermann: Betriebsverfassungsgesetz, Kommentar für die Praxis, 2. Auflage, Köln 1983

Göller, Irmgard: Die Entwicklung des Kündigungsschutzrechts in Deutschland, jur. Dissertation, Freiburg i. Br. 1974

Gola, Peter: Datenschutz und Betriebsrat, in: DuD 1978, S. 25 ff.

— Rechtliche Grenzen für Personalinformationssysteme – Zur Frage, ob die Bewertung menschlichen Verhaltens mit Hilfe automatischer Datenverarbeitung eines speziellen gesetzlichen Verbots bedarf, in: BB 1980, S. 584 ff.

Gonnermann, Manfred: Die regelmäßige Beurteilung mit Zielvorgaben als Mittel des Leistungsanreizes, in: Personal 1968, S. 277ff.

Gottschick, Hermann / *Giese,* Dieter: Das Bundessozialhilfegesetz, Kommentar, 8. Auflage, Köln, Berlin, Bonn, München 1983

Grochla, Erwin / *Weber,* Helmut / *Werhahn,* Thomas: Betrieblicher Datenschutz für Mitarbeiter, Köln 1983

Gröninger, Karl: Schwerbehindertengesetz, Kommentar, Loseblattsammlung, Frankfurt a.M. 1984

Großmann, Ruprecht / *Schneider,* Friedrich: Arbeitsrecht, 4. Auflage, Bonn 1976

Grüll, Ferdinand: Kündigungsrecht im Arbeitsverhältnis, 2. Auflage, Heidelberg 1981

Grünefeld, Hans-Günther: Analyse des Krankenstandes mit Hilfe von Kennzahlen, in: Personal 1981, S. 247ff.

Grunow, Dieter: Personalbeurteilung – Empirische Untersuchung von Personalbeurteilungssystemen in Wirtschaft und Verwaltung, Stuttgart 1976

Gumpert, Jobst: Kündigung und Mitbestimmung, in: BB 1972, S. 47ff.

Haberkorn, Heinrich: Zur sozialen Auswahl nach § 1 Abs. 3 KSchG, – Phänomen der Selbstaufopferung –, in: Die Betriebsverfassung 1958, S. 141ff.

Haberkorn, Kurt: Mitbestimmungsrechte des Betriebsrats in personellen und sozialen Angelegenheiten, Gernsbach 1978

Häßler, Manfred / *Kehrmann,* Karl: Personalfragebogen und Intimsphäre, in: BlStSozArbR 1967, S. 44ff.

Hagenbruck, Hasso: Beurteilungsgrundsätze, in: Mitbestimmungsgespräch 1973, S. 38ff.

Hanau, Peter: Praktische Fragen zur Neuregelung der Mitbestimmung in personellen Angelegenheiten, in: BB 1972, S. 451ff.

Hanau, Peter / *Adomeit,* Klaus: Arbeitsrecht, 7. Auflage, Frankfurt a.M. 1963

Hanel, Erich: Arbeitsrechtliche Fragen zur Mitarbeiterbeurteilung, in: Personal 1979, S. 256f.

Hattenheimer Entwurf der Sozialpartner: abgedruckt in: RdA 1950, S. 63ff.

Hedemann, Justus Wilhelm: Der Arbeitsplatz als Rechtsgut, in: RdA 1953, S. 121ff.

Heinze, Meinhard: Personalplanung, Einstellung und Kündigung, Die Mitbestimmung des Betriebsrates bei personellen Maßnahmen, Stuttgart 1982

Herschel, Wilhelm: Anm. zu LAG Hamm v. 5. 8. 1952, in: AP 1953 Nr. 138 (S. 21f.)

— Kündigungsschutz bei innerer Lossagung vom Betrieb, in: NJW 1952, S. 364ff.

— Entgegnung zu Köttgen „Bestandsschutz und Verschuldensprinzip im Kündigungsschutz", in: BB 1955, S. 806f.

— Anm. zu BAG v. 15. 10. 1957 und 13. 11. 1957, in: AP Nr. 45 zu § 1 KSchG 1951

— Die Betriebszugehörigkeit als geschütztes Rechtsgut, in: RdA 1960, S. 121ff.

— Kündigungsauswahl und Dauer der Betriebszugehörigkeit, studium sociale, in: Festschrift für Karl Valentin Müller, S. 595ff., Köln, Opladen 1963
(zit.: Herschel, Festschrift S.)

— Anm. zu BAG v. 26. 6. 1964, in: AP Nr. 15 zu § 1 KSchG 1951 – betriebsbedingte Kündigung

— Schutz der Betriebszugehörigkeit im Wandel der Zeiten, in: DB 1973, S. 80ff.

— Anm. zu LAG Düsseldorf v. 7. 9. 1976, in: EzA zu § 1 KSchG 1969 Nr. 3 – betriebsbedingte Kündigung

Herschel, Wilhelm / *Löwisch,* Manfred: Kommentar zum KSchG, 6. Auflage, Heidelberg 1984

Herschel, Wilhelm / *Steinmann,* Georg: Kommentar zum KSchG, 5. Auflage, Heidelberg 1961

Heß, Arno: Die Kündigung in der Betriebsverfassung, jur. Dissertation, Würzburg 1975

Hessel, Philipp / *Marienhagen,* Rolf: Krankheit im Arbeitsrecht, 4. Auflage, Heidelberg 1980

Höfer, Reinhold / *Abt,* Oskar: Gesetz zur Verbesserung der betrieblichen Altersversorgung, Kommentar, Band I: Arbeitsrechtlicher Teil, 2. Auflage, München 1982

Hörnig, Fritz: Auswahl der Arbeitnehmer bei betriebsnotwendigen Entlassungen, in: BlStSozArbR 1955, S. 283ff.

— Die betriebsbedingte Kündigung, in: RdA 1955, S. 132ff.

Hoffmann, Reinhard: Betriebsverfasssung und Grundgesetz, in: ArbuR 1971, S. 271ff.

Hoppe, Günther: Arbeitgeber muß bei Kündigungen Sozialauswahl richtig vornehmen, in: Der Betriebsrat 1967, S. 83ff.

— Alle Umstände bei „Sozialauswahl" berücksichtigen – Länge der Betriebszugehörigkeit –, in: BlStSozArbR 1976, S. 293 f.

Hoyningen-Huene, Gerrick von: Die Billigkeit im Arbeitsrecht, München 1978 (zit.: Hoyningen-Huene, Billigkeit S.)

— Kündigungsvorschriften im Arbeitsrecht, München 1985 (zit.: Hoyningen-Huene, Kündigung § Rz.)

Hueck, Alfred: Besprechung des Hattenheimer Entwurfs des Kündigungsschutzgesetzes, in: RdA 1950, S. 65ff.

— Anm. zu ArbG Ulm v. 29. 9. 1954, in: AP Nr. 10 zu § 1 KSchG 1951

— Anm. zu BAG v. 4. 12. 1959, in: AP Nr. 2 zu § 1 KSchG 1951 – betriebsbedingte Kündigung

Hueck, Alfred / *Hueck,* Götz: Kündigungsschutzgesetz, Kommentar, 10. Auflage, München 1980

Hueck, Alfred / *Nipperdey,* Hans Carl: Lehrbuch des Arbeitsrechts, Band I, 7. Auflage, Berlin, Frankfurt a.M. 1963

Hueck, Alfred / *Nipperdey,* Hans Carl / *Dietz,* Rolf: Gesetz zur Ordnung der nationalen Arbeit, Kommentar, 4. Auflage, München, Berlin 1943

Hueck, Götz: Anm. zu BAG v. 11. 3. 1976, in: AP Nr. 1 zu § 95 BetrVG 1972

Hümmerich, Klaus: Erfassungsschutz im arbeitsvertraglichen Anbahnungsverhältnis, jur. Dissertation, Bonn 1977

— Rechte des Betriebsrats bei der Erfassung von Bewerber-Daten, in: RdA 1979, S. 143ff.

— Wonach darf der Arbeitnehmer bei der Einstellung gefragt werden?, in: BB 1979, S. 428ff.

Hümmerich, Klaus / *Gola*, Peter: Personaldatenrecht im Arbeitsverhältnis, Heidelberg 1975

Hummel-Liljegren, Hermann: Meine Rechte und Pflichten als Arbeitsloser, München 1982

Hunold, Wolf: Die Mitbestimmung des Betriebsrates in allgemeinen personellen Angelegenheiten (§§ 92 - 95 BetrVG), in: DB 1976, S. 98ff.

Institut für angewandte Sozialwissenschaft, Der Bundesminister für Arbeit und Sozialordnung: Forschungsbericht: Indikatoren der Arbeitszufriedenheit, Nr. 71/1982, Bonn, im Mai 1982

Institut für Stadt- und Regionalentwicklung: Der Ältere in der industriellen Arbeitswelt, Düsseldorf 1974

Jäcker, Hans Michael: Die Einigungsstelle nach § 76 BetrVG, jur. Dissertation, Bonn 1974

Janzen, Karl-Heinz: Kündigungsschutztagungen 1977 und 1978 der IG Metall – Protokoll

Jobs, Friedhelm: Mitbestimmung des Betriebsrats gem. § 87 Abs. 1 Nr. 6 BetrVG bei Personalinformationssystemen und Bildschirmarbeitsplätzen, in: DB 1983, S. 2307ff.

— Rechtsprobleme des Kündigungsschutzes, Praxis-Seminare *Der Betrieb*, Düsseldorf 1985
(zit.: Praxis-Seminar)

Jobs, Friedhelm / *Bader*, Peter: Arbeitsrecht-Blattei, Handbuch für die Praxis, D Kündigungsschutz, Loseblattsammlung, Stuttgart

Kammann, Karl-Udo / *Hess*, Harald / *Schlochauer*, Ursula: Kommentar zum Betriebsverfassungsgesetz, Neuwied, Darmstadt 1979

Kilian, Wolfgang: Arbeitsrechtliche Probleme automatisierter Personalinformationssysteme, JZ 1977, S. 481ff.

— Auswirkungen des Bundesdatenschutzgesetzes auf das Betriebsverfassungsrecht, in: RdA 1978, S. 201ff.

Kissel, Rudolf: Jahresbericht des BAG 1983, in: BArbBl. Mai 1984, S. 13ff.

Klebe, Thomas / *Schumann*, Manfred: Die Rechte des Betriebsrats bei der Einführung und Anwendung von Personalinformationssystemen, in: ArbuR 1983, S. 40ff.

Klees, Bernd: Reform des Kündigungsrechts, in: ZRP 1976, S. 152

— Arbeitsförderungsgesetz, Neuwied, Darmstadt 1978

— Kündigungsschutz – Anspruch und Wirklichkeit in der Bundesrepublik Deutschland, in: BlStSozArbR 1978, S. 177ff.

Klein, Rüdiger: Anm. zu LAG Frankfurt v. 30. 9. 1958, in: BB 1959, S. 562

Klinkhammer, Dieter / *Klinkhammer*, Heinz: Anm. zu BAG v. 24. 3. 1983, in: ArbuR 1984, S. 62ff.

Knebel, Heinz: Leistungsbewertung in der Bewährung, in: Personal 1974, S. 243ff.

Knopp, Anton / *Fichtner,* Otto: Bundessozialhilfegesetz, Kommentar, 5. Auflage, München 1983

Knorr, Gerhard / *Bichelmeier,* Gerd / *Kremhelmer,* Hans: Die Kündigung, München 1984

König, Wilhelm: Betriebsbedingtheit und soziale Auswahl nach dem KSchG, in: BlStSozArbR 1953, S. 169ff.

Köttgen, Arnold: Bestandsschutz und Verschuldensprinzip im Kündigungsschutz, in: BB 1955, S. 804ff.

Korff, Ernst / *Schmidt,* Walter: Menschen beurteilen und Menschen führen, 5. Auflage, Heidelberg 1983

Kratz, Hans-Jürgen: Arbeitslosengeld, Hrsg. Arbeitskammer des Saarlandes, Referat Presse und Information, 3. Auflage, Saarbrücken 1984
(zit.: Kratz, Arbeitslosengeld, S.)

— Arbeitslosenhilfe, Hrsg. Arbeitskammer des Saarlandes, Referat Presse und Information, 3. Auflage, Saarbrücken 1984
(zit.: Kratz, Arbeitslosenhilfe, S.)

Krause, Peter: Datenschutz und Grundgesetz, in: DVR 1980, S. 229ff.

— Die Rente wegen verminderter Erwerbsfähigkeit in der gesetzlichen Rentenversicherung im Lichte des Gesetzes- und Richterrechts, in: Hundert Jahre sozialgerichtliche Rechtsprechung, S. 56ff. Schriftenreihe des deutschen Sozialrechtsverbandes, Band XXVI, Wiesbaden 1985

Krischer, Werner: Betriebszugehörigkeitsdauer und Kündigungsauswahl, in: NJW 1965, S. 953f.

Kroll, Joachim: Datenschutz im Arbeitsverhältnis, Königstein/Ts. 1981

Kruse, Udo / *Kruse,* Silke: Zusammenhänge zwischen Krankenstand und Konjunkturverlauf, in: Arbeit und Sozialpolitik Heft 2, 1983, S. 56ff.

Küchenhoff, Günther: Betriebsverfassungsgesetz, Kommentar, 3. Auflage, Münster 1979

Kühn, Hans-Jürgen: Soziale Gerechtigkeit als moralphilosophische Forderung. Zur Theorie der Gerechtigkeit von John Rawls, Bonn 1984

Kunkel, Manfred: Kündigungsauswahl in der Praxis, in: BB 1952, S. 379f.

— Die Beendigung des Arbeitsverhältnisses mit 65 Jahren, in: Rundschau für GmbH 1954, S. 132ff.

Lattmann, Charles: Leistungsbeurteilung als Führungsmittel, Bern, Stuttgart 1975

Lepke, Achim: Kündigung bei Krankheit, 6. Auflage, Stuttgart 1984

Linnenkohl, Karl: Informationsrecht und Arbeitnehmerschutz, in: ArbuR 1984, S. 129ff.

Löwisch, Manfred: Die Verknüpfung von Kündigungsschutz und Betriebsverfassung nach dem BetrVG 1972, in: DB 1975, S. 349ff.

Löwisch, Manfred / *Schüren,* Peter: Anm. zu BAG v. 24. 3. 1983, in: SAE 1984, S. 50ff.

Lorenz, Klaus: Arbeits- und Leistungsbewertung für Angestellte, Bonn 1975

Louis, Hans Walter: Grundzüge des Datenschutzrechts, Köln, Berlin, Bonn, München 1981

Matysiak, Adelgund: Betriebsverfassungsrecht und Datenschutz, jur. Dissertation, Köln 1981

Maus, Wilhelm: Kündigungsschutzgesetz, Kommentar, Baden-Baden 1973

Mayer-Maly, Theo: Das Verhältnis der richterlichen Rechtsfortbildung zur arbeitsrechtlichen Gesetzgebung, in: RdA 1970, S. 289 ff.

Meisel, Peter: Dringende betriebliche Erfordernisse und Berücksichtigung von Leistungsgesichtspunkten bei betriebsbedingter Kündigung, in: BB 1963, S. 1058 ff.

— Die Mitwirkung und Mitbestimmung des Betriebsrats in personellen Angelegenheiten, 4. Auflage, Heidelberg 1974

— Anm. zu BAG v. 24. 3. 1983, in: AP Nr. 12 zu § 1 KSchG 1969 – betriebsbedingte Kündigung

Mergler, Otto / *Zink,* Günther: Bundessozialhilfegesetz, Kommentar, Loseblattsammlung, 4. Auflage, Köln, Stuttgart, Mainz 1984

Meyer, Franz-Josef: Bestandsschutz der Arbeitsverhältnisse von Betriebsratsmitgliedern, Frankfurt, Bern, Cirencester/U. K. 1980

Moltmann, Jürgen: Der Sinn der Arbeit, in: Recht auf Arbeit, Sinn der Arbeit, hrsg. von Jürgen Moltmann, München 1979

Monjau, Herbert: Die Auswahl bei der betriebsbedingten Kündigung, in: RdA 1959, S. 8 ff.

— Die betriebsbedingte Kündigung, in: BB 1967, S. 1211 ff.

— Soziale Auswahl bei betriebsbedingter Kündigung, in: BB 1967, S. 1381 ff.

Müller, Gerhard: Zum Bereich der sozialen Auswahl nach § 1 Abs. 3 Kündigungsschutzgesetz, in: DB 1956, S. 965 f.

— Die dem Einzelarbeitsverhältnis vom Arbeitsverband her innewohnende Beeinflussung (I. Teil), in: DB 1958, S. 712 ff.

Müller, Gernot: Der Leistungsbegriff im Arbeitsverhältnis, jur. Dissertation, Würzburg 1973
(zit.: Müller, G., S.)

Müller, Hans-Peter: Kündigung und Betriebsverfassung. Ausgewählte Fragen des BetrVG 1972, jur. Dissertation, Göttingen 1975
(zit.: Müller, H.-P., S.)

Müller, Markus: Leistungsbewertung von Führungskräften, in: Industrielle Organisation 1974, S. 227 ff.

Müller, Wigo: Die betriebsbedingte Kündigung im Kündigungsschutzprozeß, in: DB 1975, S. 2130 ff.

Müllner, Wolfgang: Beteiligungsrechte des Betriebsrats bei Personalinformationssystemen, in: BB 1984, S. 475 ff.

Nell-Breuning, Oswald: Die Stellung der Arbeit unter den Werten des Lebens, in: Unser Verhältnis zur Arbeit 1960

Neumann, Dirk: Kündigung bei Krankheit, in: NJW 1978, S. 1838 ff.

Neumann, Franz: Arbeit, Baden-Baden 1979

Neyses, Wilhelm: Arbeits- und Sozialrecht für die betriebliche Praxis, Stuttgart 1983

— Auswahlkriterien, Auswahlschema und Auswahlrichtlinien bei betriebsbedingter Kündigung, in: DB 1983, S. 2414ff.

Niederalt, Werner: Die Individualrechte des Arbeitnehmers nach dem Betriebsverfassungsgesetz 1972 (§§ 75, 81ff.), München 1976

Nikisch, Arthur: Arbeitsrecht, 1. Band, 3. Auflage, Tübingen 1961

Nipperdey, Hans Carl: Rechtsgutachten, auszugsweise abgedruckt in: Der Arbeitgeber 1951, S. 40

— Der Arbeitskampf als unerlaubte Handlung, in: Festschrift für Friedrich Sitzler, S. 79ff., Stuttgart 1956
(zit.: Nipperdey, Festschrift S.)

Nipperdey, Hans / *Neumann*, Dirk / *Mohnen*, Heinz: Staudinger Kommentar zum BGB, II. Band, Recht der Schuldverhältnisse, 3. Teil, 11. Auflage, Berlin 1958

Notter, Nikolaus H.: Die Sicherung des Rechts auf den Arbeitsplatz, in: DB 1976, S. 772ff.

— Kündigungsschutz nur auf dem Papier?, in: BlStSozArbR 1978, S. 182ff.

Oestreicher, Ernst: Bundesbaugesetz, Kommentar, Bauplanungsrecht, Band I, 7. Auflage, Berlin, New York 1980

Olk, Jürgen: Personalinformationssysteme. Technische Einrichtungen zur Überwachung der Arbeitnehmer? jur. Dissertation, Trier 1984

Ordemann, Hans-Joachim / *Schomerus*, Rudolf: Bundesdatenschutzgesetz, 3. Auflage, München 1982

Palandt, Otto: Bürgerliches Gesetzbuch, Kurz-Kommentar, 44. Auflage, München 1985

Peltzer, Martin: Personalplanung, innerbetriebliche Stellenausschreibung, Personalfragebogen und Auswahlrichtlinien (§§ 92ff. BetrVG 1972), in: DB 1972, S. 1164ff.

Peterek, Rainer: Anm. zu BAG v. 11. 3. 1976, in: SAE 1977, S. 147ff.

Pfarr, Heide: Zum Recht des Betriebsrats auf Einsichtnahme in Personalakten, in: ArbuR 1976, S. 198ff.

Philipp, Gerhard: Ordentliche Kündigung und Auswahlrichtlinien, in: BB 1972, S. 219

Podlech, Adalbert: Aufgabe und Problematik des Datenschutzes, in: DVR 1976, S. 23ff.

Pohl, Hans-Joachim: Die älteren Arbeitnehmer als soziale Randgruppe, in: WSI Mitteilungen 1976, S. 197ff.

Preis, Bernd: Tarifdispositives Richterrecht, in: ZfA 1972, S. 271ff.

— Rahmen und Grenzen der Sozialauswahl, in: DB 1984, S. 2244ff.

Rancke, Friedbert: Anm. zu BAG vom 7. 12. 1978, in: EzA § 1 KSchG 1969 Nr. 10 – betriebsbedingte Kündigung, S. 71ff.

Rasch, Thomas: Zur Darlegungs- und Beweislast für die Richtigkeit der sozialen Auswahl bei der betriebsbedingten Kündigung unter kündigungs- und datenschutzrechtlichen Gesichtspunkten, in: DB 1982, S. 2296f.

Raschke, Harald / *Knebel,* Heinz: Taschenbuch für Personalbeurteilung, 6. Auflage, Heidelberg 1983

Redeker, Konrad: Legitimation und Grenzen richterlicher Rechtsetzung, in: NJW 1972, S. 409ff.

Regierungsentwurf zu einem BKSchG: in: BT-Drucks. I/2090, S. 12, abgedruckt in: RdA 1951, S. 63ff.

Rehhahn, Hans: Auswahlrichtlinien nach dem Betriebsverfassungsgesetz, in: Der Betriebsrat 1972, S. 491ff.

— Die Aufstellung von Auswahlrichtlinien nach dem Betriebsverfassungsgesetz, in: Mitbestimmungsgespräch 1973, S. 30ff.

— Die Personalplanung nach dem Betriebsverfassungsgesetz 1972, in: ArbuR 1974, S. 65ff.

Reichsarbeitsminister: Bescheid v. 15. 11. 1924, in: RArbBl. 1924, S. 461

— Bescheid v. 24. 9. 1926, in: RArbBl. 1926, S. 327

Reichsarbeits- und Reichswirtschaftsminister: Denkschrift, in: RArbBl. 1933 I, S. 295

Rewolle, Hans-Dietrich: Der Kündigungsschutz Schwerbehinderter, in: DB 1974, S. 1231ff.

Ribbert, Friedo: Die gerichtliche Nachprüfung von Arbeitgeber- und Unternehmerentscheidungen bei der betriebsbedingten Kündigung, jur. Dissertation, Köln 1967

Richardi, Reinhard: Die Mitbestimmung des Betriebsrats in personellen Angelegenheiten, in: ZfA-Sonderheft 1972, S. 1ff.

— Betriebsverfassung und Privatautonomie, Berlin, New York 1973

Rohlfing, Theodor / *Rewolle,* Hans-Dietrich: Kündigungsschutzgesetz, Kommentar, Loseblattsammlung, Frankfurt a.M.

Rost, Friedhelm: Die Sozialauswahl bei betriebsbedingter Kündigung, in: ZIP 1982, S. 1396ff.

Sämann, Werner: Analytische Leistungsbeurteilung für Angestellte, in: Industrial Engineering 1973, S. 3ff.

Salowsky, Heinz: Fehlzeiten – ein Hauptproblem der Personalarbeit, in: Personal 1981, S. 244ff.

— Fehlzeiten. Ein internationaler Vergleich, Köln 1983

Simitis, Spiros: Datenschutz und Arbeitsrecht, in: ArbuR 1977, S. 97ff.

Simitis, Spiros / *Dammann,* Ulrich / *Mallmann,* Otto / *Reh,* Hans-Joachim: Kommentar zum Bundesdatenschutzgesetz, 3. Auflage, Baden-Baden 1981

Söllner, Alfred: Grundriß des Arbeitsrechts, 8. Auflage, München 1984

Sontheimer, Kurt: Leistungsdruck – Leistungsglück, in: Fortschrittliche Betriebsführung und Industrial Engineering 1977, S. 11ff.

Schaefer, Willfried: Personal beurteilen – aber was, wie, wer, wozu?, in: Mensch und Arbeit 1967, S. 149ff.

Schaffland, Hans-Jürgen / *Wiltfang,* Noeme: Bundesdatenschutzgesetz, Loseblattsammlung, Berlin 1977

Schaub, Günter: Arbeitsrechtshandbuch, 5. Auflage, München 1983

— Aktuelle Fragen zum Kündigungsschutzrecht unter besonderer Berücksichtigung der betriebsbedingten Kündigung, in: RdA 1981, S. 371 ff.

Schaub, Günter / *Schusinski*, Ewald / *Stroer*, Heinz: Altersvorsorge: betriebliche Altersversorgung, Sozialversicherung, Eigenvorsorge, München 1976

Schellhorn, Walter / *Jirasek*, Hans / *Seipp*, Paul: Das Bundessozialhilfegesetz, Ein Kommentar für Ausbildung, Praxis und Wissenschaft, 11. Auflage, Neuwied, Darmstadt 1984

Schimana, Rudolf: Festsetzung der Altersgrenze für Arbeitnehmer durch Betriebsvereinbarung, in: BB 1970, S. 1138 ff.

Schittek, Dieter: Wie man Personalbeurteilungen objektivieren kann, in: Personal 1969, S. 84 f.

Schlochauer, Ursula: Zum Mitbestimmungsrecht des Betriebsrats bei der ordentlichen Kündigung nach § 102 BetrVG 1972, in: RdA 1973, S. 157 ff.

Schmid, Karlheinz: Rechtliche Zulässigkeit von Bewertungskriterien bei Personalbeurteilungen und in Entlohnungssystemen, in: BB 1970, S. 351 ff.

— Die rechtliche Zulässigkeit psychologischer Testverfahren im Personalbereich, in: NJW 1971, S. 1863 ff.

— Zur rechtlichen Zulässigkeit der Verhaltensbeurteilung bei der Bewerberauslese, in: BB 1980, S. 1865 ff.

— Zur rechtlichen Zulässigkeit verschiedener Formen des Personalinterviews (I), in: DB 1980, S. 2442 ff.

Schnorr von Carolsfeld, Ludwig: Arbeitsrecht, 2. Auflage, Göttingen 1954

Schönberger, Alfred / *Mehrtens*, Gerhard / *Valentin*, Helmut: Arbeitsunfall und Berufskrankheit, Rechtliche und medizinische Grundlagen für Gutachter, Sozialverwaltung und Gerichte, 3. Auflage, Berlin 1984

Schröder, Ulrich: Altersbedingte Kündigungen und Altersgrenzen im Individualarbeitsrecht. Zur Zulässigkeit einer „Zwangspensionierung" mit 65 Jahren, Berlin 1984

Schrödter, Hans: Bundesbaugesetz, Kommentar, 4. Auflage, München 1980

Schuler, Heinz: Das Bild vom Mitarbeiter, München 1972

Schulte, Bernd / *Trenk-Hinterberger*, Peter: Sozialhilfe, Eine Einführung, Königstein/Ts. 1982

Schulz, Oskar: Zur Frage der Auswahl nach sozialen Gesichtspunkten gem. § 1 Abs. 3 des Kündigungsschutzgesetzes, in: RdA 1953, S. 465 f.

Schwarz, Mathias: Arbeitnehmerüberwachung und Mitbestimmung – Die Mitbestimmungsrechte des Betriebsrats bei Einführung und Anwendung technischer Einrichtungen der Leistungs- und Verhaltenskontrolle, Berlin 1982

Schwedes, Rolf: Einstellung und Entlassung des Arbeitnehmers, Freiburg i. Br. 1970

Schwerdtner, Peter: Unternehmen, Betrieb, Eigentum und freie Entfaltung der Persönlichkeit, in: BlStSozArbR 1972, S. 33 ff.

— Offene Probleme des Kündigungsschutzes bei betriebsbedingten Kündigungen, Anmerkungen zum Urteil des BAG vom 24. 3. 1983, in: ZIP 1984, S. 10 ff.

Stahlhacke, Eugen: Das personelle Mitbestimmungsrecht des Betriebsrates nach dem Betriebsverfassungsgesetz 1972, in: BlStSozArbR 1972, S. 51 ff.

— Kündigung und Kündigungsschutz im Arbeitsverhältnis, 4. Auflage, München 1982

— Probleme der betriebsbedingten Kündigung, in: BlStSozArbR 1983, S. 33ff.

Statistisches Bundesamt Wiesbaden (Hrsg.): Einkommens- und Verbrauchsstichproben 1978, Fachserie 15, Heft 2, Vermögensbestände und Schulden privater Haushalte, Stuttgart, Mainz 1981

— Einkommens- und Verbrauchsstichproben 1978, Fachserie 15, Heft 5, Aufwendungen privater Haushalte für den Privaten Verbrauch, Stuttgart, Mainz 1983

Stege, Dieter: Umfang und Grenzen des Widerspruchsrechts des Betriebsrats bei Kündigungen nach § 102 Abs. 3 BetrVG, in: RdA 1978, S. 74ff.

Stege, Dieter / *Weinspach*, F. K.: Betriebsverfassungsgesetz, Handkommentar für die betriebliche Praxis, 5. Auflage, Köln 1984

Steigerwald, Fritz: Die personelle Beteiligung des Betriebsrats an der Versetzung von Arbeitnehmern, jur. Dissertation, Würzburg 1976

Stoltenberg, Hansi: Fragebögen, Beurteilungsgrundsätze und Auswahlrichtlinien – Die Mitbestimmungsrechte aus §§ 94, 95 BetrVG unter besonderer Beachtung elektronischer Personaldatenverarbeitung, jur. Dissertation, Trier 1984

Strametz, Dieter / *Lometsch*, Arndt: Leistungsbeurteilungen in deutschen Unternehmen, Königstein/Ts. 1977

Teichmann, Fritz: Kündigung des Arbeitsverhältnisses und Kündigungsschutz, Stuttgart 1965

Tenckhoff, Philipp: Führung mit Zielsetzung und analytische Leistungsbeurteilung, in: Zeitschrift für Organisation 1974, S. 422ff.

Thieler, Heinz: Sozialrecht, Köln, Berlin, Bonn, München 1982

Trappe, Hermann: Kündigung und Kündigungsschutz im Arbeitsrecht, 2. Auflage, Herne, Berlin 1969

Vogt, Aloys: Sozialgerechte Auswahl bei Massenentlassungen, in: DB 1967, S. 380ff.

— Soziale Auswahlkriterien und betriebliche Bedürfnisse bei betriebsbedingter Kündigung, in: DB 1984, S. 1467ff.

Wagener, Wolfgang: Schränkt das neue Betriebsverfassungsgesetz den individuellen Kündigungsschutz ein?, in: BB 1972, S. 1373ff.

Weiler, Edgar: Zum Problem des Kündigungsschutzes älterer Arbeitnehmer in den Betrieben und Unternehmen der privaten Wirtschaft – unter besonderer Berücksichtigung der langjährig beschäftigten älteren Arbeitnehmer, jur. Dissertation, Mainz 1976

Weisemann, Ulrich: Krankheit und Kündigungsschutz, in: BB 1977, S. 1767ff.

Weiss, Manfred: Betriebsverfassungsgesetz, 2. Auflage, Baden-Baden 1980

Weissleder, Wolfgang: „Soziale Auswahl" bei betriebsbedingter Kündigung in der Gerichtspraxis – Zur Rechtswirklichkeit einer Norm (§ 1 III KSchG), wirtschafts- und sozialwissenschaftliche Dissertation, Kiel 1982

Weller, Bernhard: Kündigung bei Krankheit, in: Das Arbeitsrecht der Gegenwart 1982, S. 77ff.

Weng, Rudolf: Die soziale Auswahl bei der betriebsbedingten Kündigung, in: DB 1978, S. 884ff.

— Mitbestimmung des Betriebsrats nach § 87 Abs. 1 Ziff. 6 BetrVG bei Erfassung von Verhalten und Leistung der Arbeitnehmer und der Verarbeitung entsprechender personenbezogener bzw. personenbeziehbarer Daten, in: DB 1985, S. 1341 ff.

Wibbe, Josef: Leistungsbeurteilung und Lohnfindung, München, Wien 1974

Wiedemann, Herbert: Subjektives Recht und sozialer Besitzstand nach dem KSchG, in: RdA 1961, S. 1 ff.

Wiese, Günther: Der Persönlichkeitsschutz des Arbeitnehmers gegenüber dem Arbeitgeber, in: ZfA 1971, S. 273 ff.

Wilrodt, Hermann / *Neumann,* Dirk: Schwerbehindertengesetz, Kommentar, 6. Auflage, München 1984

Wlotzke, Otfried: Betriebsverfassungsgesetz mit Wahlordnung, München 1984

Wohlgemuth, Hans: Datenschutz und seine Bedeutung für die Beschäftigten, in: WSI-Mitt. 1979, S. 436 ff.

— Möglichkeiten des Betriebsrats im Bereich des Datenschutzes, in: Mitbestimmungsgespräch 1980, S. 128 ff.

— Rechtliche Grenzen der Informationsgewinnung durch den Arbeitgeber, in: BB 1980, S. 1530 ff.

— Arbeitsrechtliche Fragen der Personaldatenverarbeitung, in: ArbuR 1981, S. 269 ff.

— Datenschutz für Arbeitnehmer, Neuwied, Darmstadt 1983
(zit.: Wohlgemuth, Datenschutz S.)

— Grenzen der Personaldatenverarbeitung – Mitbestimmung des Betriebsrats nach § 87 Abs. 1 Ziff. 6 BetrVG, in: ArbuR 1984, S. 257 ff.

Wolter, Jürgen: Der Schutz des Arbeitnehmers vor betriebsbedingter Kündigung, Berlin 1980

Wünnenberg: Die Berücksichtigung sozialer Gesichtspunkte bei der betriebsbedingten Kündigung, in: DB 1956, S. 645 ff., 665 ff.

Zander, Ernst / *Knebel,* Heinz: Taschenbuch für Leistungsbeurteilung und Leistungszulagen, 2. Auflage, Heidelberg 1982

Zimmer, Dieter: Die Ausbildung der Führungskräfte in Handelsbetrieben, Stuttgart 1974

Zimmermann, Peter: Personalinformationssysteme und Mitbestimmung des Betriebsrats, in: DB 1983, S. 1364 f.

Zöllner, Wolfgang: Sind im Interesse einer gerechteren Verteilung der Arbeitsplätze Begründung und Beendigung der Arbeitsverhältnisse neu zu regeln? Gutachten D zum 52. Deutschen Juristentag, Wiesbaden 1978, München 1978
(zit.: Zöllner, Gutachten S.)

— Auswahlrichtlinien für Personalmaßnahmen, in: Festschrift für Gerhard Müller, S. 665 ff., Berlin 1981
(zit.: Zöllner, Festschrift S.)

— Daten- und Informationsschutz im Arbeitsverhältnis, 2. Auflage, Köln, Berlin, Bonn, München 1982
(zit.: Zöllner, Datenschutz S.)

— Die Nutzung DV-gestützter Personalinformationssysteme im Schnittpunkt von Datenschutzrecht und Betriebsverfassung, in: DB 1984, S. 241 ff.